# 现代篮球运动教学与训练研究

余丁友　著

北　京
冶金工业出版社
2019

## 内 容 提 要

本书阐述了相关篮球教学和训练的相关理论，介绍了篮球运动基本理论和教学中的实用理论，篮球运动最新发展的理论与方法，篮球教学与训练的基本方法及其效果评价方法，个人技术练习方法、基础配合练习方法及全队攻防战术训练方法，以及较先进的篮球核心力量训练方法。

本书可供高校体育专业师生及篮球爱好者阅读参考。

**图书在版编目(CIP)数据**

现代篮球运动教学与训练研究/余丁友著. —北京：冶金工业出版社，2019. 10

ISBN 978-7-5024-8302-9

Ⅰ. ①现…　Ⅱ. ①余…　Ⅲ. ①篮球运动—体育教学—教学研究—高等学校　②篮球运动—运动训练—教学研究—高等学校　Ⅳ. ①G841. 2

中国版本图书馆 CIP 数据核字（2019）第 247209 号

出 版 人　陈玉千
地　　址　北京市东城区嵩祝院北巷 39 号　邮编　100009　电话　(010)64027926
网　　址　www. cnmip. com. cn　电子信箱　yjcbs@ cnmip. com. cn
责任编辑　曾　媛　美术编辑　郑小利　版式设计　禹　蕊
责任校对　李　娜　责任印制　李玉山
ISBN 978-7-5024-8302-9
冶金工业出版社出版发行；各地新华书店经销；北京建宏印刷有限公司印刷
2019 年 10 月第 1 版，2019 年 10 月第 1 次印刷
169mm×239mm；13. 5 印张；264 千字；209 页
**68. 00** 元

**冶金工业出版社　投稿电话　(010)64027932　投稿信箱　tougao@ cnmip. com. cn**
**冶金工业出版社营销中心　电话　(010)64044283　传真　(010)64027893**
**冶金工业出版社天猫旗舰店　yjgycbs. tmall. com**
（本书如有印装质量问题，本社营销中心负责退换）

# 前　言

篮球是世界上最广泛的运动之一，也是一项球迷喜欢观看和参与的运动。在体育院校中，篮球是体育教育专业和体育训练专业的一门重要课程。为了适应当前篮球技术快速发展的需要，丰富篮球教学与训练体系，笔者撰写了这本体现新时期篮球教学与训练发展实际需求的专著。笔者基于近年来出版的各种关于篮球教学与训练研究成果，以及不断涌现的先进理论与实践内容，试图寻求理论、方法和实践的突破，用以满足篮球教学与训练的实际需要。

本书在内容选择上突出综合性、新颖性、实践性和科学性，努力做到全面、实用、新颖。这本书包含了篮球教学和训练的理论、方法和实践。首先，阐述了篮球的基本理论和教学中的实践理论。然后，对篮球教学训练的基本方法及其效果评价方法进行了梳理和研究。最后，介绍了个人技术训练、基本配合训练和全队攻防战术训练的方法，并列举了较为先进的篮球核心力量训练方法。

在撰写过程中，为了争取在形式和内容的完美统一并强调本书的新颖和实用性上，笔者牢牢把握三大方向：第一，以反映时代的特点介绍篮球的最新理论和方法发展；第二，突出该书在培养学生素质、能力及适应社会需求方面的作用；第三，突破学科、专业等实践因素的限制，在理论、方法和实践层面构建全面、系统的篮球教学与训练内容体系。在理论维度方面，根据教育部体育专业教学指导委员会的教学标准要求，减少了与教学训练不密切相关的内容，增加了对篮球教学训练分析诊断的理论描述。在方法维度方面，为了适应现代篮球运动的快速发展，增加了篮球战术综合训练方法和科学的教学训练评价方法。在实践维度方面，借鉴了欧美篮球最新的教学和训练方法，增加了篮球核心力量和专项力量训练方法的实例。

为遵循篮球教学训练的规律，篮球理论、技术、战术的编写是由易到难的顺序。按照循序渐进的原则，既方便教师教学、科研和训练，又可以使学生根据自身的学习目的来选择实践内容。本书在编写过程中，笔者也参考和引用了国内外相关学者的学术文献。在此，向他们表示深深的谢意。

由于笔者水平所限，书中不足之处，敬请批评指正。

作　者

2019 年 7 月

# 目　录

**第一章　现代高校篮球教学研究** ······ 1

第一节　篮球教学概述 ······ 2
第二节　篮球运动教学理论 ······ 8
第三节　篮球运动科学研究 ······ 10

**第二章　篮球教学与训练方法** ······ 13

第一节　篮球教学方法的内容与特点 ······ 13
第二节　篮球训练方法的内容与特点 ······ 15
第三节　篮球教学与训练常用方法 ······ 16

**第三章　现代篮球体能与心理训练教学** ······ 23

第一节　篮球体能训练原则 ······ 23
第二节　篮球运动员心理训练 ······ 25
第三节　篮球运动员心理训练方法 ······ 27

**第四章　篮球技术训练** ······ 33

第一节　球性递进训练方法 ······ 33
第二节　移动训练方法 ······ 52
第三节　运球递进训练方法 ······ 78

**第五章　位置技术的教学、训练法** ······ 101

第一节　位置技术训练内容 ······ 101
第二节　队员各位置技术训练 ······ 105

**第六章　篮球专项力量训练法** ······ 140

第一节　结合篮球技术动作力量训练的基本原则 ······ 140
第二节　结合篮球技术动作力量训练方法 ······ 143
第三节　篮球运动核心力量训练方法 ······ 146

**第七章　篮球有氧和无氧训练法** …………………………………… 149

第一节　篮球有氧无氧运动能力发展简介 ………………………… 149
第二节　篮球有氧无氧运动特征 …………………………………… 150
第三节　篮球有氧无氧训练强度分析 ……………………………… 155

**第八章　篮球教学与训练的评价方法** …………………………… 158

第一节　篮球教学与训练的评价原则 ……………………………… 158
第二节　篮球教学与训练的评价内容 ……………………………… 159
第三节　篮球教学与训练的评价方法 ……………………………… 163

**第九章　篮球教学与训练实践** …………………………………… 165

第一节　篮球运动员的选材与训练行法 …………………………… 165
第二节　篮球运动员智能与心理训练 ……………………………… 174
第三节　优秀篮球教练员素质培养与竞赛指挥 …………………… 185
第四节　篮球竞赛组织与管理方法 ………………………………… 197

**参考文献** …………………………………………………………… 208

# 第一章 现代高校篮球教学研究

从世界篮球运动开展情况来看，美国以及欧洲地区的部分国家在篮球运动方面的发展一直处于世界篮球运动发展的前列。从洲际区域分析，美洲地区由于美国作为现代篮球运动的起源地，拥有良好的地理环境与人文环境，整体发展水平相对比较高，在整个发展进程通过整合技术条件与物理条件，创建多人联合体系，将准、快、高的特点淋漓尽致地展现出来，有效突出篮球运动的整体实力。欧洲球队的代表，如塞尔维亚、黑山、俄罗斯和立陶宛的球队很大程度上受到了美国篮球的影响，呈现一种快、准、狠的对抗特点，整个对抗过程不仅仅是实力的对抗，更是全力、注重综合的对抗。自从澳大利亚篮球运动渗透到亚洲地区，亚洲地区篮球运动水平逐步提升。除中国、韩国、日本以外，黎巴嫩等地的篮球运动也有上升趋势，但推广有限，以快速、高效、准确的综合格斗为主体。篮球在非洲的发展比较落后，受欢迎程度不高，体育水平较低，同其他地区篮球产业发展存在较大差距。

新世纪篮球运动的全球化趋势将进一步加快，篮球运动现已成为健身、道德、心灵的工具和手段。学校篮球将在增加智力、健身、教育、宣传、社会接触等方面被赋予更多的教育意义，为了丰富校园文化生活，提高校园篮球比赛的水平，培养更多优秀的篮球后备人才，各种形式的篮球俱乐部和培训系统将大力发展。随着高水平职业运动员在世界范围内的流动，职业篮球的影响力将不断扩大，篮球比赛的风格和类型将趋于丰富和多样化。

篮球运动呈现一种进攻与防守并重，注重防守能力。攻防平衡理论有效地促进了现代篮球防守技术和战术的发展。在当代篮球运动中，身体的接触和干扰非常频繁，对抗的强度也随之增强。进攻战术以灵活、快速、多变、渗透范围广的机动进攻方向为主。

在新时期发展的背景下，我国体育运动的各项改革工作不断深入，我国体育运动已经逐步从原有发展重心进行转移，为我国篮球运动带来全新的发展机遇与挑战。我国篮球职业联赛逐步朝着市场化方向发展，有效吸引世界各地运动员的视线，不少 NBA 篮球运动员纷纷参与我国的篮球运动比赛，我国篮球运动逐步引起世界各国运动爱好者的关注，有效促进我国竞技篮球运动行业的发展，对我国篮球产业的发展具有积极影响。

2005年，在《全民健身纲要》的引导下，篮球运动在我国社会发展中的影响力不断深入，中国篮球协会在宁波召开会议，并在此次会议上提出“中国篮球将成为全民健身文化”这一发展理念，使篮球运动能够在我国全国范围内全面推广，在全民健身运动的作用下，业余篮球公开赛应运而生。在业余篮球公开赛方面，由国家体育总局篮球管理中心对业余篮球公开赛予以批准，中国篮球协会主办，全国篮球协会以及各省市体育局承办。CUBA、CUBSL使校园篮球运动风靡全国，但培养更多、更好的篮球后备人才向更高水平的运动队输送难度较大，暴露了高校篮球后备人才培养的薄弱环节。各级教练员的综合素质并没有达到统一水平，对竞技篮球发展的认识不足，所拥有的训练意识相对比较落后。

## 第一节　篮球教学概述

### 一、篮球教学原则

篮球教学是教师组织学生练习篮球的一种特殊的教育认知过程。篮球教学原则的制定，本质上是对篮球教学过程中常见的教学规律及教学特点的真实反映，即学生在篮球学习中，深入了解篮球知识，掌握篮球动作要领，将其当成日常生活中的一部分，由此不难看出，篮球教学的原则应该是篮球教学活动中实现的。

#### （一）自觉积极性原则

在篮球教学中，学生作为主体，若没有一定的自觉积极性，任凭教师磨破嘴皮也无法达到理想的教学效果。一般来讲，自觉积极性离不开教师的引导，即在教学活动开展过程中，通过一定的教学方式来激发学生对篮球练习的积极性与热情，使其能积极投入到篮球运动中。教学积极性原则的实施是由学生在教与学的双向活动中作为学习主体这一事实所决定的。目的是充分调动学生的学习积极性，使学生在今后的学习中，能够掌握篮球的理论知识及动作技巧。

在篮球教学实践中，教师应运用思辨、联想、对比、形象等方法，激发学生的积极思维，以提高学生的运动能力和思维能力为核心。这就要求教师在安排教学活动时，能够结合学生学习的实际状况，科学合理的安排篮球技能学习进度，确保学生充分了解篮球动作技术要领，并灵活运用，掌握篮球技战术。同时，需要保持和进一步培养学生对篮球的兴趣，教师应积极研究先进的篮球教学理念及方法，对教材内容进行系统、完善的整理后，通过一段时间的教学活动后，适当的组织学生通过竞赛的方式来提高学生篮球技能及学习的积极性，使学生对篮球的兴趣在执着的爱，使学习的热情更加持久。

在篮球教学中，注重建立民主平等的师生关系，营造生动和谐的教学环境也十分重要。教师应成为课堂教学活动的一个主要部分，平等对待学生，坚持正面教育和表扬为主，促进教学民主，宽严适度，尤其是对于基础差的学生应该加倍的关注和帮助，从而使每个学生都能感受到篮球学习的乐趣。

### （二）直观性原则

所谓的直观性原则多指教师在开展教学活动时，通过自己的教学经验、视觉、听觉等多个方面来观察每一个学生的学习状况，并以此来记录、掌握学生的学习进度。并以此为依据，为其制定出下一步的教学计划，以此来培养学生篮球技能学习的整体性。在整个篮球教学活动中，离不开直观性原则，篮球技术的传授，多数是通过教师理论讲解及示范传达，学生在理解与掌握中，离不开教师的指导，直观性原则的应用，是师生沟通互动的平台。一般来讲，在整个篮球教学活动中，常见的直观教学法有动作示范、多媒体技术分解播放、图片讲解等。

教师在开展篮球教学时，直观性原则的贯彻运用并非一朝一夕的事儿，其需要教师长期对学生的观察，在落实中需从以下几方面着手：首先，教学活动的开展是以教学目标为中心，教师应结合教学目标、教材内容及学生的实际状况，对不同的学生展开有针对性的教学方针，尤其在技术教学中，对不同的学生进行不同的指导，除了动作示范外，还可以通过技术图片讲解、录像观察等多个方面来丰富课堂内容，激发学生学习的积极性。其次，在部分学生的错误动作上，可以通过图片对比，让学生自己找出错误部分，并使其认识到错误动作的危害，加以改正。最后，教师作为整个篮球教学活动的组织者，其语言引导性对学生篮球学习效果有着直接作用。由此就要求教师在教学语言的组织中能够通过分析、比较等模式，将动作要领及篮球技术一一详细表述出来，确保学生在接收中能够准确明白其含义，进而迅速了解行动要点并完成方法。

### （三）篮球的时效性原则

篮球教学活动中技巧的传授都具备一定的时效性，这就要求教师能够从学生的实际情况，把握教学中的主要矛盾和冲突的主要方面，在教学中解决重要和困难的问题，根据整个教学场地、篮球器材的实际状况，所传授的篮球技巧切实符合学生的实际所需及学习水平；另一方面，教学活动的开展，离不开科学合理的教学方法，教学方法的选择应注重实效，避免理论过多、实践少的现象出现，只有这样才能在有限的教学时间内，确保学生理解篮球动作要领，达到满意的教学效果。

篮球时效性原则的执行与运用，其核心在于学生篮球技巧的运用效果，这就要求教师能够对教材内容进行深入研究，准确掌握篮球战术要领，如在移动技术的教学中，掌握控制和移动身体重心，保持身体在运动中的平衡等关键技术，其他的运动问题也就迎刃而解。在射击技术教学中，掌握射击技术的关键技术，可以推动射击技术的学习。在教学中贯彻时效性原则，需要不断研究和改进教学方法。采取有效措施，做到统一要求，区别对待，通过深入调查来了解学生的学习状况、对篮球的兴趣爱好、对战术的了解状况及自身的身体状况等。另一方面，在教材的选择与教学方法的制定上，应本着“取其精华，去其糟粕”的原则，运用现代教学理念与手段，通过感官、ppt、视觉演练等模式来丰富学生对技术动作的理解，并在了解学生真实水平的基础上对其存在的问题展开深入剖析，使其能尽快纠正。

### （四）循序渐进原则

渐进原则指的是篮球教学内容、方法和运动强度必须以人体的运动规律为前提，确保运动安排的科学性与合理性，确保技能传授过程的循环渐进，确保学生能够逐步、精确掌握基础要领及技战术，进而形成一个完整的学习体系。实施渐进原则要求教师在安排教学内容、组织教学方法时应本着由简单到复杂、由已知到未知的原则，简易结合，将动作难易度与学生的实际状况及自身特点相结合，确保动作要领的精准性。例如，移动是篮球的技术基础。在基础技术教学安排上，应先学习进攻动作，再学习防守动作。在此基础上学习运球、传球、投篮、持球过人、抢篮板、防守等基本技巧。只有充分掌握基本技能，我们才能学习基本战术和团队战术。

任何一项运动的开展，都是以人的身体健康为前提，篮球教学活动的开展，必须遵循这一原则。在长时间的运动量积累中，任何人都会感觉到疲劳，在篮球技术教学与训练中也不例外，正所谓没有疲劳就没有恢复，因此，体育运动量的安排，应结合学生的负荷量进行有节奏的安排，且随着学生技术的成熟，将其运动量逐渐增加；需要注意的是，过度的疲劳不仅不会提升学生的身体素质与技术水平，反而会造成其运动受伤的后果。由此可见，在篮球教学任务的开展中，应结合学生的实际状况，科学合理的安排教学活动，避免运动负荷的现象出现。

上述教学原则虽然相对独立，但并非孤立存在，而是相互联系的有机整体。因此，在教学活动中，只有科学合理的教学原则，才能从根本上发挥教学的核心，进而确保学生理论知识理解的同时，更好的将其运用到实践中。

## 二、篮球运动教学方法

教师作为教学活动的组织者，其使用的教学方法是否科学合理，将直接影响着教学效果。教学方法作为知识的传达手段，是教师与学生之间知识传授的纽带，作为教学活动中的重要组成部分，教学方法的选择对教学效果起着决定性作用。

（一）常用的教学方法

1. 讲解示范法

与其他文化课不同的是，篮球教学活动不仅仅局限于课堂理论知识的讲解，更加注重理论与动作实践的相结合。在整个篮球技战术教学中，讲解示范作为其重要组成部分，是学生直观理解技战术的重要方法之一。在整个讲解示范中，其重要包括技战术的概念、技术结构特点、要领等几个方面；且教师在讲解中应简洁、形象、有重点，除了对技术原理展开分析外，还应对学生进行引导，使其理解该技战术。然后开始做正确的示范。演示的目的是让学生建立正确的技术动作表现。在演示过程中，学生不仅要注意动作的规范性，还要使学生清晰地看到演示的全过程。对于复杂的技术动作和战术配合，反复讲解演示，激发学生积极思考，更快地理解动作要领。

2. 完整与分解相结合的教学方法

篮球教学方法主要由分解教学法与完整教学法两种组成，在实际应用中，应结合学生的年龄、学习状况、场地条件等有针对性地开展，必要时还应两者相结合来达到教学目的。一般来讲，在新动作的教授中，多数教师会采用完整教学法，该方法的优势在于确保教授动作的完整性与连贯性，确保学生在学习中形成一个完整意识；而对于一些复杂的动作或战术，则可选用分解教学法来达到教学效果。如在运球急停跳投这一环节，则可以结合教授内容将其分解为运球、急停、原地跳投等几个环节。需要明确的是，战术教学的开展，其目的在于帮助学生了解篮球运动的战术安排、队员的走向及自己的跑位状况，在开展时多数教师会采用完整-分解-完整的方法，即先让学生整体看一遍战术安排，然后对战术进行分解讲解，确保学生理解后整体练习的策略。

3. 指导纠错法

纠正错误的前提在于发现错误，篮球学习中，教师作为学生的引导者与传授者，学生在练习中，教师应及时观察学生的实际状况，找出其动作中存在的问题，给予纠正。这一方法的落实，离不开教师日积月累的观察与错误判断能力，再加上篮球科目自身的特殊性，学生在动作完成中可能是一瞬间的事儿，这就要求教师在教学中能够深入观察，及时发现学生的错误动作，并对比展开分析、纠正，并采取有效措施，抓住关键矛盾。能否采用简化运动条件、形式，或进一步分析运动，或采用辅助慢动作练习，以使学生尽快掌握正确的运动，形成正确的动力模式。

### （二）现代教学方法

随着篮球运动越来越普及，新的篮球教学理论及方法逐渐应用到篮球教学中，在篮球教学的过程中，更加注重和强调学生学习的主观能动性，“教师为主导，学生为主体，发展为重心，锻炼自我”教学理念的形成，打破了传统教学活动中教师的主体地位，逐渐以培养学生独立思考能力、锻炼能力及篮球行为主，在教学方法上，传统的“教授法”已经无法满足学生的学习需求，一系列现代教学法的产生，在提高篮球教学效率的同时，更加激发了学生篮球学习的积极性。

#### 1. 发现教学法

顾名思义，所谓的发现教学法是指教学在指导学生的过程中，通过对学生动作的观察来发现学生学习中存在的问题，并对其问题加以分析、纠正，使学生能够使用正确的动作要领。该方式的应用，与教师自身的经验、观察能力密不可分，同时在条件允许的前提下，教师可以通过一定的情境创设来发现学生学习中存在的问题。

#### 2. 掌握学习方法

“掌握学习”理论的应用，前提在于每个学生都能学习，即能力较强的学生与能力较弱的学生组成一个学习群体，以传统的讲授教学模式为核心，在老师的讲授下，学生能够有序的掌握教学内容，达到教学目标。与个体教学模式不同的是，掌握学习方法所面对的是群体教学，在教学中针对能力薄弱的学生，需要教师给予想要的纠正与辅导，确保每一个学生能够学有所用。

### （三）分层升降教学

分层升降教学的开展，是指教师在深入了解教材知识结构体系的基础上因材施教，结合学生的实际学习状况及篮球竞技能力，将相同水平的学生分到一组，进行有针对性的教学，在一段时间后，对其学习内容进行检查、考核，在此基础上，快速提高技术技能的学生将继续在更高的水平上学习，对技术动作掌握不够的学生就下一个层次去学习，分层升降教学方法的使用，能够照顾到班级里的每一个学生，真正发挥因材施教的优势，最大限度地调动学生篮球学习的积极性，进而更好的投入到篮球学习与锻炼中。在整个教学活动中，分层升降教学的优势主要体现在以下几个方面：首先，分层升降教学模式的应用，能够全面体现出“因材施教”的教学理念，达到较好的教学效果；其次，分层升降教学能够确保教师对学生水平的全面掌握，进而有针对性的展开引导，有利于提升学生的整体学习水平；最后，分层升降教学方法的应用，能够帮助学生在小组中找到自信，发现自己的不足，第一时间改正。

### （四）激发学生学习篮球兴趣的方法

1. 生动形象的讲解激发兴趣法

生动的讲解在现代教育活动中起着重要的作用，生动形象的篮球讲解，不仅能够激发学生篮球兴趣，还能使其在聆听中仿佛身临其境，进而近距离感受篮球的运动美。教师在教学活动中，针对一些技能及战术的讲解，生动、简介的语言不仅能激发学生学习的积极性，同时还能活跃课堂氛围。由此可见，在篮球教学中，如何提高自身的语言表达能力，已成为每一个篮球教师必备的基本素质。这就要求教师在讲解过程中，首先，应突出重点，有结构性的进行讲解，同时语言应精简、准确，最好通过一些比喻来丰富抽象的概念。其次，在讲解的过程中，可以通过身边的真人真事来带动学生学习的积极性，如姚明、易建联的 NBA 之行，不仅为实现自己的梦想，更多的是代表国家荣誉。最后，在讲解中，教师应尽量避开生硬的讲解内容，将技术与战略丰富化，在条件允许的前提下，通过使用 ppt、网络、动画播放等方式，将文字性知识转变成客观性实务，在激发学生学习积极性的同时，还能培养学生的观察能力，进一步提高学生对篮球技能、动作、战术的理解。

2. 篮球游戏激发兴趣法

通过了解篮球历史能够看出，篮球的起源与游戏有着密切联系，再加上篮球自身属于团体性活动，受到了大多数学生的喜爱。在篮球教学中，教师应抓住学生学习兴趣，通过比赛来增加学生的学习兴趣，通过观察发现，当大学生对一件事有强烈的兴趣时，他们会集中精力做好。在篮球教学中，大学生可以更加执着，全力以赴地投入到自己感兴趣的事情中，即便遇到困难也不会轻言放弃。篮球作为一个团体运动，每一个参加篮球运动的人都具备一定的团队精神，换而言之，在篮球队伍中的每一个人，都是兴趣相投的人，在这里大家能够包容彼此的不足，发现彼此存在的问题，若没有共同的兴趣，将无法走到一起，更无法取得胜利。由此可见，在篮球教学中，通过激发学生学习的积极性能够有效地达到教学效果。这就要求教师在开展教学活动时，首先，在篮球教学中，教师可以适当地使用游戏教学法，游戏能够激发学生学习的兴趣，将游戏与篮球运动相结合，能够取得良好的教学效果；其次，在篮球教学中，需要了解学生篮球学习所需，多数大学生都有着“不服输”的劲头，且大多数学生打篮球则源于篮球带来的欢乐，对此，教师可以结合学生的实际所需，通过组织比赛来贯彻教学理念与战术指导，学生在比赛实践中既发现自身存在的问题，还能真正的培养自己的团队精神。

# 第二节 篮球运动教学理论

## 一、篮球运动教学理论概述

篮球教学是一个教育实践过程，篮球教学理论是从篮球教学实践中总结、概括、升华到理论的科学体系。篮球的发展离不开理论的支撑。篮球理论体系是否健全，篮球理论研究的水平高低，直接关系到一个国家篮球的整体发展水平。篮球教学理论是将一般教学原则与相关科学理论和方法相结合，促进学生有效掌握篮球基本知识和技能的一种特殊理论。

### （一）认知心理理论

篮球教学不仅是组织学生进行体育锻炼，而且要传授许多相应的操作知识。因此，在学习篮球技术的过程中，首先要通过感觉器官直接感受篮球技术，形成运动知觉，然后通过反复练习，形成运动表象。

### （二）运动技能学习理论

任何一项运动的形成都会经历长期的积累与总结，篮球运动也不例外，在其长期的发展中，逐渐经历了由粗糙到惊喜、由简单到复杂的发展进度，学习和掌握篮球技术的生理机制是以大脑皮层为基础的运动条件反射的临时神经连接。

### （三）运动过程中生理功能变化的理论

篮球教学是教师组织学生进行体育锻炼的过程。在体育锻炼过程中，人体生理功能的变化规律一般是由静止进入到工作中，且工作能力也会经由高到底的转变，在篮球教学中，学生在长期的体育锻炼中，不仅自身的身体素质得到提供，其篮球技能也得到了提高，身体的运动能力也在原来的基础上得到了完善。但在这一过程的实现中，需要教师能够遵循运动规则，采用循环渐进的篮球讲授方法，在提高篮球教学质量的同时，还能避免不必要运动创伤事故发生。

### （四）篮球技术开放性与对抗性理论

我们都知道，运动技能有若干类，且不同的运动有着不同的技能；篮球受自身属性的影响，具备一定的对抗性，且技术完全依赖实战中两队的攻防变化，是一项灵活运用的运动体系，其没有固定的方法与战术。因此，篮球技术是开放的运动技能（也称为非周期技能）。在教学过程中，有必要遵循篮球技能学习与认知规律，采用适应性学习方法，将快速适应能力、对抗能力、合作能力和意志素质的培养放在重要位置。

## 二、体育教育专业篮球普修课程教学内容模块分析

篮球课程是普通高校体育专业的必修主干课程之一。篮球教学的任务是在教师的指导下，掌握篮球的基本理论、基本技术、战术和基本技能，促进学生综合素质的全面发展。因此，为了提高学生的学习效果，完成课程任务，不仅要采用合理的教学方法，而且要科学地安排教学内容。通过运用文献资料法、问卷调查法、数理统计法，我们对北京体育大学、武汉体育大学、华中师范大学、湖南第一师范大学、湖南文理学院五所高校进行调查。

### （一）体育专业篮球课程教学内容分析

教学内容的选择应与人才培养目标密切相关，根据既定的教学计划，符合教学目标。由于培养目标和教学时间的不同，5 所学校对教学内容的选择有不同的认识（表 1-1）。

**表 1-1　5 所学校篮球教学内容使用频率表**

| 学校 | 内　容 |
|---|---|
| 五所 | 起动、跑、急停、转身、滑步、撤步、双手胸前传球、接球、原地单手肩上投篮、行进间单手低手投篮、高低运球、急停急起、体前变向运球、交叉步突破、攻防战术基础配合、快攻与防守快攻、攻防人盯人防守、篮球技术（理论）、篮球运动概述（理论）、篮球教学（理论）、篮球裁判（理论）、篮球运动竞赛的组织与编排（理论） |
| 四所 | 体侧传球、胯下运球、运球转身、抢篮板球、防守对手、攻防区域联防、篮球战术（理论）、中学篮球队训练与比赛工作（理论） |
| 三所 | 背后运球、跳起投篮、篮球场地与设备、同侧步突破 |
| 二所 | 篮球文化、单手肩上传球、篮球科学研究、篮球游戏、原地双手胸前投篮 |
| 一所 | 行进间单手肩上高手投篮、全场紧逼攻防 |

从表 1–1 中可以看出，五所学校共选择了 22 个教学内容，主要以基本的技术动作和简单的战术为基础，理论内容更符合学生的实际。四所学校选择了七项内容，可能是因为教学时间不足。一些学校没有列出这些学校。事实上，这部分内容对学生是很有帮助的。由于课时、难度和实践性的关系，一些教学内容没有被其他学校采用。

### （二）体育专业篮球通识课程教学内容模块研究

循序渐进原则是指教学方法、教学内容和运动负荷的顺序安排，由易到难，由简到繁，逐步深化和完善，使学生系统地掌握技术、基础知识和科学的锻炼方法。因此，篮球教学内容可以根据难度大小分为易、中、难三个模块。在篮球教学与考核中，学生只能完成相应的模块，由易到难，通过考核后才能进入下一个

模块。然而，在相同的教学模块，所有教学内容也应该科学有序地安排，既要帮助学生理解和掌握篮球技能，在游戏比赛中合理的使用，也可以调动学生学习的积极性和主动性，见表 1-2。

**表 1-2　篮球教学内容模块表**

| 模块 | 教学内容 |
| --- | --- |
| 一 | ①动→跑→急停→转身→接球→双手胸前传球→高低运球→行进间单手低手投篮→篮球运动概述（理论） |
| | ②原地单手肩上投篮→滑步→撤步→高低运球→变向运球→急停急起→篮球技术（理论） |
| 二 | ③篮球教学（理论）→防守对手→胯下运球→运球转身→体侧传球→交叉步突破→抢篮板球→中学篮球队训练与比赛工作（理论） |
| 三 | ④篮球战术（理论）→攻防战术基础配合→快攻与防守快攻→篮球裁判（理论）→攻防人盯人防守→攻防区域联防→运动竞赛组织与编排（理论） |

以上教学模块的设计是通过与 8 位专家的访谈和调查确定的。调查前提出了以下原则：同一难度的不同教学内容在竞争中相互联系；有利于调动学生学习的积极性，活跃课堂气氛；篮球教学的基本规则，如先教防守后教进攻。

## 第三节　篮球运动科学研究

### 一、篮球运动科研的意义

一个国家的体育发展方针、政策和制度是否正确完善，从根本上制约和决定着体育发展的规模和速度。而促进篮球运动发展的重要手段是篮球科研，因此只有大力开展体育科研活动，才能不断完善我国的科学体育体系，提高科学理论水平。恩格斯曾经说过："没有理论思维，一个民族就不能站在科学的巅峰。"只有科学的体育理论是先进的、现代的、科学的，才能有效地指导体育实践。篮球研究的意义主要体现在以下几个方面。

#### （一）篮球运动科学研究是建立高素质师资队伍的重要环节

高质量的教师，是高质量教育的最基本条件，在学校教育中，处于主导地位的是教师，什么样的教师拥有什么样的学生，即所谓的名师出高徒。因为，和教师的世界观、价值观以及一言一行在任何时候都会对学生产生潜移默化的影响。为了培养合格的体育人才，必须重视教师在教学中的作用，培养高素质的教学队伍。篮球科研有助于体育工作者树立科学的世界观，提高他们的认知能力、科学素养和专业水平。科学研究是人类有目的、有计划地探索未知、创造新知识的认知活动。有利于教师在教学活动中发现和解决问题，培养符合社会主义市场经济体制的体育专业人才。

如何提高专业教师的科研能力，不仅是建设一支高素质教学队伍的重要环节，也是提高教学质量的关键因素。为了提高教师的科研能力，学校应：第一，加强科研工作的研究和管理。作为篮球科研行政部门，我们必须学习和掌握这些特点和规律，加强篮球科研研究，提高管理水平，应用新理论、新技术和新方法来进行篮球科研管理工作，把握篮球科学研究的时代脉搏。其次，学校应该培养一种积极、有序竞争的用人环境，建立和完善教学效果评价体系和教师科研奖励规定，同时把篮球教学、训练工作、篮球科研相结合起来，充分发扬体育科研促进教学和培训服务，积极鼓励和支持教师从事科学研究、提高教师的教学和科研能力。最后，建立教学和科研的领导管理体制，充分发挥老教师丰富的教学经验和较强的科研能力的优势，重视老教师在传播、帮助和领导中的作用，把一些思想觉悟高，专业能力强的青年教师吸收进科研团队，充分发挥青年教师的年富力强、思维灵活、思维敏捷、勇于探索、勇于拼搏等优势，有计划、有组织、多渠道开展体育科研工作。

### （二）有利于丰富全民健身活动的内容，促进全民体质的增强

篮球也有助于改善一个人的生活方式和生活质量。当然，不同年龄、性别、职业和民族的社会成员之间存在着巨大的身体差异。因此，篮球运动方式、运动时间长短、运动强度都都应因人而异，只有这样才利于实施全民健身战略。

### （三）为提高篮球比赛水平提供科学依据和指导

现代篮球已经达到很高的水平，如果你想继续攀登篮球的世界高峰，光靠老式的训练方法或经验是无法取得任何成就的，所以我们必须依靠体育科学，依靠篮球科研团队对篮球领域的许多方面探索。借助篮球教学、训练和比赛规则的变化，进行科学的选拔；教学、训练和竞赛的管理；有效地调整比赛时的心理状态；合理营养、疲劳恢复等其他有针对性的研究，对教学、训练、比赛提供科学依据，以加快中国篮球比赛水平的提高。

## 二、篮球运动科研的特点

### （一）研究的综合性

由于篮球运动的发展从政治，经济，文化，教育，和许多其他的社会因素影线切割，篮球参与者不仅受到生理、心理、文化和其他因素的影响，同时，随着

现代篮球向社会化、职业化和科学化道路发展。职业篮球的商业化和产业化，促进了21世纪篮球理念和理论的更新，技术和战术的创新，形成了篮球运动的新特点。并且，篮球体育科学研究涉及体育学科如人体测量学、运动生理学、运动生物化学、人体解剖学、运动生物力学、运动营养学、运动医学、体育保健学、训练学、体育心理学及统计学、社会学、经济学、管理学、教育学、哲学、法学、文学等多种学科和老"三论"和新"三论"等创新理论。因此，要全面探索篮球运动的未知领域，揭示篮球运动的规律，就必须进行科学、人文社会学、哲学等方面的综合研究。综合运用各种研究方法，可以从不同的角度探讨篮球的许多问题，从而拓宽篮球科学研究的领域，增加研究的深度，提高研究的科学性、有效性和针对性。

（二）研究范围广，包容量大

现代篮球运动不仅体现在篮球场上双方队员的比赛中，也体现在场上队伍建设的全面竞争中。这就决定了篮球科学研究所对未知事物的探索涉及范围广、问题多，研究过程中充满了许多不确定的未知因素，从而为篮球科学研究提供了广阔的空间。在研究方面，既有指导理论体系、领导体系和发展战略，也有操作生化反应、机械分析和技术应用。不仅要对国家队等高水平篮球队进行研究，还要对儿童篮球和篮球后备力量进行研究。

（三）科研过程的动态性和研究结果的创新性

外部环境的变化是篮球创新的外部动力。规则的修订、比赛制度的调整、制度的转变、相关学科知识的发展以及现代科学技术的创新，都对篮球运动的持续、动态发展起到了积极的指导和促进作用。而篮球运动科学研究也继承了篮球运动的动态特征。篮球运动的科学研究一般需要较长的时间和跨度。从提出科学假设、收集数据、进行初步实验、科研实验到结果分析、科学论证、取得结果，这是一个动态发展的过程。随着相关学科知识和科学技术的发展，越来越多的新理论、新方法、新手段和新科技成果被应用到科研中，使篮球运动科研方法和成果不断创新和发展。由此可见，研究中不能只有一成不变的方法和思路、命题和思想，如果没有新的思路，就不能保证研究的科学性和创新性，也会影响研究成果的有效性。

# 第二章

# 篮球教学与训练方法

## 第一节　篮球教学方法的内容与特点

### 一、篮球教学方法

篮球教学法是指篮球教师在篮球教学过程中，为引导学生达到一定的篮球教学目标而采取的一系列活动方法和手段的总称。教学方法的选择是否得当，对篮球教学的质量和效果有很大的影响。选择正确的篮球教学方法，可以激发学生的兴趣，激活他们的思维，提高他们锻炼的积极性。可以用较短的时间和精力加快教学过程，取得较好的教学效果，这也反映了体育的特殊性和体育规律。篮球教学方法主要包括传统教学方法和现代教学方法。传统的教学方法主要有讲解教学法、示范教学法、实践教学法、纠错教学法等。现代教学方法包括指导发现教学法、掌握学习教学法、程序性教学法、案例教学法、合作学习教学法等。然而，两种方法一般都包含以下内容：运动的负荷强度、负荷测量、间隔时间、技术组合等。

### 二、篮球教学方法的特点

到目前为止，随着科学技术的发展和理论的创新，篮球教学方法的种类大大增加。但总的来说，我们通常把它们分为传统方法和现代方法。这两种方法在概念、模式和结构上有很多不同之处，在总结篮球教学方法特点的同时，必须对这两种方法进行深入的分析。

#### （一）传统教学方法

传统的教学方法注重“教”，强调以教师为主体。这种方法的理论基础是传统教学中的教学过程理论。目前教师常用的几种常规教学方法有：演示法、讲解法、练习法和纠错法。演示法主要是教师通过各种视听媒体手段使学生直观地感知内容。因此，我们可以想象，在这种方法中几乎没有学生的

“主导”作用。只要教师准备好各种教学设备和材料，学生就只是被动地学习。这种方法便于教师对教学进行管理，但在今天的教学理念中逐渐暴露出许多不足，它不能体现“以人为本”“以学生为中心”的理念，这种方法不能充分调动学生的学习积极性和兴趣。在常规教学中，各种方法被结合使用。篮球教学是一个复杂多变的过程。在这个过程中，只有运用多种教学方法，才能使教学取得更好的效果。在传统的教学方法中，教师往往将演示法、讲解法和实践法相结合，使学生不仅能从听觉和视觉上感知篮球技术，还能通过亲身打篮球对篮球有更深刻的理解。同时必须指出，各种方法的配合不是简单的组合，而是需要不断的实验测试，才能达到更好的教学效果，更快完成教学任务。

### （二）现代教学法

现代教学方法注重“学”，强调学生为主体。现代篮球教学方法的理论基础来源于现代科学理论中学习理论的研究成果。与传统的教学方法相比，现代的教学方法更注重充分发挥学生的自主学习能力，提倡给学生更多的机会去思考和探索知识和技能。教师只起辅助和引导作用。换句话说，教师给学生一个大致的概念或一种学习篮球知识和技能的思维，然后学生需要充分发挥他们的主观能动性来学习知识和技能。如果学生在学习某一项技能的过程中遇到了长期无法克服的困难，教师会再次给予间接的指导。我们可以通过引导发现教学法、合作学习教学法等方法深入认识这一点。

现代教学方法善于运用各种现代理论。这包括系统论、信息论、控制论等理论。系统方法是从系统的角度研究和转化客观对象的理论。该理论注重把事物作为一个高度联系的整体来看待，全面分析和探索事物的本质，追求效果的最优化。引导发现教学法的第一步是“教师对教材的改造和设置，同时学生也在进行预习和试解”，这深刻反映了该方法在当代系统论中的合理运用。这一步骤使教学系统中的教师、教材、学生和教学工具更加紧密地联系在一起，不会因为顺序的不同而产生脱节。信息论是运用数理统计方法研究信息的测量、传递和转化的科学。这一理论可以深刻地反映在评价学生掌握学习方法的各种差异上。在程序教学法中，有一个步骤是“建立评价反馈系统”和“检查测验”，这两个步骤都需要不断运用信息论。控制论是研究各种系统的调控规律的科学。事实上，信息论在严格意义上是控制论。指导探索教学方法中，“教师有目的地对所教授的教材进行改造”，掌握学习教学法中的“把教材内容分解成不同层次的目标体系”；以及在程序教学法中的“对能不能进行下一步学习的标准进行制定”都反映了控制论思想。面对如此多的现代先进理论，只有结合我们的实际需要，我们才能更好地利用它们。

# 第二节　篮球训练方法的内容与特点

## 一、篮球训练方法的内容

篮球训练是在教练员的指导和运动员的参与下，提高运动员竞技能力的一种特殊的教育过程。在此过程中，教练员应根据篮球训练的目标和原则，运用科学的训练方法和手段，结合运动员的发展特点，对运动员的身体素质、技能、战术、心理、智力等素质进行教育和训练。与篮球教学过程相比，篮球教学过程对学生的竞争能力有更高的要求和期望。这个教育过程是为创造优秀的体育成绩做准备，在很大程度上也是为了满足“金牌”或社会对竞技篮球的需要。因此，为了以最短的时间和最少的精力提高运动员的篮球竞技能力，科学合理的篮球训练方法是必不可少的，甚至方法的好坏直接决定了运动员的竞技能力水平。

篮球训练方法是教练员进行篮球训练，完成训练任务，提高篮球运动员竞技能力的一种应用工具。现代竞技篮球的发展历史表明，篮球训练方法的不断创新和科学应用，对竞技篮球的整体发展水平有着相当大的影响。科学训练方法的诞生不仅是科学训练原则的具体体现，而且是对科学训练时间的高度概括。因此，正确认识和掌握不同的篮球训练方法是毫无疑问的。构成训练方法的主要因素有练习动作及其组合方式、运动负荷及其变化方式、过程安排及其变化方式、信息媒体及其传播方式、外部条件及其变化方式等。根据不同的分类标准，我们会对篮球训练方法有不同的理解。例如，根据竞争能力的目的，可以分为：体能训练法、技能训练法和战术能力训练法。然而，目前篮球训练方法的分类主要考虑的是理论的完整性和实际应用的方便性。根据不同培训方法的基本功能和应用范围，将其分为两大类：总体控制方法和具体操作方法。前者包括程序训练法和模式训练法，具有整体思维的特点。后者包括完整训练法、重复训练法、分解训练法、间歇训练法、连续训练法、转换训练法、循环训练法和竞赛训练法八种具体的直接操作训练方法。当我们考虑使用哪个训练方法，我们应该充分发挥我们的培养目标是什么，学生当前的竞争能力，训练点和每个方法的科学原则，学校的硬件和软件条件本身，间隔时间的长度，负荷强度、承载能力和其他方面的问题。此外，我们还需要学习培训方法的结合、转变和创新。虽然只给出了十种方法，但只要我们去思考和探索，它们的多样性是无限的。

## 二、篮球训练方法的特点

### （一）针对性

每种方法都有其特定的训练目标，并用于提高特定的竞争能力。例如：重复训练法主要是为了巩固和加强技术动作；间歇训练主要是为了提高篮球运动员对乳酸的抵抗能力，从而保证运动员能够在更高的强度下继续训练；改变训练方法是为了提高篮球运动员各方面的适应能力。

（二）互补性

这里所说的互补性，主要是指一种篮球训练方法和另一种训练方法在技能学习上可以互补。例如，如果我们使用分解训练方法，它可能会导致我们的技术动作在很长一段时间内脱节。如果我们以后采用完整的训练方法，它将使我们保持技术动作作为一个整体。另一方面，如果我们先应用整个训练方法，它可能不会让我们更仔细地理解某项技术的每个重要细节。

（三）相关性

每一种训练方法都不是独立存在的，它们之间存在着很强的相关性。每一种方法的使用都是对另一种方法使用的启发。例如，间歇训练法的应用可以提高运动员的抗乳酸能力，从而提高连续运动的能力，可以进行比赛训练法的应用。相反，如果你先使用比赛训练法，那么使用间歇训练法也可以对后者起到重要的作用。只是在这个时候具体的作用是不同的。因此，我们可以从他们之间的相关性得到启发。我们应该善于思考每一种方法前后的序列，或者我们可以进一步进行方法的组合和变换。只有这样，我们才能选择最适合自己的篮球训练方法，才能得到最优的训练。

## 第三节　篮球教学与训练常用方法

### 一、篮球教学常用方法

（一）篮球教学常规方法

传统篮球教学方法是对传统教学过程的各种理论研究。这种方法在教学活动中更注重教师的“教”而不是学生的“学”。这种方法的过程结构相对简单，因此常常采用多种方法相互配合。主要方法如下。

1. 讲解教学方法

讲解教学法是指在篮球教学过程中，教师通过简明准确的话语讲解各种篮球技术动作的结构和要领、战术配合的方法和注意事项，使学生通过各种感官进行学习。在实践中，教师应注意用简洁的语言表达动作的“要领”，使学生掌握要领，尽快完成动作。在过去的篮球教学中，教师经常用课本上的语言讲解动作要领，学生记不住、忘得快，而且容易混淆主要动作和次要动作，既费时又费力，而且收效甚微。这时不妨采用一些“口诀提示”的方法，如原地单手肩上投篮可以这样掌握：蹬、提、伸、压、拨；变向跑掌握蹬、移、跟、转、跨；与此同时，考虑到不同的物理教育教学和其他学科的特点，解释必须附有必要的示范，以及教学内容的难度必须适应不同年龄的学生的身心发展。

2. 演示教学法

演示教学法是指在演示技术动作或战术的基础上，合理运用各种先进的视听媒体手段，包括幻挂图、视频、投影、灯片、计算机等，使学生直观地感知将要教授的教学内容。在使用该方法时，要注意论证与解释之间的合理配合，注意示范的正确性、示范的形成以及示范的几个面，如前面示范、后面示范或侧面示范。

3. 练习教学法

练习教学法是指在讲解和演示的基础上，通过体育锻炼，合理组织学生掌握篮球技术方法或战术。根据联系的难易程度，锻炼可分为：先易后难法和先难后易法；根据实践和教学的秩序，它可分为：先教后练法和先练后教法；根据的运动形式，它可以分为：分解练习方法，完整的实践方法，简单的练习方法和复杂的练习方法。根据篮球运动的特点，可分为个人技术训练、合作训练和对抗训练。在使用这种方法时，应特别注意练习内容的密度、强度、生理负荷和顺序。

4. 纠正错误教学法

纠正错误教学法的意思是：在实践过程中，学生难免会犯错误，教师必须采取适当的措施加以纠正。在教学实践中，要纠正错误，首先要找出错误产生的原因，然后采取相应的措施加以纠正。实践中常用的方法有诱导法和条件限制法。诱导法是以教师为主导的教学方法，使学生在学习过程中由被动学习向主动学习转变。条件制约法是指在教学过程中有意识地限制一个或几个条件，从而有效地加强某些技术动作或战术之间的协调。科学方法的原则是认为掌握运动技能等的本质是建立体育训练的过程中，调节过程的两个大脑皮层的兴奋和抑制过程的神经过程，控制合理使用的过程可以帮助学生学习的技术和战术方面有特殊的效果。

以上四种方法是一个统一的、紧密的系统，只有通过这些方法的有效配合才能取得更好的效果。这些方法可以组合成一个完整的方法系统。该系统的总体模式是：引视→讲解和示范→仿试→练习→纠正错误→复习巩固→对抗应用→总结。

## （二）篮球教学现代方法

世界先进的教育教学理论对我国体育教育领域产生了广泛的影响。研究结果表明，按照先进的教学理论设计的教学过程和方法是科学有效的，也代表了篮球教学方法现代化的趋势。篮球现代教学方法的理论基础与现代科学理论研究学习理论，这些方法的共同特点是现代系统理论，信息论和控制论共同引用在教学实践中，强调教师的主导作用，强调学生在教学过程中的主体作用，调动学生的积极主动性，关注能力的培养，主要方法如下。

1. 引导发现教学法

这种方法是指当学生学习概念和原则时，教师不直接向学生提供学习内容，而是给学生提供一个问题情境，只给学生一些事实和问题，主要是让学生积极思考、探究，这个时候老师就给予必要的指导，以这种方式来掌握相应的原理和结论。其指导思想是以学生为主体，独立实现认知过程。老师的启发下，使学生自觉，积极探索科学知识和解决问题的方法和步骤，研究客观事物的属性，发现事物发展的原因和内部关系，找出规则，形成自己的概念。教师扮演学习促进者的角色，引导学生对这种情况提出问题，并自己收集证据，让学生从中发现一些东西。这种方法在学习篮球战术、理解攻防关系、掌握技术要领等方面更为有效。

2. 掌握学习方法

这种方法是指在所有学生可以学习好的思想指导下，根据教学任务和初始计量的结果，篮球教材内容被分解为不同层次的教育目标体系，以集体（班集体和班集体教学制度）为基础，辅以定期、及时的教学状况评价和反馈，为学生提供所需的帮助和额外的学习时间，从而使大多数学生达到课程目标规定的标准。

3. 程序教学法

篮球技战术的教学内容按照认识和技能形成的规律分解为几个相互关联的小步骤，形成便于学习的逻辑顺序。同时，建立了相应的评价信息反馈系统。教学开始后，学生应按部就班地学习，并在学习后及时进行评价，根据评价结果及时反馈学习效果。如果达到了要求的标准，就进行下一步的学习；如果没有达到要求，就回去重新学习并采取相应的纠正措施。这种教学方法在篮球技术教学中是行之有效的。

4. 案例研究法

根据教学大纲的要求，选择篮球比赛中比较典型的例子作为教学内容，通过教学案例的分析，可以进行形象生动的教学，可以帮助学生明确概念，诱发掌握相关知识和需求，然后组织集体练习，最终达到掌握的目的。在篮球战术、篮球规则与裁判、篮球比赛组织与安排等方面的教学中，经常使用这种方法。运用案例教学法时，要注意选择能体现教学内容、具有典型意义的案例。同时，要求学生具备一定的篮球运动基础。因此，该方法更适合篮球专业课程的教学。

5. 合作学习方法

社会学理论认为，篮球教学组织是一个社会活动的过程。根据志愿教学的原则，学生被分成几个小组，每个小组的人数不同。好学生要发挥团队技术骨干作用，帮助差学生。在教学过程中，我们通常采用小组实践、小组竞赛、小组评价等方法进行活动。在小组与合作伙伴的合作活动中，我们学习掌握篮球教学的内容，使学习成为学生之间的合作活动，在和谐的人际关系和愉快的合作学习环境中完成学习任务。

6. 游戏教学法

正是在篮球教学过程中，以比赛的形式，使学生在激烈的竞争中，在无比的兴奋中，甚至在刺激和成瘾中，不知不觉地学习了篮球教材的内容，或者学习了青少年必须掌握的篮球知识。兴趣是学习的第一老师，游戏可以调动学生的兴趣。但游戏教学的过程中应该注意以下内容：首先，正确讲授篮球技术方法，进行基础训练，并根据难度将各种技术的训练方法安排成比赛项目，这样可以培养学生的学习兴趣篮球，使学生在轻松愉快的比赛中掌握篮球技术动作。其次，学生应尽快适应和接受比赛中对抗的气氛，从而培养学生较早面对的能力和技能，同时提高他们的心理素质。第三，在使用对抗性游戏时，要调动学生的积极性，培养学生积极思考、发现和解决问题的能力，从而有效调动学生学习篮球的积极性。

7. 理解方法

在教学活动中运用“理解方法”，是将篮球运动所具备的特定及篮球运动所具备的战术意识作为突破口，借助篮球运动的特点以及篮球运动思维扭转篮球运动在学生思维意识中所留下的影响，提升学生对篮球运动的认知能力，激发学生对篮球运动的兴趣，使学生将篮球运动作为一种实践活动，而不是将篮球技术作为一种刻板生硬的教学内容。教练员运用理解教学方法组织学生开展篮球教学活动时，需要教练员注重对学生战略战术意识的培养，而不是让学生从最基本的篮球运动技能着手。战略战术在篮球运动中发挥着重要作用，不少篮球比赛的过程，因为运动员缺乏良好的战略战术，所拥有的技能在篮球比赛中完全没有用武之地。“理解方法”在篮球教学中的应用，有效淡化篮球技术动作所具备的统一性与规范性，开放学生的思维意识，让学生能够冲破技术要领以及运动规章的各项限制，能够有效增强学生情感体验，进一步激发学生对篮球运动的兴趣。运用理解方法开展篮球教学活动，能够从篮球运动的整体发展特征出发，注重与特殊技能的学习，使学生最终回归到整体运动以及整体训练上；从战术意识视角出发，让战术意识观察到整个篮球教学活动中，进一步加深学生对战略战术的认识，使学生能够积极做好战略战术的学习活动；积极做好篮球技术的强调工作，让学生能够自主开展篮球技能的学习活动，充分调动学生的主观能动性；落实形式竞争，让学生明确竞争的重要性并在竞争中懂得合作，进一步加深学生对篮球运动的理解与认识。

## 二、篮球训练的常用方法

### （一）模式训练法

将具有高度代表性、标准性的模型为基础，组织学生开展一系列篮球运行活动，这种训练方法对组织形式、训练方法具有较高的控制性，其整个操作过程需要积极做好各项变量因素的控制工作，不断优化训练模型的结构。通过对篮球竞赛进行分析，了解影响篮球竞赛的各方面因素，从中获取各项因素的指标参数，然后将各项因素的指标参数为依据，针对篮球运动员竞技水平创建一个与之相适宜的结构模型。将因素结构模型作为篮球运动员能力的评价标准，从不同层次出发对运动员竞技水平进行动态化分析，依据相应的检验和评价。将检验和评价结果整理出来，并做好相应的信息反馈工作，然后将信息反馈结果运用到篮球训练的各个环节，认真寻找各项因素之间所存在的偏差，以及各项因素偏差的形成原因。在实施模式训练方法的过程，首先需要从目标、检验、评价与训练四方面着手，借助目标、检验、评价、训练四方面的内容创建与之相适宜的训练结构模型，因此训练结构模型共由四部分组成。它具有信息化、量化的特点。模式训练方法的应用过程为：教练指导→训练模式（手段）→运动员训练→考核→评价结果→调控→教练指导。

### （二）程序训练法

按照训练活动开展的先后顺序，按照各个环节上的内容，制定与之相适宜的结构内容，并形成一个具有可行性的程序化训练体系，并组织学生开展程序化训练。其基本特征是系统性、定性和程序性。申请流程如下：培训程序与手段→运动员培训→考核标准→教练员指导→培训程序与手段。

### （三）分解训练法

将一个完整的战术或者是技术动作通过合理的划分时期形成多个子环节，然后组织学生对每一个子环节进行单独训练，这种方法被称为“分解训练法”。分解训练法在实践应用的过程主要有四种不同的形式，即“单纯分解”“渐进分解”“顺进分解”“逆向分解”。不同的分解训练方法拥有其不同的实践特点，教练员需要根据学生的实际情况，合理选用分解训练方法，切实保证训练内容的针对性与可行性。

### （四）完整训练法

从战术配合或技术动作着手，不用对各环节或部分进行区分，组织学生对篮球运动开展一套完整的训练活动，这种训练方法被称之为“完整训练法”。教练员在运用“完整训练法”组织学生开展篮球训练是，需要积极做好学生的教学引导工作，让学生能够灵活运用战术与技术，科学做好战术与技术的分配工作，注重各个战术与技术之间的联系，突出战术与技术之间的完整性与统一性。在实践应用中，“完整训练法”又可被进一步的细分成多种训练形式，例如“单动作训练”方法、“个人成套训练”方法、“多动作训练”“集体协调训练”。

（五）重复训练法

对一个战术或者是一个动作进行多次联系，整个联系活动具有较强的重复性，这种训练活动被称之为“重复训练法”。在完成一种战术或者是一个动作的训练活动后，安排学生休息一段时间，再开始另外一个战术或者是另外一个动作的训练活动。这种训练形式能够帮助学生巩固战术与技术，促进学生身体素质的全面发展。

（六）间歇训练法

间歇训练法是指严格设定间歇时间，使身体处于不完全恢复状态的情况下进行反复训练的训练方法。通过严格的间歇训练，运动员的心脏功能可以显著提高；通过调整运动负荷的强度，可以使机身各项功能产生与有关运动项目相配合的适应性变化，通过不同类型的间歇训练，能有效地开发和提高糖酵解代谢能力、磷酸盐与糖酵解混合代谢能力、有氧代谢混合代谢能力和有氧代谢供能能力；严格控制间歇时间，有利于运动员在激烈的比赛和复杂困难的比赛环境中稳定和巩固技术动作。通过高负荷心率的刺激，可以提高机体的乳酸能力，从而保证运动员在保持高强度的同时能够继续运动。

（七）变换训练法

改变训练方法是指改变训练负荷、训练内容、训练形式和训练条件。训练方法提高运动员的积极性、适应能力和适应能力。它是基于实际比赛过程的复杂性、对抗的强度、动作技术的变异性、动作技术的变异性、动作能力的多样性和中枢神经系统的灵活性。其作用是通过转化运动负荷，可使机体产生与相关运动项目相适应变化，从而提高承受特殊比赛时间不同运动负荷的能力。通过改变运动内容，不同运动素质、运动技术和运动战术的运动员可以得到系统的训练和协调发展，使他们更接近于实际比赛需要的多种运动能力和实际应用的适应性。

（八）循环训练法

循环训练法是指根据训练的具体任务，将训练手段设置成若干个训练站，运动员按既定的顺序和路线依次完成每个训练站。有效提高各级运动员的训练情绪和积极性，合理增加运动训练过程的锻炼密度。可根据具体情况进行不同的调整和处理，可防止局部过载，延缓疲劳，有利于全面的体育锻炼。结构因素包括：每站的训练内容、每站的训练负荷、各站的排列顺序、各站之间的间隔时间、各站之间的间隔时间和循环练习的数量。

它可以分为：循环重复训练（循环过程——间歇和充分；负载强度——最大；负荷特性——速度和爆发力；能源供应系统——主要是磷酸代谢系统），循环间隔训练（间歇不足；速度耐力、力量；糖酵解代谢系统）；循环持续训练（基本无间歇；较小；耐力；主要通过有氧代谢系统供能）。

### （九）比赛训练法

比赛训练法是指近似模拟或真实、严格的条件下，根据比赛规则和方法进行训练，包括教学比赛、检查比赛、适应性比赛等，旨在调动运动员的积极性，提高技术水平、战术、体育锻炼和实战能力、心理素质的发展并检查训练手段和方法。

# 第三章

# 现代篮球体能与心理训练教学

## 第一节　篮球体能训练原则

体能训练是针对提升身体素质所展开的一种训练模式，这种训练模式注重提升人的体能，是对体能的一种提升性训练。训练原则就是人在开展训练活动时需要遵循的客观依据，是训练活动的一种客观反映，这种客观反映是训练活动的必然依据。体能训练需要根据体育活动在开展过程所反映出来的客观实时，对人的身体素质进行全面整合，在整个体能训练过程需要严格遵循体育训练的基本方法与策略，行之有效的开展与之相匹配的训练活动。

在体能训练过程，所要遵循的原则表现在全面发展与优先发展方面、系统与连续方面、压力与负荷方面、专项与区别方面。

### 一、全面发展与优先发展整合

“全面发展”与“优先发展”是从两个方面出发所形成的两种截然不同的两种概念。其中“全面发展”，是从一个整体的视角出发，使人的多种构成因素能够齐头并进，最终达到一种百花齐放的状态；“优先发展”，是从一个个体的直角出发，使人某一种或者是某几种构成因素能够勇往直前，最终达到一枝独秀的局面。在体能训练过程将全面发展与优先发展整合到一起，就是所有物理能力的运动员，均能够将自身所具备的运动能力全部释放出来，将自身各方面的优势展现出来，同时提升自己的劣势，在反复的实践与锻炼过程不断加强运动，提升自身身体素质，使自己的身体功能能够达到一个较高的发展水平，进而提升转型运动成绩。在体能训练过程，之所以要将全面发展与优先发展整合到一起，就是要保证人体的各个器官或者是组织均能达到协调统一的状态，身体的多种素质能够相互影响、相互制约，深入挖掘运动者的运动潜能。首先，运动者在开展体能训练的过程，应充分认识到身体是一个有多个器官和组织构成的一个有机体，各个器官和组织均是统一整体，不同气管之间具有较强的依存性与共生性，值得注意的是，构成体能的三项元素之间同样呈现一种相互影响、相互制约的状态，在开展体能训练的过程对适应性具有较高的追求。其次，如力量、耐力、速度、柔韧性、敏捷性等多种体育素质是身体素质的集中表现，它们之间也呈现一种相互影响、相互制约状态，想要促进运动员的全面发展，就需要不断提升运动员的体育素质，并将体育素质作为提升运动员专项运动的前提。再者，不同发展阶段拥有不同的身体特点与心理特点，这一现象在青少年的身上表现尤为显著，为准确抓住身心发展的重要实际，需要根据运动员的具体情况采取相应的体育锻炼内容，充分挖掘其潜力。

## 二、坚持系统性与连续性相统一的原则

“系统性”与“连续性”之间具有较强的承接关系，系统是连续的最终表现，连续是系统的基础。在体能运动过程通过协调好“系统性”与“连续性”之间的关系，确保体能运动系统而不间断，才能自始至终均能够保证训练内容的统一性与一直性，为了共同的目标不断前行。在整个发展过程，篮球运动员开展体能训练时，需要严格遵循身体发展所具备的内在发展规律，根据身体的实际情况及时对训练内容进行调整，积极做好身体训练活动的规划工作，确保体能训练能够有序开展。在训练过程适应各项生产活动与发展活动，确保生产、发展与衰落能够符合身体发展的自然规律，各个阶段之间均具有较高的连续性，要贯彻这一原则，就要在训练过程中注意对体育训练进行系统的规划，从内容、手段、比例、负荷等方面，对不同训练发展阶段的体育训练进行系统的安排，尤其是青少年时期，以及达到较高的水平后更需要慎重考虑。

## 三、科学安排运动强度

在开展体能训练活动时，训练员需要根据运动员的实际情况，科学对运动员的运动强度进行安排，确保运动员在训练过程所产生的运动负荷符合运动员的身体承受能力。“运动负荷”主要是指运动员在训练过程身体所要承受的负荷前度、符合数量以及符合时间。在整个运动负荷产生过程，会对运动员的身体带来不同程度的影响。体能训练过程所产生的负荷由负荷强度、负荷数量、休息时间等内容构成，训练员为保证体能训练不会对运动员带来负面影响，就需要对运动员的训练时间进行科学安排，有目的、有针对性的指导运动员开展体能训练活动。在整个体能训练过程，运动员只有有效协调好身体所承受的负荷，才能够将体能训练的价值与功能最大限度发挥出来。不同的人拥有不同的身体素质，对负荷的承受能力有所不同，训练员在安排运动员开展体能训练过程，需要尊重运动员的个体差异性，根据运动员在体能训练过程所具备的特殊性、低效性与有效性，积极组织运动员在训练过程做好物质与能力的回收工作，并在此基础下提出科学安排运动负荷的原则。人体器官和组织对负荷应力的适应具有明显的特殊

性。所选择和设计的运动项目，必须从运动结构等视角出发，确保人体器官与组织在负荷承受方面能够协调统一，才能达到训练效果。

### 四、充分利用专项原则

在体能训练过程，训练员需要将全面发展作为体能训练的基础，结合专项原则，根据各项目的技术、战术特点，结合运动员的实际情况，对运动员进行科学引导，确保训练内容的针对性与可行性。需要明确的是，体育锻炼的作用应该体现在创造优异运动成绩的最终目标上，所以体育锻炼不应该脱离体育。在组织运动员开展训练时，需要训练员充分了解体育运动项目的各项特定，结合运动员的实际情况，科学分配体能训练同转型训练的时间与活动比例。要确定和充分发展与体育最重要的素质和功能之间的特殊密切关系，就要有针对性地进行锻炼。

### 五、区别对待原则

由于培训人员客观存在个体差异，为达到理想的训练效果，需要训练人员遵循运动员的个性差异，充分了解运动员的个体特点，对每一位运动员进行有针对性的训练与引导。整个训练过程，不仅需要关注运动者的性别特征、年龄特征、形态特征以及机能特征，还需要关注运动员的气质特征、性格、参与训练的动机、训练水平、训练年龄和承受能力等心理特征。在培训过程中，我们应充分理解运动员的实际情况，结合运动员的个体需求，为每一位运动员制定与相适宜的发展计划，确保训练内容的针对性，对整个训练过程进行不同的安排。

## 第二节　篮球运动员心理训练

### 一、篮球运动心理训练作用

篮球作为集体运动，具有很强的对象性和对抗性。它具有独特的生理性、社会性和制胜性。在篮球运动的过程，篮球运动员需要拥有强大的心理素质，这样才能够在高负荷、高强度、高压力的篮球运动中获取优异的成绩。篮球运动员在篮球比赛的过程会大量消耗体力和脑力，不少运动爱好者认为开展篮球运动仅消耗的是运动员的体力，整个运动过程不存在脑力活动，并没有消耗运动员的脑力，其实不然。运动员在开展篮球运动的过程，消耗了大量的体力，也消耗了大量的脑力。因此，开展篮球心理训练是为了适应现代篮球比赛的需要。每一项竞技体育均同竞争之间具有密切的关系。若篮球运动员发展良好的心理素质，在篮球比赛过程完全承受不了运动场上各项突发事件或者是在能力悬殊状态下的压力，运动员纵使有再好的身体素质，技术培训，也无法在比赛中取得好成绩，一些高水平的竞争，往往最后是心理因素起了决定性的作用，心理训练在篮球运动中是必不可少的，它的主要功能主要有以下几个方面。

第一，篮球心理训练有助于形成训练与比赛相适应的心理状态。不少人都晓得，运动员在运动场上想要获取优异的成就，就需要运动员学会控制个人心理状态，懂得调整个人心理情绪，能够及时对自己进行自我控制、自我管理与自我疏导。在篮球比赛过程，运动员只有具备良好的心理疏导能力，根据篮球比赛的实际情况，及时调整好个人的心理状态，才能够使运动员长期处于一个良好的运动状态，让篮球运动员在篮球比赛中尽可能发挥自己，将各项运动技能完美地展现出来，最终在比赛中获取优异的成绩。如果篮球运动员的心理素质较差，缺乏自我调节能力，在比赛过程甚至在训练阶段就会产生焦躁不安、紧张、松懈等不良心理现象，这些现象均会对运动员在赛场上的发挥带来严重的负面影响。第二，篮球心理训练可以改善篮球运动员的心理过程。篮球运动员想要调整好个人的心理状态，首先就需要明确“心理”的构成因素。“心理”由认知因素、情感因素以及意志因素构成。在激烈的篮球比赛中，对篮球运动员的心理状态提出较高的要求。运动员在开展体育训练活动时，需要运动员具备清晰的运动表现能力、精确的运动知觉，思维意识高度灵活，能快速对队友的动作做出相应反应，同时明确各项战略战术的意义。篮球运动员在整个比赛过程需要注意力高度集中到一起，能够快速对场地上的各项移动物体做出反应。第三，篮球心理训练对运动员个体发展具有重要影响。篮球运动对运动员的发展具有较高的要去与标准，需要运动员将行为特征为依据，不断提升个人气质，突出个人的个性特征，不断提升运动员对篮球训练的兴趣。通过对运动员开展心理训练活动，不断改善运动员对篮球训练态度，使篮球运动员能够在开展体育运动的过程有一个良好的心理状态。

## 二、篮球心理训练的各项任务

训练员组织篮球运动员开展篮球训练活动时，需要将篮球训练内容以及篮球的特殊要求为依据，结合篮球运动员的心理特征，对篮球运动员开展一般心理训练活动以及特殊心理训练活动。在当代社会发展的背景下，将特殊心理训练活动作为篮球训练的重心，通过对篮球运动员开展特殊心理训练活动，不断提升运动员的运动水平。特殊心理训练作为当代篮球运动训练的重要组成部分。

培养具有多种心理素质和能力的运动员，以满足篮球运动的需要。促进和提高运动员的感知等具有专项性的心理能力。在篮球比赛运动员通过调整个人心理情绪，使自己拥有消除紧张的能力。在篮球训练中养成良好的运动形态，拥有良好的篮球运动态度，不断提升个人身体、心理的适应性。提升篮球运动员对篮球运动的适应能力，能够使篮球运动员在一个相对比较兴奋、情绪比较稳定的状态下开展篮球运动。不断提升篮球运动技能，使篮球运动员能够拥有更高的作战水平。确保篮球运动员在开展篮球运动的过程能够准确对空间中的各个运动状态做出判断，瞬间具有良好的时机感。

篮球运动员的专项心理训练应根据比赛的需要和运动员的个体差异进行。由于篮球运动员的决策来自大量的外向注意，因此控制注意范围和方向的能力是篮球运动员必须掌握的一种技能。篮球运动员的心理状态具有较高的稳定性，篮球运动员的注意力才能够拥有更高的可塑性。“意志”是一种具有积极性的意识，是理性与情感的统一体，能调整人们的思想活动与行为活动。运动员只有具备良好的意志品质，才能够提升运动员在运动场上的自主能动性、自制自控性、目的性、果断性等。人所具备的意志品质如同人的某种特征，是无法被人直接进行评估或者是判断的，而且它们在各种竞争事件中的作用也很难被严格区分。实践证明，意志素质隶属于综合素质的范畴，需要通过开展心理训练，提升人的意志素质。尤其对于高水平的运动员而言，开展心理训练活动，不仅能够提升运动员的智力水平，还能够使其在比赛中将个人价值展现出来。

## 第三节　篮球运动员心理训练方法

### 一、篮球心理训练的方法

心理教育培训过程需要严格遵循自愿性原则与个体差异性原则，在整个心理训练过程需要运动员拥有持之以恒的形态，根据年龄特征、智力特征、心理特征，对被训练者进行有针对性的引导，切实保证心理教育活动的针对性与目的性。在篮球运动员体育训练活动中，想要组织其开展心理训练活动，就需要根据篮球运动训练的原理与规则，有针对性地对篮球运动员进行引导，切实保证篮球运动员的创造性与发展性。

#### （一）放松训练

“放松训练”方法是借助人对自己的心理暗示，改变身体肌肉状态，让身体各个肌肉组织能够处于一个相对放松的状态，使心理能够达到一种相对稳定的状态，进而达到心理训练的效果。由于“放松训练”方法相对比较简单，运动员一个人就能够完成，这种心理训练方法是心理训练过程最常用的一种方法，且应用范围十分广泛。

#### （二）表象训练

“表象训练”也被称为“想象训练”“认知训练”，这种训练方法是人在有意识的状态下充分利用运动表现开展一系列行为动作活动，例如重复动作、回顾动作、发展动作、修正动作、创造动作等，不断提升技术动作的训练强度，增强技术训练的准确性与高校性，使人的情绪能够被调整到一个相对稳定的状态。

（三）呼吸训练

“呼吸训练”方法是在用过一种正常的呼吸速度开展呼吸活动，在正常呼吸速度的状态下逐步加快呼吸速度的一种训练方法，想象每一次呼吸都带来新的能量和活力，疲劳随着呼气而释放。在呼吸时，获取更多的能量是每一位运动员都想做到的，企图通过呼吸消除身体的疲惫感。在体能或者是专项能力训练的过程，不少运动员均借助充足的能量和氧气完成各自的运动任务。因此，呼吸训练法也是心理训练中的常用方法，备受广大体育运动者的欢迎。

（四）模拟训练

“模拟训练”属于一种适应性训练，这种训练活动需要有外部事物的辅助，通过对比赛环境进行模拟，使运动员能够在特定的环境中开展训练活动或者是比赛活动，让运动员尽可能地习惯周围的运动环境，有效降低外界环境对运动员心理的干扰，进而达到缓解运动员心理压力的目的。

（五）暗示训练

“暗示训练”方法是在缺乏足够时间的状态下，所运用到的一种心理状态训练方法。这种训练方法主要依靠运动员的想象力与创造力，让运动员能够通过想象产生某种特定的信号，使运动员在暗示训练的作用下立刻感觉全身化才能恢复力量，精神抖擞。

（六）生物反馈训练

“生物反馈训练”需要借助现代电子仪器。在现代电子仪器的作用下，我们能够直观了解到运动员内脏器官的各项信息，有效加强运动员主观意识上的联系，增强运动员的情感体验，实现对内脏器官的合理控制，将反射性控制全面落实到位，在一定程度上缓解运动员的紧张心理。借助现代电子仪器所开展的生物反馈训练活动能够根据运动员的心理状态及时对运动员的身体机能进行调整，从而促进内脏活动的控制，使生理变化向所需要的方向发展。

（七）催眠训练

“催眠”是介于清醒和睡眠之间的一种特殊的心理状态，使运动员听觉、视觉和触觉等一系列语言和运动受到暗示的影响。

## 二、篮球运动员比赛过程进行心理训练

如果运动员在比赛前和比赛中能够把注意力集中到即将到来的任务上，那一定能取得优异的成绩。完全控制，感觉放松，不怕失败；高自尊，少自我怀疑。而落选运动员的心理状态是：醒得太高或太低；注意力不集中；思想不相关、消极；害怕失败。因此，教练员和运动员在比赛中应注意心理训练。一般来说，要树立正确的竞争观，在自我调节机制的基础上调整心理状态，形成良好的心理状态，才能使运动员所拥有的技术水平得到正常发挥，并在竞争中得胜。

### （一）篮球比赛前开展心理训练活动

1. 篮球比赛前运动员的心理状态

通常情况下，如果篮球运动员在篮球比赛前无论是战略战术，还是知识技术，亦或是身体心理，均做好充足的准备工作，那么运动员对自己和对手都很了解，那么在比赛前，身体力量、技术和战术不会有太大的变化。

最优竞争的状态：即篮球运动员在比赛前处于一种理想的心理状态，这种心理状态呈现一种积极的战斗心理状态。在整个篮球比赛的过程，篮球运动员表现出适度的兴奋昂扬的斗志，求胜的心理，集中的注意力。在最优竞争状态下运动员基本反映一般是对自身力量拥有一个清晰、明确的认识，拥有必胜的信心与觉醒，能够独立思考，对赛场上所出现的各种问题做出科学、准确的判断。

抑郁心理的状态：抑郁心理状态表现为“对游戏漠不关心的心理状态”。这个状态的特点是：在篮球比赛的过程缺乏对篮球运动的欲望，对篮球运动持一种相对比较消极的态度，思维意志处于一个低迷状态，完全打不起开展运动的精神，对自身发展产生极大的怀疑，注意力难易集中，失眠多梦，肢体动作不灵敏，引起这些现象主要有两方面因素构成，一是在以往比赛汇总表现不佳而引起的自卑感，另一个是对自己的能力水平估计过高的期望值，但是实际情况与期望值之间具有较大的落差，最终因无法达到目标而产生严重的心理落差。

焦虑不安的状态：焦虑不安是在竞争前生理反应严重失调，如增加加快、呼吸差，不能吃，不能睡，身体出汗、四肢冰冷，尿频尿急等，通常表现为提心吊胆、急躁易怒、坐卧不安、手脚发颤、注意涣散、动作失调等心理。

虚假信任的状态：缺乏自信使一种虚假自信的重要表现。从本质视角来看，运动员对自己的个人认知存在较强的片面性，在心理上呈现一种恐惧状态。为此，教练员需要积极做好运动员的引导工作，用正确的方法对运动员进行教育，端正运动员的心理状态，使运动员能够摆正自己的位置。

2. 篮球比赛前开展调整心理训练

（1）落实情报搜集工作。为提升篮球运动员在比赛前的自信心，就需要篮

球运动员做到“知己知彼”，在篮球比赛开展前全面搜集竞争对手的信息。通过了解竞争对手的基本信息，灌木竞争对手在重要比赛中的比赛情况，对竞争动手在篮球比赛中所运用到技术、战术进行分析，并从客观视角出发，对竞争对手的能力与优势做出科学评判。通过对竞争对手战斗力进行客观分析，在分析成果的基础上，了解对方运动员技术、战术、个性和心理状态，结合自身发展的实际情况，制定与之相适宜的作战计划，加强队友之间沟通与交流，增强队友之间的契合对，用团队力量提升个人的自信心，并在比赛之间创建具有科学性合理性的心理训练任务。用心理因素进行影响对方队友，这本身就是一种良好的比赛战术，隶属于心理战术的范畴。若教练员在组织运动员开展训练活动的过程能够充分利用心理战术，在心理上做出充分准备，企图在运动场上获取更有利的发展地位，借助积极心理对抗消极心理，从而在比赛中获取最终的胜利。

（2）落实意志素质教育。篮球运动员想要在篮球比赛中用用最佳运动状态是通过综合实战心理训练，在一般心理素质的基础上形成坚强的意志素质和良好的专项心理素质。篮球运动员想要拥有一个完整的心理素质结构，就需要不断提升个人心理意志，用一个良好的心理状态不断完善自我、突破极限。在篮球比赛过程如何对篮球运动公园的心理状态做出准确的判断，就需要借助心理测量手段，对篮球运动员的心理状态进行量化处理，并将量化结果作为对篮球运动员进行素质教育的客观依据。

（3）开展模拟比赛训练。“模拟训练”是一种调整运动员心理状态的重要方法，将该办法运用到篮球比赛前的心理调整中，能够有效降低未知因素对运动员的影响。通过开展模拟比赛，借助模拟比赛同正式比赛之间在环境条件方面所具备的高度相似性，有效提升运动员在技术、战术方面的适应性，并开展一系列与正式篮球比赛有关的集体心理训练。在模拟比赛的过程，篮球运动员通过模仿对方篮球运动员在篮球比赛中所运用到的战略战术，舍身处理的了解对手，适应对手，使你可以很好地了解你自己和你的对手，做好充分的准备，将心理状态调整到一个相对稳定的状态，不断提升自信心，通过心理调节措施和修复训练加以纠正。在模拟比赛中，要尽可能的记录和收集各种心理反应，并留出足够的时间进行心理调适测试。应着重强调心理训练因素，不断提升运动员的心理调适能力，并根据实际情况有针对性地对运动员进行心理辅导。

### （二）篮球比赛过程开展心理训练

#### 1. 篮球比赛过程篮球运动员的心理状态

篮球比赛是一场容智力、战略、体能、技术和战术为一体的竞技活动，除此之外还关乎心理。篮球比赛在开展过程，其整个比赛过程同日常篮球训练有所不同，篮球运动员在篮球比赛的过程不仅需要承受高强度的体能负荷，还要承受高强度的心理负荷。在篮球比赛过程开展心理训练活动，是维持篮球比赛前所形成的最佳心理状态，在比赛的过程根据篮球比赛的具体情况，及时调整好自己的心理状态。

第一，竞争中的理想心理状态是指运动员心理机制的和谐和最优竞争状态的。理想心理状态是运动员在比赛过程对感觉状态所做出的相关感应，能够让运动员在比赛的过程将个人能力最大限度发挥出来，使运动员在整个比赛过程感到轻松自如，没有过重的束缚感，不会出现紧张心理，注意力能够高度集中，并全身心地投入到比赛活动中。第二，竞争中的恐惧状态是指运动员在比赛过程对竞争对手产生强烈的恐惧感，同时产生想要逃避的心理；有的则对比赛的客观环境和结果产生恐惧。这种心理状态影响了运动员的正常发挥，不利于比赛的进行。第三，比赛期间精神状态不佳，这是团队合作的一个消极障碍。不良心理状态在篮球比赛中主要表现为“过度紧张”，导致运动员出现这一现象的因素主要为运动员对比赛的输赢过于重视，在某种特定的状态下丧失自信心，完全受不了外界因素的影响，在过度训练或者是不足训练状态下形成，导致运动员难以走出个人阴影。

2. 比赛过程运动员所运用到的心理战术

篮球比赛过程，篮球运动员需要及时对个人心理状态进行调整，比如对方的心理战术的变化，经常导致运动员出现心理失调现象；篮球比赛过程，比赛双方因比分呈现一种交替上升趋势，导致比赛形势不断发生变化，在整个比赛变化的过程运动员的心理会受到一定程度的影响。因此，教练员需要充分了解本队运动员在篮球比赛过程所产生的心理变化，并根据不同队员的实际情况，借助相对适宜的方法对运动员的心理状态进行调整与优化，使运动员能够时刻处于一个最佳的心理状态，不断提升运动员的心理调适能力，更好的投入到篮球比赛中，能够在比赛过程出其不意，先发制人，最终在比赛中获取成功。

### （三）篮球赛后开展心理训练

1. 篮球赛后进行心理调适的作用

篮球比赛结束后篮球运动员全身心均会产生严重的疲劳感，教练员对此需要尤为注意，充分了解运动员在比赛后身体状态与心理状态的恢复情况。一场比赛结束后，无论比赛结果的好坏都已经结束，不要因为一场比赛的结果影响到运动员后期的比赛。如果运动员因未能在上一场比赛中获得胜利，其不良的心理状态影响到后期的比赛，必将导致后期比赛不堪一击。一场比赛结束后，教练员需要及时了解、认真观察篮球运动员在比赛结束后的心理状态，发现运动员的好、坏倾向，及时调整。篮球比赛后对运动员心理进行调适的重点在如何消除上一场比赛对下一场比赛的影响，如何扭转运动员的思想意识与认知水平，提升运动员的自信心，让运动员在下一场比赛中能够拥有足够的勇气与决心开展比赛。

2. 篮球赛后进行心理调适的方法

教练员需要借助多种手段消除比赛后所形成的紧张氛围。伴随着比赛的结束，上一场比赛中运动员所产生的运动情感并不会因比赛的结束而终结。不少篮球运动员在篮球比赛过程所受到的情感冲击，往往会在比赛结束后继续。无论是自卑，还是自负，均属于不良心理，这些心理均会对运动员的身体、心理带来一定的负面影响，同时导致运动员在较短的时间内难以恢复。为此，教练员需要积极做好队员的心理调控工作，处理团队中紧张、消极的情绪，同时转移队员们的注意力。其次，落实身体、心理恢复工作。篮球比赛不仅是一种体力较量的过程，更是脑力较量的过程，在整个篮球比赛的过程会大量消耗篮球运动员的体力和脑力。在篮球比赛结束后，篮球运动员需要积极做好身体功能、心理功能的恢复工作，积极做好各项恢复训练，尽快将自己的身体、心理调整到一个最佳水平。再次，注意赛后积极做好自我形象的修复工作。篮球比赛阶段，篮球运动员一心专注于比赛，对个人形象不管不顾，其个人形象会随着赛事的变化而发生一定的变化。例如，当他们赢的时候，他们往往夸大自己，过度美化自己，用理想代替真实的自我形象，但是当他们输的时候，他们会缩小个人形象，对个人评价缺乏客观性。篮球比赛结束后运动员开展自我形象的恢复工作是十分重要的一项内容，需要篮球运动员积极做好新形象的树立工作，无论是在心理上，还是身体上均朝着更好的方向发展。通常情况下，个人形象的修复工作主要运用想象训练法，这是一个对自身各个组成部分进行修复和训练的过程。总而言之，在篮球比赛中成功与失败是相互交织的，运动员的情绪也是多样的。因此，在综合训练过程如何做好心理训练，在篮球比赛中尤为重要。

# 第四章

# 篮球技术训练

## 第一节　球性递进训练方法

篮球运动员的“球感”是篮球训练过程中形成的一种特殊的感觉，是提高控球能力的基础。其特点是篮球形状、大小、重量、弹性、空间运动速度和方向的变化，人类手部肌肉的稳定性和分散注意力的能力达到极为精细分化的程度，由此，提高人手对球的支配、控制能力，将篮球运动技术的动作特点与实际需要相结合，充分训练手指、手臂、手腕的屈、挥、伸、翻、摆、推、转、按、拉、点等动作是有力提高运动训练水平的重要方面。加强球性练习是提高对球的控制能力的基础，是提高学员对球的不同速度、旋转、距离、弹跳高度和方向变化的观察判断能力的关键。

### 一、原地球性练习

#### （一）原地抛接球球性练习

1. 原地抛接球

方法：如图 4-1 所示，双手持球于身前到位，垂直向上抛球（双脚并拢或前

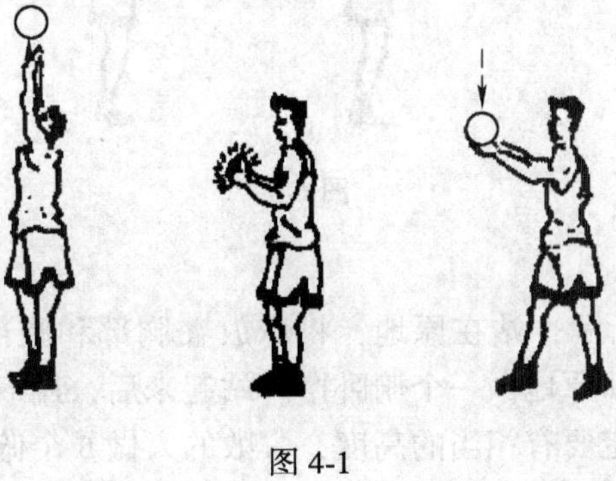

图 4-1

后张开），当球在空中时，双手迅速做身体击掌前后动作。在球落地前接住它，看谁击掌最多。

要求：不能移动两脚，把球向上抛的高度取决于双手能否完成击掌，之后慢慢降低抛球的高度来完成以上练习。

2. 上下抛接球

方法：如图 4-2 所示，以站立的姿势双手垂直向上抛球，迅速坐下双手接住球，再以目前坐姿向上抛球，然后再站起接住球。

要求：站起和坐下时，不能用手撑地。

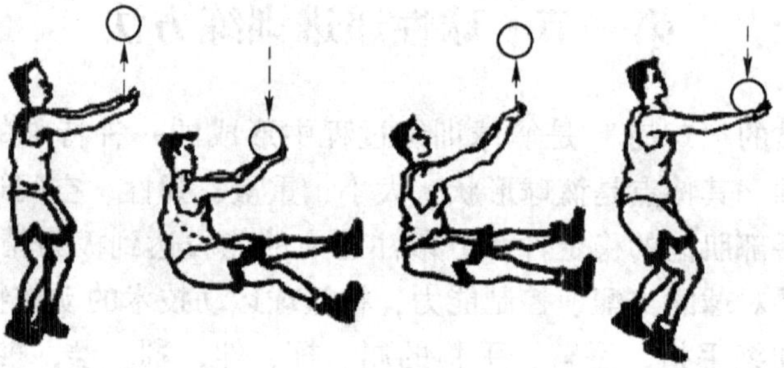

图 4-2

3. 正踢腿交接球

方法：如图 4-3 所示，在原地进行正踢腿，同一侧的手持球把球绕腿下传给另一只手，左右腿这样交换进行。

要求：当两腿向前交替踢起时，球可以顺利地转移。

图 4-3

4. 立卧撑起接球

方法：如图 4-4 所示，站在原地，将球放在胸部和腹部之间。练习开始时，用力向上抛球后，立即原地做一个俯卧撑。站起来后，用双手接住球。

要求：抛球时一定要有相当的高度，失败的人做 5 个俯卧撑。

图 4-4

5. 抛球转体接球

方法：如图 4-5 所示，抛球的方法和上面一样。向上抛起球后，原地向前转 360°~720°（也可以向后转），转身后双手接住球。

要求：向左或向右转体可交替进行，注意双眼看球。

图 4-5

6. 侧踢腿交接球

方法：如图 4-6 所示，原地做侧踢腿，同一侧手把球从侧踢的腿下绕过，然后向另一侧的前方抛起，另一侧手将球接住，左右腿可交换进行。

要求：抛球要正确，接球要自然。

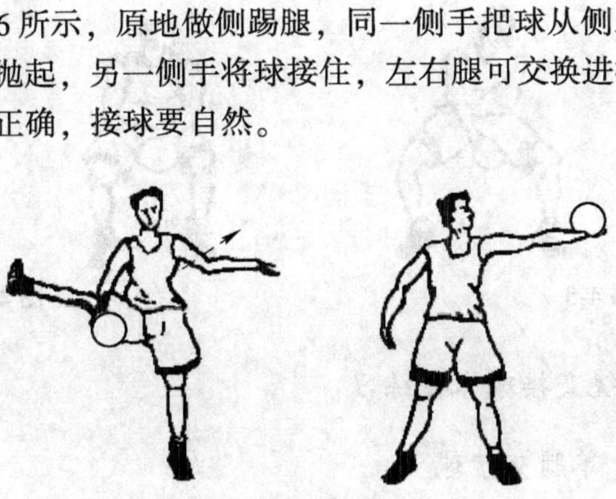

图 4-6

7. 后抛前接、前抛后接

方法：如图 4-7 所示，双脚并拢，双手握球放在背后。双手把球从头部用力打到身前，双手在身体前面接住球，然后再从身体前面往背后抛球，双手在背后接住球。

要求：向前向后抛球时，球必须得经过头顶。

图 4-7

8. 双手胯下交叉颠接球

方法：如图 4-8 所示，左腿和右腿分开，蹲下，用右手夹住球，左手放在腿后。在练习开始时，双手将球穿过胯下轻轻抛向左手，然后迅速改变持球的位置(右手在后面，左手在前面)。连续进行。

要求：下蹲时双眼要向前看，双手在前后接球的时候不准使球接触地面。

9. 胯下双手前后颠接球

方法：如图 4-9 所示。双脚左右开立，深蹲，双手持球，位于体前胯下，练习开始时，将球稍微向上颠抛穿过胯下，双手快速移到身后胯下接住球，然后再将球稍微向上颠抛穿过胯下，双手再迅速移至体前胯下接住球。连续进行。

要求：双手在前后接球的时候不准使球接触地面。

图 4-8

图 4-9

（二）原地环绕交接球球性练习

1. 环绕双腿、单腿交接球

方法：如图 4-10 所示，右手持球绕两腿 1 次，然后两腿分开，绕右腿 1 圈，然后两腿再并拢绕1圈，两腿再分开绕左腿1圈（4圈为一个动作周期）。同样动作进行反方向练习。

要求：动作协调一致，球地来回传递要自然。

图 4-10

2. 胯下“8”字环绕交接球

方法：如图4-11所示，双脚平行或前后张开，双膝蹲下，双手捧球，放在两腿之间，将球在两腿间呈“8”字形围绕。同样动作进行反方向练习。

要求：动作连贯和谐，直视前方。

图 4-11

3. 环绕颈、腰、腿间交接球

方法：如图4-12所示，双脚微微张开，用右手握住球，在头部环绕1圈，左手将球传到右侧腰部，把球传给右手绕腰部1圈，继续在两腿1圈，然后根据腰，头的顺序做相反方向绕球。

要求：动作要连贯协调，不能停顿。

图 4-12

（三）原地运球球性练习

1. 双手胯下反弹前后交接球

方法：如图 4-13 所示，两脚左右平行开立，弯膝下蹲，双手握球于前面的两腿之间，双手将球撞击位于双脚中垂线的地面上，双手立即转到背后接球，然后球从后面撞到地面反弹体前，双手迅速从后收回体前接住球。

要求：当在两腿之间来回运球时，直视前方，将球打到脚的中线。

2. 原地胯下左、右运球

方法：如图 4-14 所示，运动员两腿前后开立成弓箭步姿势。双手交换运球，让球在两腿间的地面上向左右反弹。

要求：同练习 1。

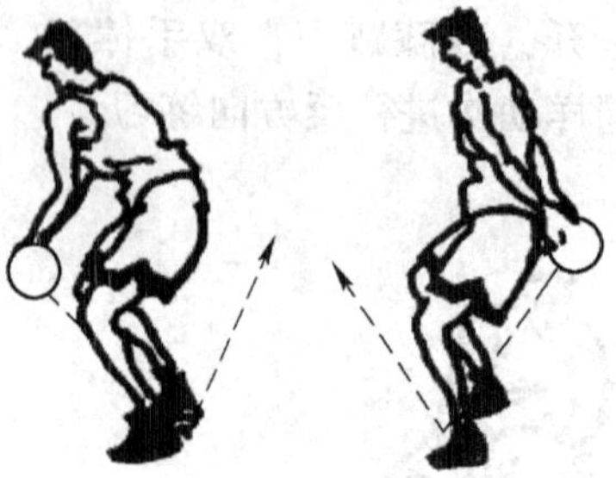

图 4-13

图 4-14

3. 原地胯下前、后运球

方法：练习同图 4-14，两脚左右开立，两手在身前身后通过胯下交替运球，如图 4-15 所示。

图 4-15

4. 原地背后换手变向运球

方法：如图 4-16 所示，两脚左右开立，膝盖微微弯曲呈半蹲姿，上体稍向前屈，两手伸向背后，在身后左右运球。

要求：抬头，眼睛看向前方，不能回头看球。

图 4-16

5. 胯下“8”字运球

如图 4-17 所示，双脚左右开立，双手持球于两腿间，两手交换在胯下呈“8”形围绕运球。

要求：双脚平行或前后张开，略大于肩，蹲时抬头。

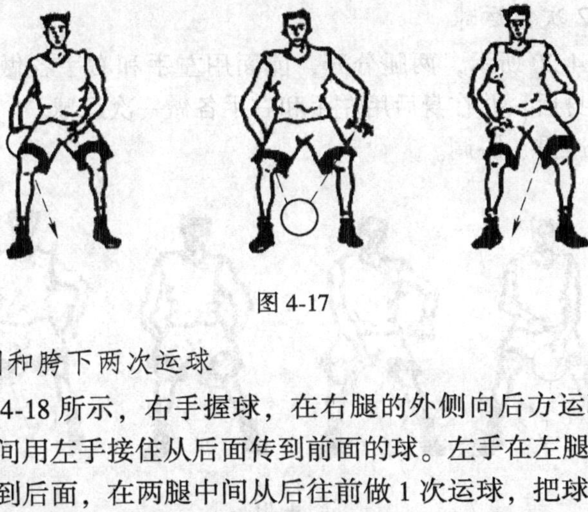

图 4-17

6. 两腿外侧和胯下两次运球

方法：如图 4-18 所示，右手握球，在右腿的外侧向后方运球 1 次，右手往后绕，在两腿之间用左手接住从后面传到前面的球。左手在左腿的外侧向后方运球 1 次，左手绕到后面，在两腿中间从后往前做 1 次运球，把球传到右手。

要求：有节奏地移动身体，逐渐增加速度。

图 4-18

7. 单手胯下运球

方法：如图 4-19 所示，右手从后面在两腿之间拍球，然后绕到前面接住球，这样反复练习，在熟练之后，可以换左手进行同样练习。

要求：动作连贯、协调。

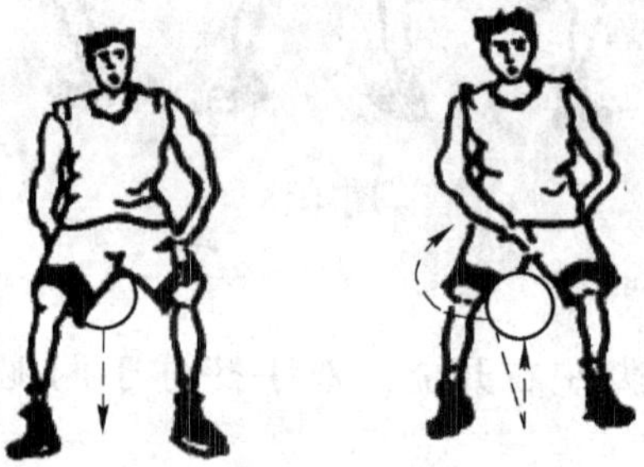

图 4-19

8. 快速 1~2 次低运球

方法：如图 4-20 所示，两腿分开，前面用左手和右手各做一次运球，使球从腿中间反弹到身后，并在身后用左手和右手各做一次运球。

要求：动作连贯、协调。

图 4-20

（四）原地多球球性练习

1. 内外旋肘

方法：如图 4-21 所示。两脚分开，双手在胸前各持 1 球。上身向前倾斜 90°，双手握住球，向内旋转，向外伸展、侧平举手心向上托球，停顿 5 秒之后，再收回双臂，还原。

要求：双脚分开，不要移动，从腋窝向外旋转到双手伸直支撑球，增加双手对球的控制。

图 4-21

2. 原地双手胸前抛接球

方法：如图 4-22 所示，两脚分开，双手在胸前各持 1 球。右手抛左手接，左手将球传递给右手，这样循环进行。

要求：左抛右接与右抛左接轮换交替进行。

图 4-22

3. 双手上下抄球

方法：如图 4-23 所示，双脚并拢，胸部两侧各持一个球。一节拍双臂伸直双手向上举球，二节拍屈腕屈指、提踵向下抄球，反复进行。

要求：抬球时两臂必须伸直，下球时快速屈腕控球。

图 4-23

4. 手指尖旋球

方法：如图 4-24 所示，两脚分开，右手持球举起，将球快速向内旋转，用一个指尖顶住球的底部，另一手进行同样动作，双手同时将球向 2 个方向旋转，这样来增强双手的球感。

要求：注意控制球体平衡。

5. 一抛一腰间围绕

方法：如图 4-25 所示，两脚平行或者前后开立，与肩同宽，两手各持 1 球在胸前。左手向上抛球 1 次，右手持球，在腰间围绕 1 圈，左右手交替进行。

要求：上抛球与腰间绕球时间要相等，双手与两球配合要协调。

图 4-24

图 4-25

6. 一抛一腿间围绕

方法：如图 4-26 所示，两脚平行或者前后开立，与肩同宽，两手各持 1 球在胸前，左手向上抛球 1 次，右手持球，在腿间围绕 1 圈，左右手交替进行。

要求：抛球与腰部绕球时间相等，双手与两个球要协调。

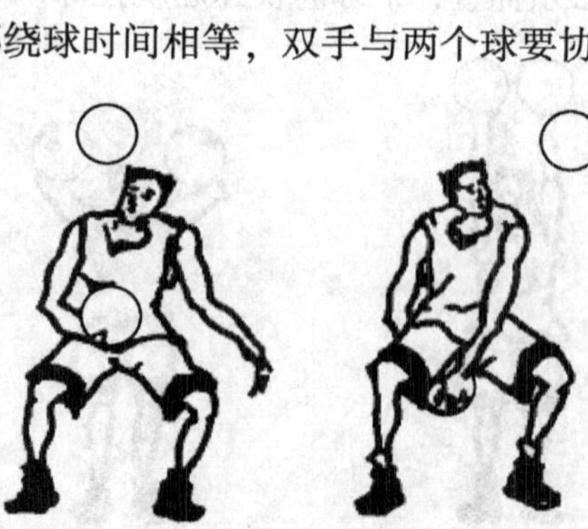

图 4-26

7. 身后抛球身前换手

方法：如图 4-27 所示，双脚平行或前后张开，肩宽分开，两手各拿一个球，前面一个球，后面一个球。右手背后用手指手腕用力向上抛球后，迅速回到身体上接住左手递过来的球，左手到左肩前接住右手抛出去的球。

要求：不要把球抛过头顶。

图 4-27

8. 左右前后胯下换手抛球

方法：如图 4-28 所示，双脚平行或前后张开，略宽于肩下蹲。左手持球放在左膝前，右手持球放在两腿之间。右手将球从左腿下部传过来，从外侧将球抛起 1 米高左右，右手迅速接住左手传来的球，左手迅速接住右手传过来的球。这样交替进行。

要求：完成动作过程中必须深蹲。

图 4-28

9. 原地双手同时运两球

方法：如图 4-29 所示，两脚左右张开，前后稍微分开，膝盖微微弯曲，双手各持 1 球。练习时，两手按同一节拍运球。

要求：两手需同时运球，运球时必须用手腕、手指控制球。

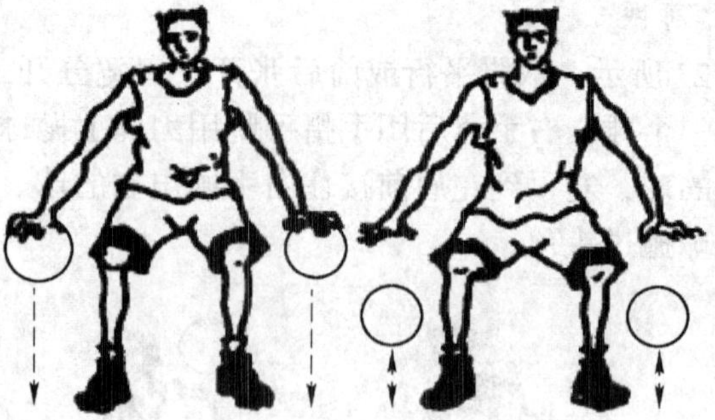

图 4-29

10. 原地双手高低交替运两球

方法：如图 4-30 所示，在练习中，右手先拍球，当球从地面弹起时，左手再拍球，这样两手交替运球。

要求：当运球时，抬头看，眼睛不要看球，两只脚不要动，两个篮球必须交替地从地上弹起来。

图 4-30

11. “死球拍活”

方法：如图 4-31 所示，身体向下蹲，两球平稳放在地面上，两手击打两球

图 4-31

的上部，用手指和手掌的前部连续击打球的上半部分，让球由在静止的状态下反弹起来，然后原地运2个球。

要求：只能用手指、手腕的力量快速按压球，使球变成“活的”，而不是捡起球。

12. 原地前推桥拉运球

方法：如图4-32所示，两脚前后站立，双手各持1球，同时将球击向地面，双手迅速向后接住球，再向前击向地面，这样反复进行。

要求：当运球的时候，双腿必须下蹲。

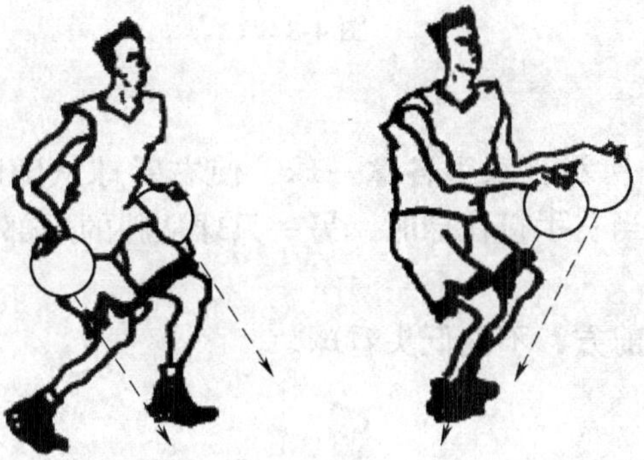

图 4-32

13. 两球穿过两腿中间运球

方法：如图4-33所示，每只手拿一个球，将球从身体后部从两腿之间弹到前方。把手绕到前面接住球，接住球后，快速把球从两体侧绕到后面，然后再将球从身体后部从两腿之间弹到前方。

要求：带球时不看球，达到快速、敏捷带球而不看球的目的。

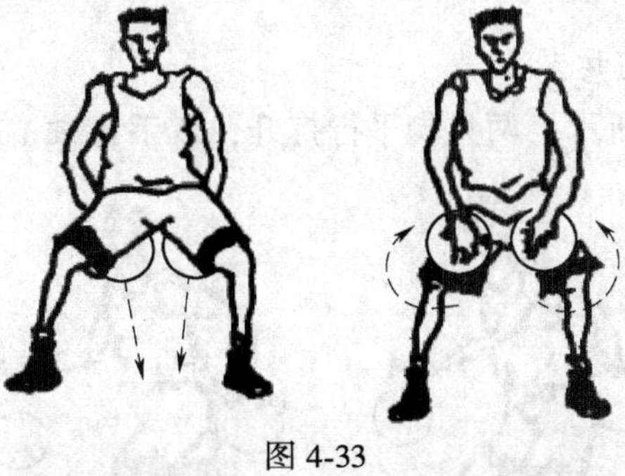

图 4-33

14. 球绕固定点运球

方法：如图4-34所示，两只脚平行打开，两只手各拿一个球，左手拍向地面定点，右手绕该点运球，熟练后可以改变两只手的位置和动作方向。

要求：身体的重心不能太高，双眼目视前方，不要低头看球。

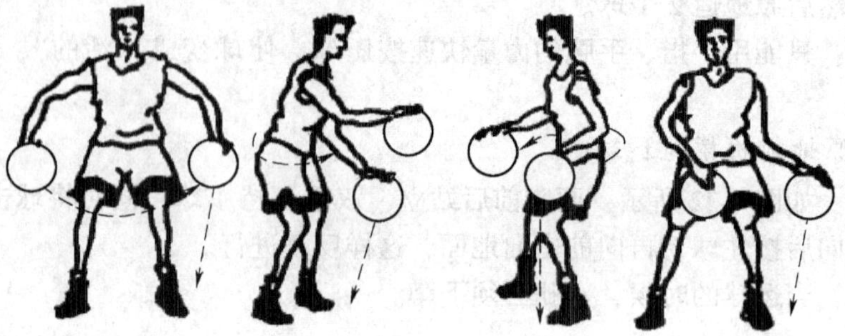

图 4-34

15. 两球绕腿运球

方法：如图 4-35 所示，双手各拿一球，使右手球从腿的后部向前弹起，右手迅速向前接住球。当右手接住球时，另一只球从腿的后部向前弹起，左手迅速向前接住球。

要求：双眼目视前方，不能低头看球。

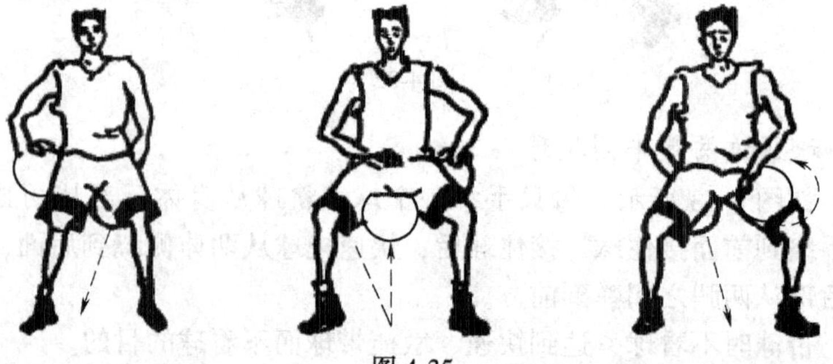

图 4-35

16. 原地背后变向运球

方法：如图 4-36 所示，两只脚平行打开，双手各拿 1 球于身体两侧运球，

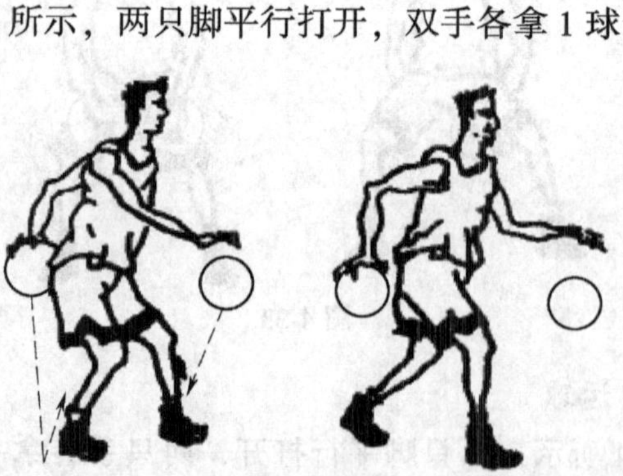

图 4-36

用左手把球从身体后面推到右边，球击地面弹起，用右手接住球，然后用左手回球。左手和右手可以来回切换。

要求：一定要注意双手向两个方向运球，双手需要同时向下推球和运球。

## 二、移动中球性练习

### （一）移动中单球球性练习

1. 行进间弓箭步胯下交接球

方法：如图 4-37 所示，左腿向前弓步，用同一只手把球绕着胯下传给另一只手，然后换腿。

要求：动作要连贯，协调。

2. 行进间胯下“8”字交接球

方法：如图 4-38 所示，两只脚平行打开，略宽于肩，左右持球于膝前。练习时，向前迈出右腿，同时左手将球穿过两腿之间递给右手，继续迈出左腿，右手再将球穿过两腿之间递给左手。

要求：过程中速度要逐渐加快。

图 4-37

图 4-38

3. 弓箭步加转体胯下交接球

方法：如图 4-39 所示，以弓箭步姿势跳，跳的同时在两腿之间交换球，转身，做同样动作，反复练习。

要求：速度一定要快。

4. 移动高抬腿跑和腿下交接球

方法：如图 4-40 所示，教练做出手势，运动员根据手势迅速做出向前、后、左、右高抬腿跑的反应，高抬腿的同时做腿下交接球。

要求：动作要连贯，不能停顿。

图 4-39

图 4-40

5. 抛接球转高抬腿与弓箭步腿下交接球

方法：如图 4-41 所示，将球垂直向上抛起，单手接住球，高抬腿将球转到腿下，再转弓步将球转到后腿下。

要求：动作要连贯，不能停顿。

图 4-41

(二) 移动中多球球性练习

1. 脚分前后移动运球

方法：如图 4-42 所示，每只手拿一个球向前和向后弓步。当听到口令时，两脚前后交替进行。

要求：两脚前后运动连贯，动作不脱节。

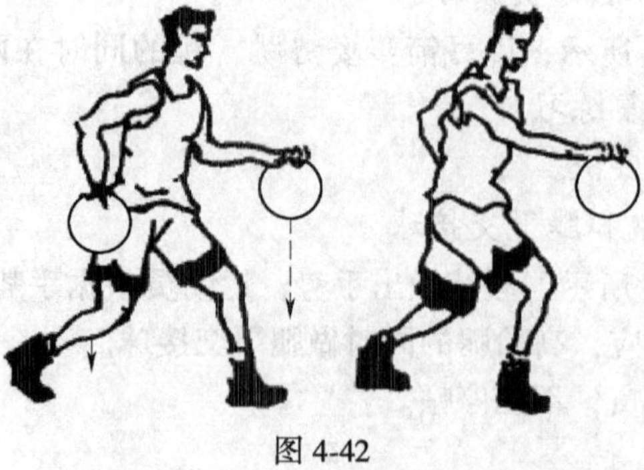

图 4-42

2. 行进间运球抄球

方法：如图 4-43 所示，向前行进，两手各运 1 球，等待球弹起，立即用手向上托起球。双手交替做运球托球动作。

要求：单手运球，单手托球。当球向上弹起时，手贴在球上。利用球的反弹力，用手腕托球。

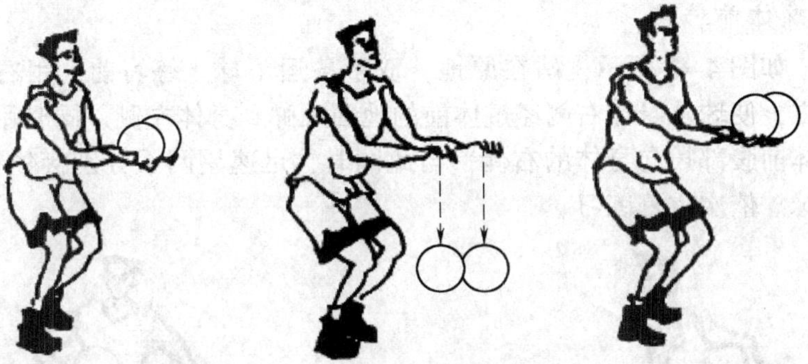

图 4-43

3. 运球中“耍”球

方法：如图 4-44 所示，双脚平行站立，一只手运球，另一只手不停地抛球和接球。开始用右手运球，左手抛接球，技术熟练，可以双手交替练习动作。

要求：眼睛平视，不要看球，上下肢体要协调，抛接球要有一定的高度。

4. 运球前后移动

方法：如图 4-45 所示，两脚平行站立，左右手各运 1 个球。练习时，用右手按拍所运球的右侧上方，使球从身体右侧经体后地面反弹到身体左侧，同时用左手按拍所运球的左侧上方，使球从身体左侧经体前面反弹到身体右侧，随之迅速用手分别接触反弹过来的球，并继续运球。依次反复练习，可以调换两只手转移球的方式。

要求：不要移动脚。用双手移动球。

图 4-44

图 4-45

5. 弓箭步同时转移球

方法：如图 4-46 所示，两腿前后开立成弓箭步，两手在左右两侧各运 1 球，当你听到信号时，把一个球从后面移到另一边，另一个球从前面移到另一边，球转移后，两手继续运球，然后重复练习。

要求：转移时注意球的部分，不要移动身体。

6. 运球体前转移

方法：如图 4-47 所示，站在原地，双手各运 1 球。练习前，用右手按拍球的右侧上方，使球从身体右侧经过体前的地面反弹到身体左侧，同时用左手将所运的球从体前腹部拨向身体的右侧，与此同时，迅速用两手分别接住传来的球，并继续运球。依次重复练习。

图 4-46

图 4-47

## 三、两人配合球性练习

1. 胯下地滚球

方法：如图 4-48 所示，两人背对着站着，双脚与肩同宽，上身向前弯曲。其中一个把球放在他两脚之间的地上。在开始的时候，球是用双手从胯部滚到后面的。另一个人从胯部接住球，然后用双手把球滚到后面。依次重复。

要求：脚不动，用手指的指根部位拨球，不要把球捡起来。

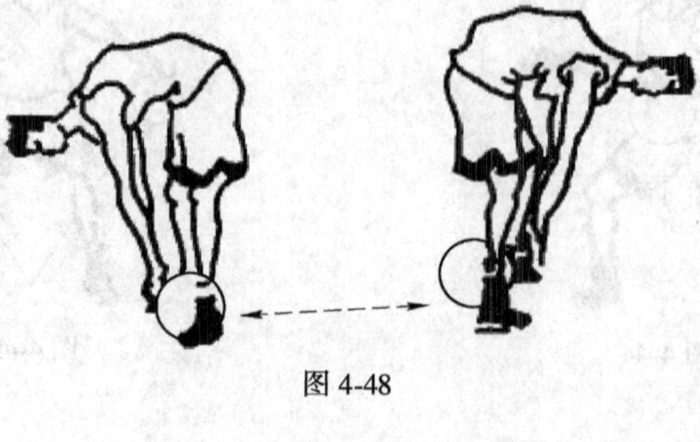

图 4-48

2. 坐地滚球

方法：如图 4-49 所示，两人面而坐，双腿分开，把球放在两腿中间的地板上，手将球滚到另一边，另一边将球滚回去，重复进行。

要求：用你的腿接住球，把球滚直，双手交替。两个人之间的距离可以适当增加。

图 4-49

3. 胯下运球

方法：如图 4-50 所示，两人背对着站立，双脚和肩膀一样宽。其中一人将球自然地举在身前。练习时身体向前弯曲，用双手将球穿过双腿之间，接着另一个人接住球，也将球穿过双腿之间，这样两人交替进行。依次重复。

要求：不要移动脚，上下移动身体太多，并始终跟随节拍。

4. 背后抛接球

方法：如图 4-51 所示，彼此相对站立，双脚自然张开，其中一只手将球放在身体后面臀部的位置。开始时，双手将球抛向上方，使球从背面通过头顶到达对方的背面，对方接住球后再将球抛回。依次重复。

要求：保持身体挺直，不要移动双脚，把球扔到一个合理的高度，动作连贯和谐。

图 4-50

图 4-51

5. 头上、两脚之前传接球

方法：如图 4-52 所示，两人背对站立，双脚与肩同宽。其中一个把球举在胸前。一开始，球从胸部传到头部，另一个人接住两个人头上的球后，他把球从胸部、腹部和腿部传到后面，后者接住两个人两腿之间的球。反反复复地练习，熟练以后，可以做相反方向的传接球。

要求：两脚不能移动，传接的球动作要正确、连贯、协调。

图 4-52

# 第二节　移动训练方法

## 一、移动技术基本理论

### （一）移动技术的概念

移动是篮球运动员为了改变位置、方向、速度和追求高度而采取的各种步法的总称。它们是掌握和运用进攻和防守技术的基础。

移动与掌握、使用任何进攻或防守技术密切相关。运动员运用移动的目的是摆脱对手，完成对位置的选择、切入、接球，或快速、准确、合理地完成传球、运球、渗透、射门等持球进攻技巧。防守中运用动作以保持或获得优势，防止对手及时果断地运球、打球、破球或抢篮板。移动是篮球技术的基础之一，也是篮球运动中使用最多的基础技术之一。

移动技术分为：

平步技术动作——起动、变速跑、侧身跑、后退跑、急停、攻击步、交叉步、滑步。

转动技术动作——前转身、后转身、各方向的跨步跑、后撤步。

跳动技术动作——单脚跳和双脚跳。

### （二）移动技术动作分析

1. 准备姿势

球员在场上需要有一个稳定、轻松的起跑姿势，才能快速、和谐地完成各种进攻和防守动作。准备姿势是指站立位置球员，正确的姿势是两脚前后（或左右）开立，两条腿之间的距离与肩同宽，脚掌着地，膝盖弯曲（大小腿之间的角度在135°），身体重心落在两脚之间，上半身略前倾，两臂屈肘自然下垂（准备接球或持球），两只关注场上情况。

2. 身体平衡

平衡是篮球技术成功的关键。身体的平衡与支撑面大小成正比，头部位置在支撑面中点的垂直上方。平衡也是关于你的重心离地有多高，即使在你跑步的时候也要降低它。稳定角也是平衡的一个因素。稳定角是重心作用线（重心垂直）与重心到支承面边缘对应点的夹角。稳性角大，稳性也大；稳性角小，稳性也小。控制身体平衡也需要中枢神经系统的作用，使运动员感到身体在空间的位置，更好地控制肌肉，改变身体的姿势，身体的关节坐标之间的关系来维持身体的平衡。

3. 蹬地用力

对于任何一种运动，人体都必须在地面上施加一种力，并利用地面来支撑反作用力，也就是通过脚蹬地、碾地、抵地的力来实现。这些力的大小和方向决定了人体的加速度、减速、旋转、制动、滑动、飞行等位移的变化。地面上的力决定了运动的速度和方向。其中，蹬地角度与身体重心移动的距离有关，蹬地角度是指身体重心与地面的夹角。夹角越小，重心投影点与力作用点之间的距离越远，产生的水平分力越大。反之，夹角越大，垂直分力越小。力的作用点与重心成垂直线，人体向上跳，在重心之后则向前移动，在重心之前则向后移动或制动人体前移。

4. 协调配合

没有身体各部分的协调配合，很难适应比赛不断变化的要求。协调不仅反映在髋关节和膝关节提前弯曲，主动扩展，还需要头、上肢，躯干和下肢各部分相互，使人体内部和外部力量更好的结合，控制用力方向和角度，充分利用反应力和惯性力来克服阻力，以正确和迅速完成不同的移动技术，提高移动速度和灵活性。

### （三）移动技术教学顺序

基本站立姿势—起动—跑（各种跑）—急停（跨步、跳步急停）—跨步或转身—跳—综合移动。

## 二、移动技术基本训练方法

### （一）基本站立姿势练习方法（图 4-53）

基本站立姿势是篮球攻防技术的准备姿势，它直接影响着各种动作的速度和质量。

根据信号要求的站立位置，做好基本站立姿势后，把重心移到一只脚上，然后移到另一只脚上，不断地移动重心，保持它的稳定。做好基本站立姿势，一只脚为中心脚，另一只脚在踏、退、同侧步、交叉步后，恢复基本站立姿势。做好基本的站立姿势，以一只脚为中心脚，另一只脚连续做两到三步，恢复基本的站立姿势。在各种动作练习中，遇到信号停止，立即站在基本位置。

### （二）跑动技术练习方法（图 4-54）

跑步是篮球比赛中的一项基本运动。步法教学应从跑步开始，同时结合基本站立姿势、起跑和综合步法组织练习。

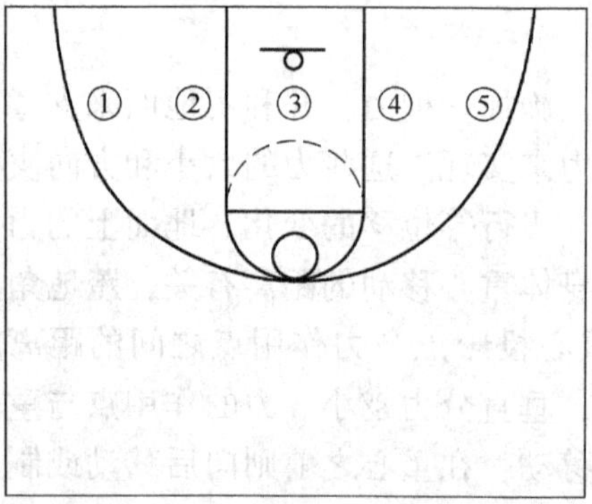

图 4-53

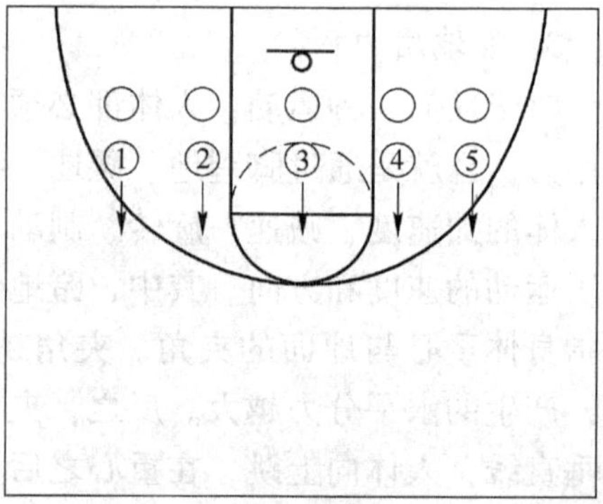

图 4-54

跑首先学习放松跑，然后学习快跑、变速跑、变向跑、侧身跑、后退跑等动作。在教学中要抓住篮球运动跑的特点，特别要注意正确的蹬伸动作和全身各部位的协调配合。为了使队员掌握跑的技术，可组织向不同方向、不同距离和用不同速度跑的练习，并重视用视觉信号来指挥和训练队员的判断反应能力，完善跑的技术，提高跑的速度（图 4-55）。

①原地放松跑、高抬腿跑、小步跑等。②放松中速跑。③听信号或看信号向不同方向起动快跑。④在各种不同情况下（蹲下时、原地各种跑步、原地向上向侧起跳落地、滑步中、急停后等）听信号或看信号向不同方向起动快跑。⑤自己

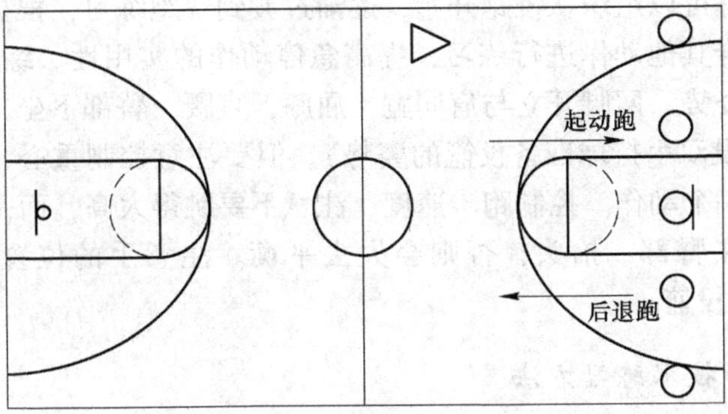


图 4-55

抛球或另一人抛球（先近后远）后，起动快跑接球，不让球落地。⑥在场地内根据手势或其他信号做侧身跑、变速跑、变向跑、后退跑。⑦在场内按规定的位置或结合绕障碍物，做侧身跑、变速跑、变向跑、后退跑。⑧在场内做直线快跑，并结合急停、转身做折回跑。⑨在场内利用圈、线做折线跑、弧线跑。⑩在场内利用变向、急停、转身做折线快跑。⑪在场内连续交替做各种跑。如直线跑转为弧线跑，弧线跑转为直线跑、变向跑转为弧线侧身跑等。

（三）急停技术练习方法

在急停教学训练中，应先学习跨步急停，然后再学习跳步急停。在解释紧急停止动作的方法时，我们应该分析如何利用外力和内力的相互作用来改变人体的运动状态。演示时一定要注意行驶速度和制动方法，注意动作规范（图 4-56）。

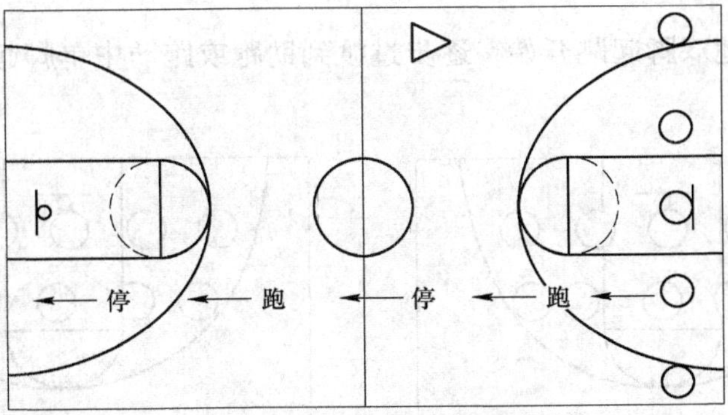


图 4-56

①慢跑、中速跑中做跨步急停和跳步急停。②直线快跑中做跨步急停和跳步急停。③快跑中听信号或看信号做跨步急停。④跑动中急停接球做策应。⑤跑动中做接球急停和接球急停后传球。⑥跑动中做急停后转身传球。⑦运球急停后传球。⑧运球中急停急起。⑨运球急停跳起传球。⑩运球急停跳投。

要求：训练可以组织从慢跑开始，逐渐过渡到快跑练习，根据场地不同情况紧急停后，结合其他动作进行练习，提高急停动作的实用性。练习队员急停时，保持身体平衡姿势，两脚开立与肩同宽，屈膝，直腰，臀部下坐，抬头，保持三威胁姿势（假设双手持球准备投篮的姿势）。但要注意控制重心，在急停后，连贯地连接到下一个动作。控制跑步速度，注意不要跳得太高，而是要轻轻地跳起来，重心要放在臀部，抬头，否则会失去平衡。注意手的位置（假设双手持球），随时准备投篮。

### （四）转身技术练习方法

转身教学，首先要队员明确中枢脚和移动脚的作用、两种转身方法可以同时进行（图 4-57）。

①原地徒手或持球，做两脚交替转移重心练习。②原地徒手或持球，做跨步、撤步、前转身、后转身的练习。③原地徒手或持球，面对或背对防守，做跨步、撤步、前转身、后转身的练习。④原地接球后做前转身、后转身传球或运球的练习。⑤跳起接球后做前转身、后转身传球或运球的练习。⑥跑动中急停后做前转身或后转身继续跑动的练习。⑦跑动中接球急停后，做前转身或后转身传球后继续运球的练习。⑧跑动中做后转身继续前跑的练习。⑨运球中做前转身或后转身的练习。⑩在一对一攻守中做前后转身护球和摆脱对手的练习。

要求：掌握转身的动作要点，转动要快，重心要平稳，不要上下波动。转身后要快速连接到下一个动作。

### （五）跳技术练习方法

跳应从原地双脚起跳开始，逐步过渡到助跑或跑动中单脚起跳和双脚起跳（图 4-58）。

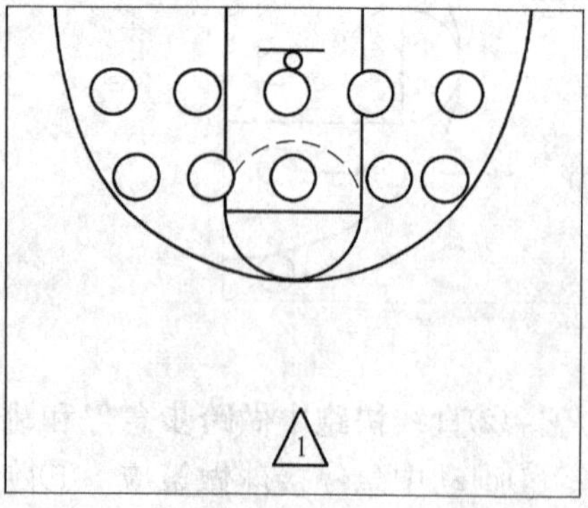

图 4-57

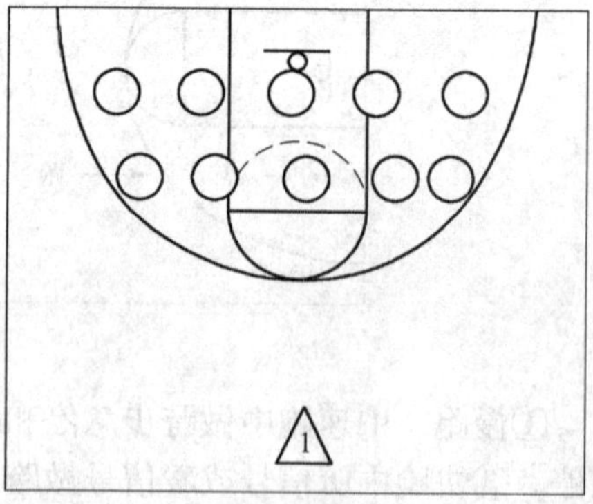

图 4-58

①原地（基本站立姿势）向上，向前上方，向侧上方，向后上方做双脚起跳。②原地向上连续轻跳（逐渐用力向上跳）。③原地向上跳起转体90°、180°、360°。④原地后转身双脚起跳或后转身向侧跨步双脚起跳。⑤助跑两三步、变向跑两三步，后转身助跑两三步后接单脚起跳或双脚起跳。⑥助跑后单脚起跳用手触及篮板或篮圈。⑦跑动中左右跨步和向前跨步。⑧两人轮流起跳抢双吊球，一人连续起跳抢双吊球。两个球（球的距离可以增减，加大难度）的侧跳；也可两人连续交替跳起抢双吊球。⑨空中接、传球练习，2人面对站立、相距3米左右，连续跳起在空中传接球。队员面对篮板成一路纵队站立，依次跑动跳起在空中接篮板反弹球并在空中将球传向篮板。⑩跑台阶或连续向凳子面跳上跳下。

要求：起跳方法要正确，蹬冲动作要快速、突然、有力（爆发力），要注意提腰和摆臂的协调。在持球或接球的组合练习中，要注意培养判断球的方向、落点、起跳时间以及空中控制身体平衡能力的培养。落地时要注意膝盖弯曲，并与下一步动作连接。跳的训练要与素质训练相结合，并要规定一定的数量。

### （六）防守步法练习方法

防守步法教学中要突出以滑步为重点，在掌握滑步动作的基础上，再学习后撤步、攻击步、交叉步、绕步等步法。

1. 原地做好基本姿势，看手势或信号做以下练习

①侧滑步、前滑步、后滑步（由单个动作向连续动作过渡）。②后撤步、交叉步、攻击步、碎步（由单个向连续动作过渡）。③后撤步接侧滑步、交叉步接侧滑步、攻击步接后撤步。

2. 按规定的路线或设置障碍物做练习（图4-59）

①“Z”字形滑步；②三角形滑步（上步、撤步、侧滑步）；③小“8”字滑步；④围绕障碍物做向前或向后的绕步；⑤“丁”字碎步。

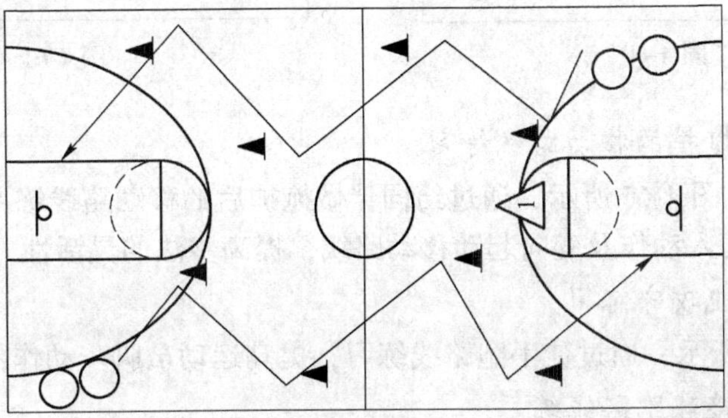

图4-59

3. 防守步法组合练习

①快跑—退跑侧滑步；②快跑—侧滑步—向上跳；③侧滑步—后撤步—侧滑步；④侧滑步—前滑步—侧滑步；⑤侧滑步—向上跳—侧滑步；⑥攻击步—向上跳—侧滑步；⑦侧滑步—向上跳—向后跑；⑧侧滑步后滑步向侧跑；⑨前滑步—向侧跑—侧滑步；⑩后滑步—向侧跑—向上跳。

要求：开始可以单独进行教学，但任何步法的移动都要保持屈膝弯腰降低重心的基本姿势，有利于在移动中身体的稳定性和易变性，同时还要注意手臂伸张的方向与幅度，以控制较大的范围。

## 三、移动技术组合训练方法

### （一）半场组合练习

1. 徒手跑路线练习

如图 4-60 和图 4-61 所示，通过利用徒手偏转摆脱防守切入篮筐，提高了步法的灵活性和快速偏转切入篮筐的能力。在移动和改变方向的过程中，速度可以由慢变快，从而快速启动，突然改变方向摆脱防守。

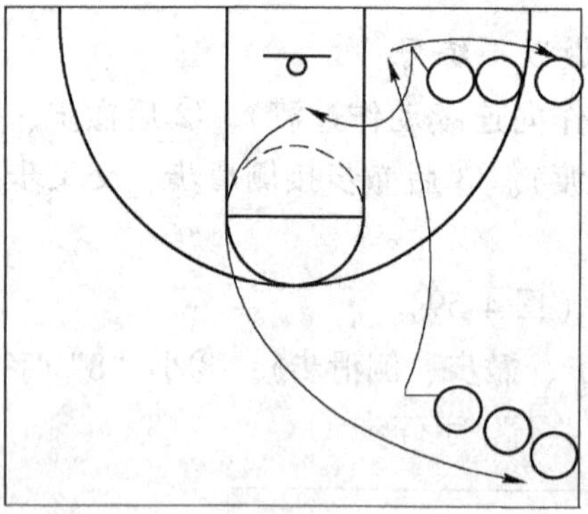

图 4-60

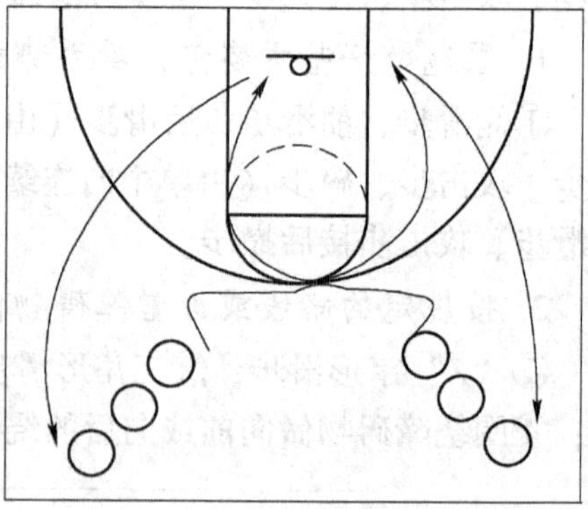

图 4-61

2. 徒手做掩护的移动路线练习

如图 4-62～图 4-65 所示，通过给同伴做掩护后的移动路线练习，使被掩护者体会掩护后的切入动作及变向起动移动路线，提高步法的灵活性。

3. 半场摆脱攻守练习

如图 4-66 所示，通过徒手跑路线练习，提高运动员脚步动作的灵活性。

4. 结合传接球跑路线练习

如图 4-67～图 4-70 所示，通过传球接球的练习，使接球者了解跑动过程中的换向和截球技术，提高跑动过程中的步法灵活性和接球能力。

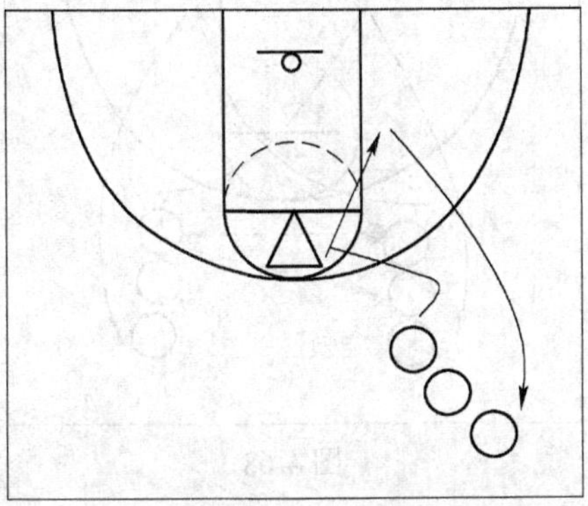

图 4-62

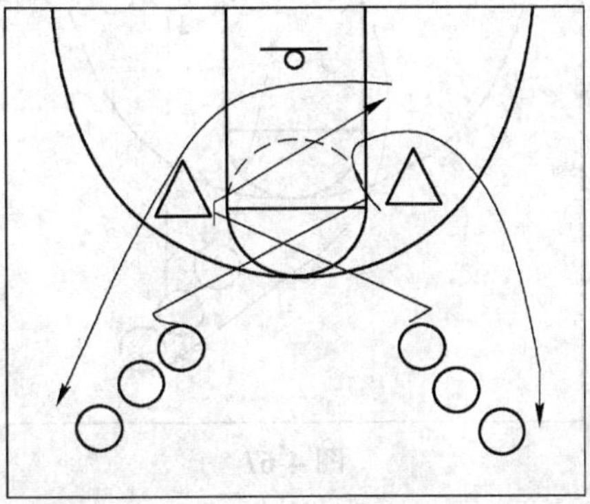

图 4-63

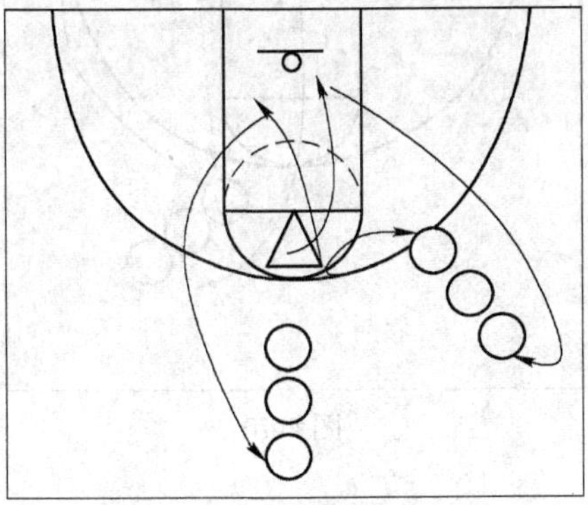

图 4-64

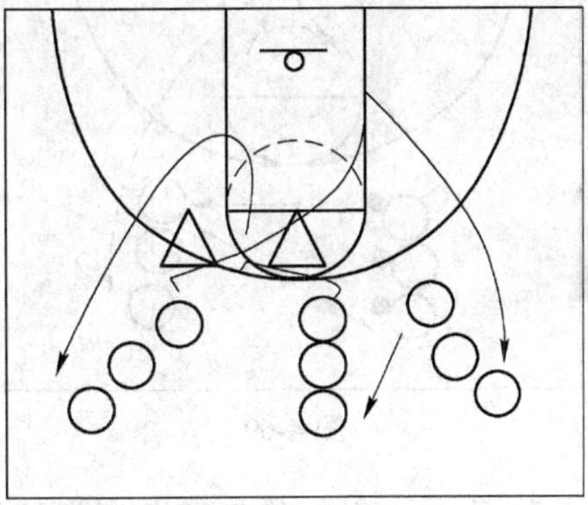

图 4-65

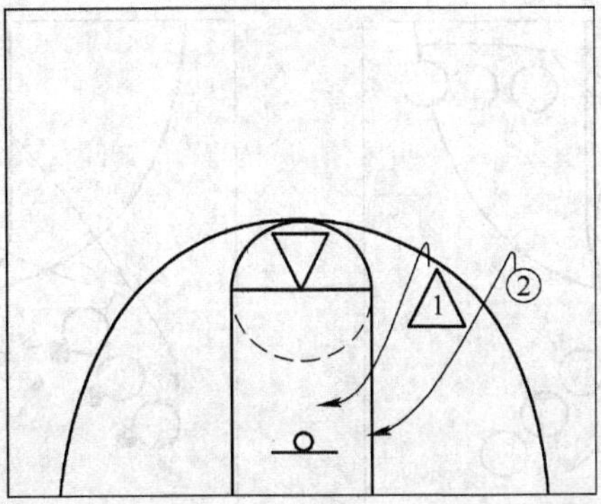


图 4-66

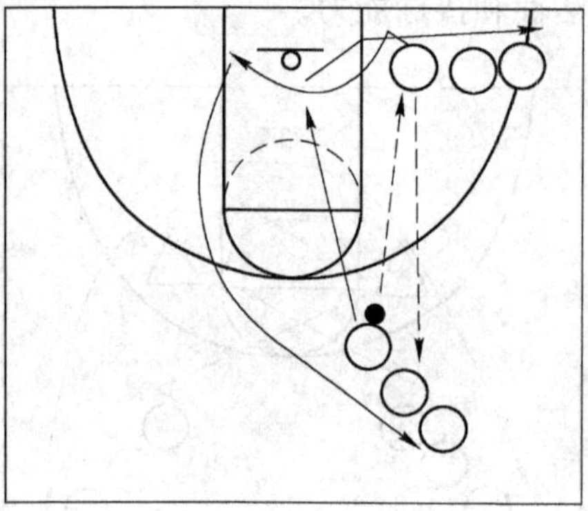

图 4-67

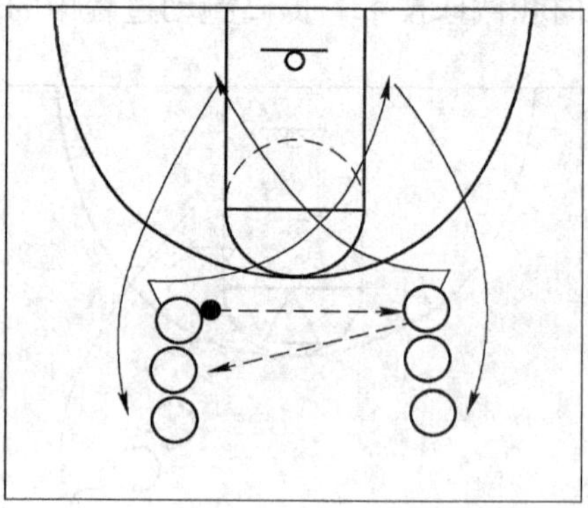

图 4-68

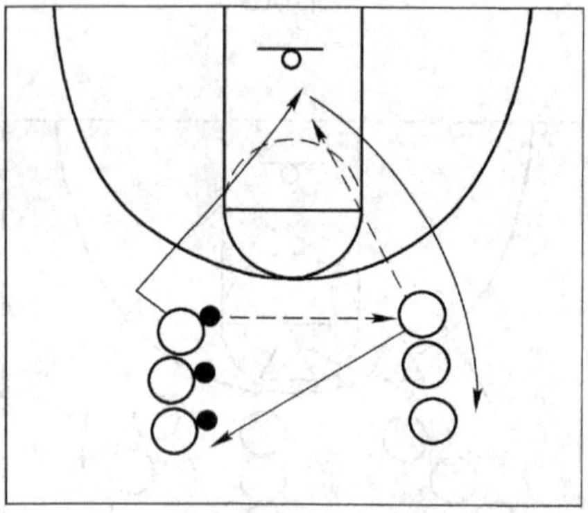

图 4-69

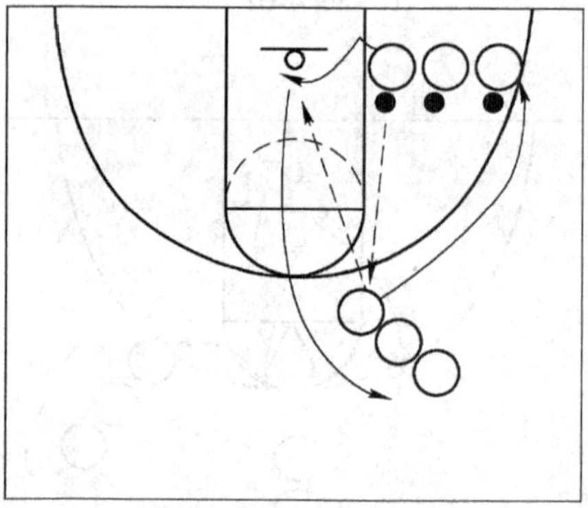

图 4-70

5. 三人一组的传接球与空切练习

如图 4-71～图 4-74 所示，通过三人之间的徒手移动或传接球移动练习，能够理解三个人之间的运动路线，提高步法的灵活性，使接球者提高跑动过程中的变

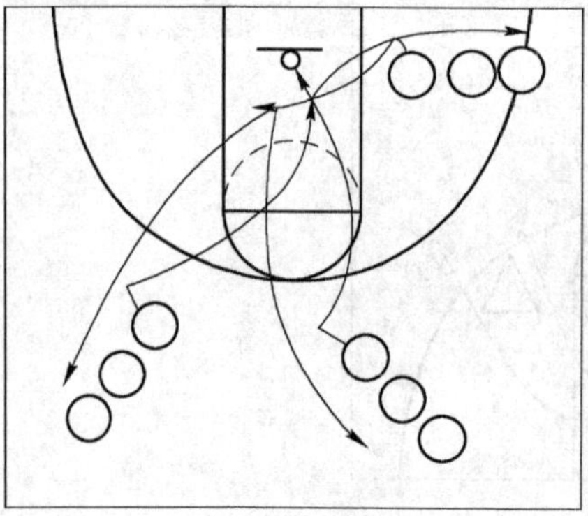

图 4-71

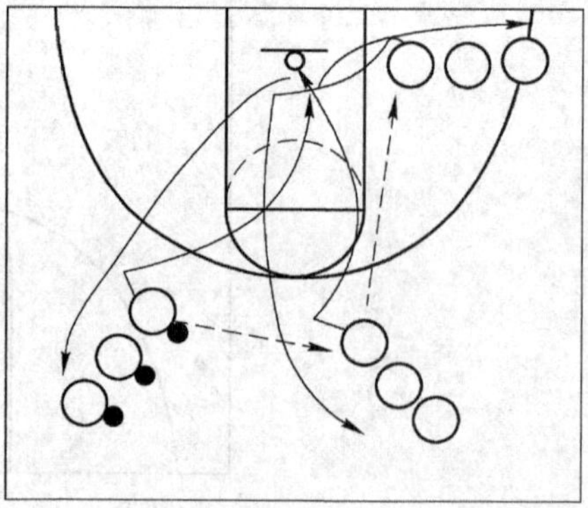

图 4-72

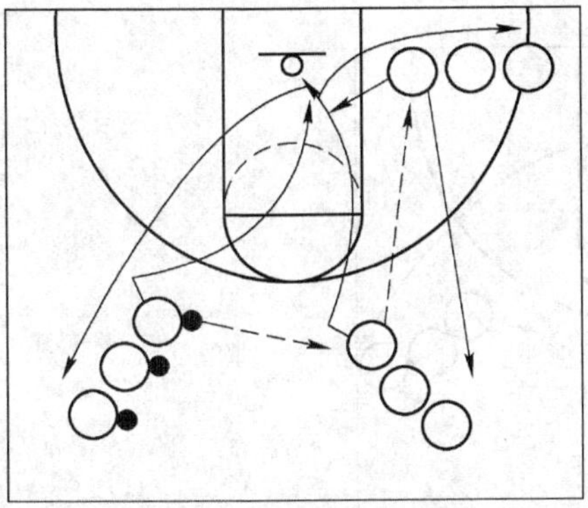

图 4-73

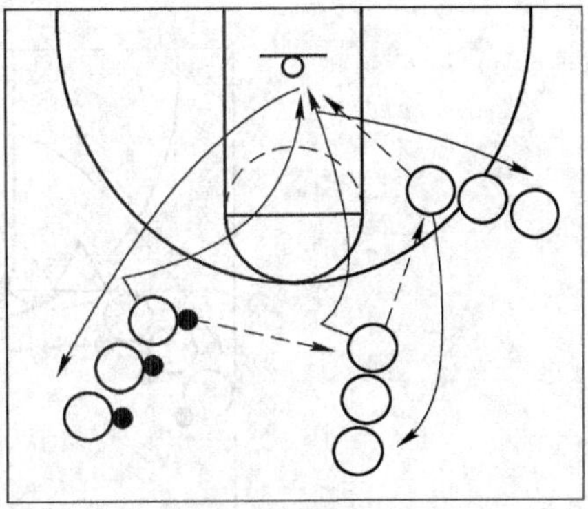

图 4-74

向与切入技术动作，提高跑动过程中脚步动作的灵活性与接球能力。练习时钟作速度可由慢到快，注意纠正技术动作在各环节中的错误。

6. 掩护配合综合练习

如图 4-75～图 4-79 所示，通过两三个人之间的掩护，学员可以了解掩护战术

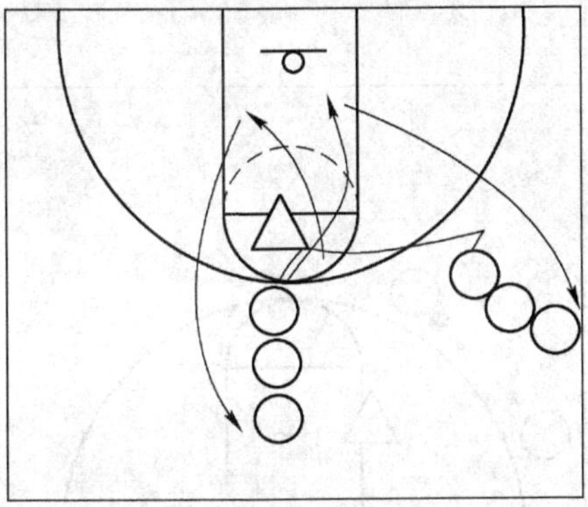

图 4-75

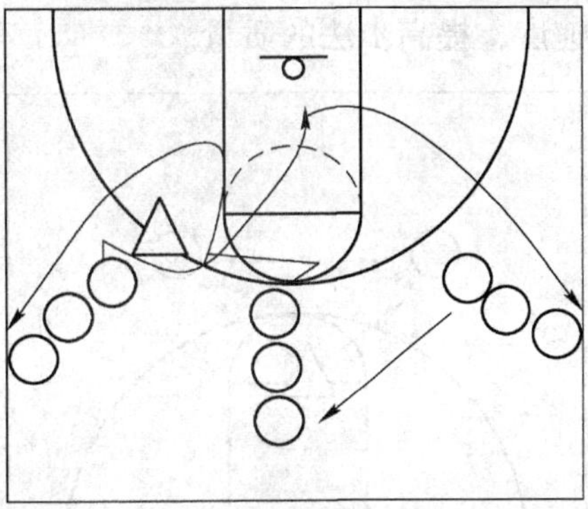

图 4-76

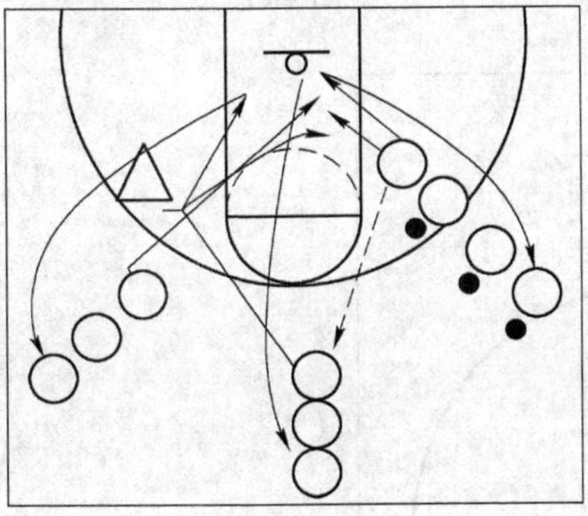

图 4-77

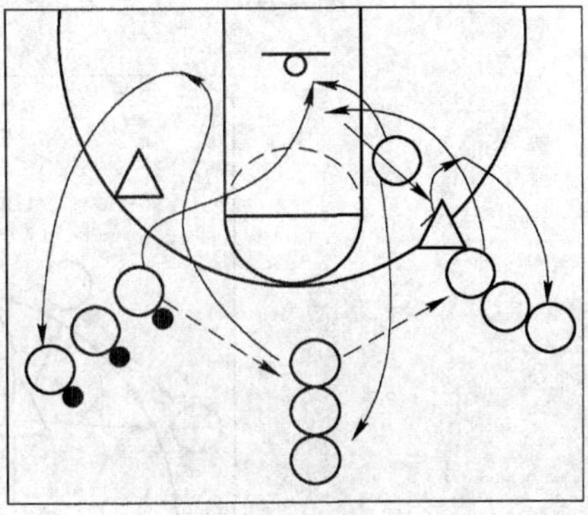

图 4-78

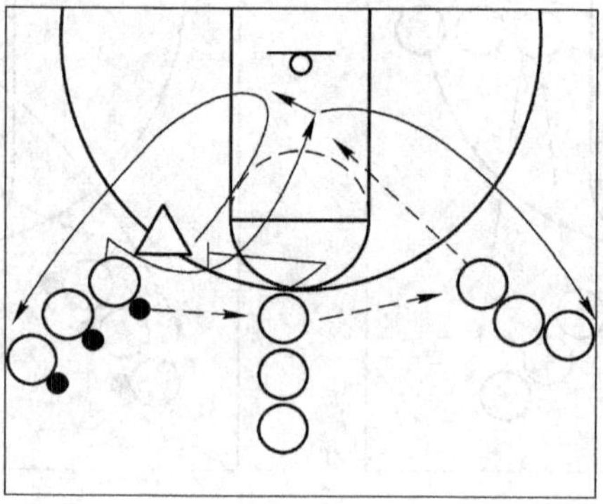

图 4-79

+脚步移动和站位技术，以及在无掩护操作中运动员的动作路线，从而提高运动员的脚步移动质量和动作路线。

7. 一防二综合练习

如图 4-80~图 4-82 所示，通过一防二防技术的训练，可以提高步法的灵活性和速度，提高步法的质量。

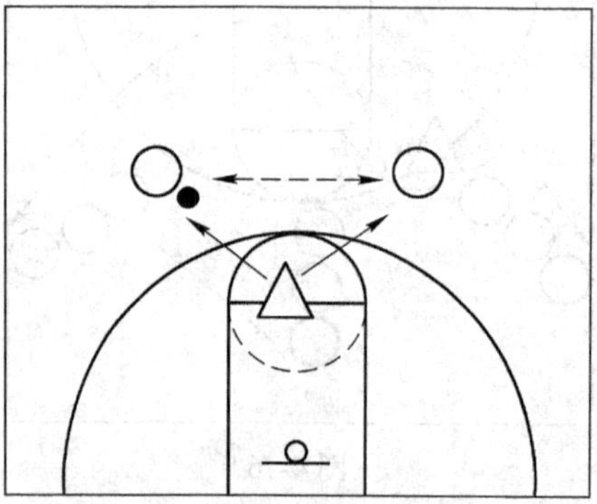

图 4-80

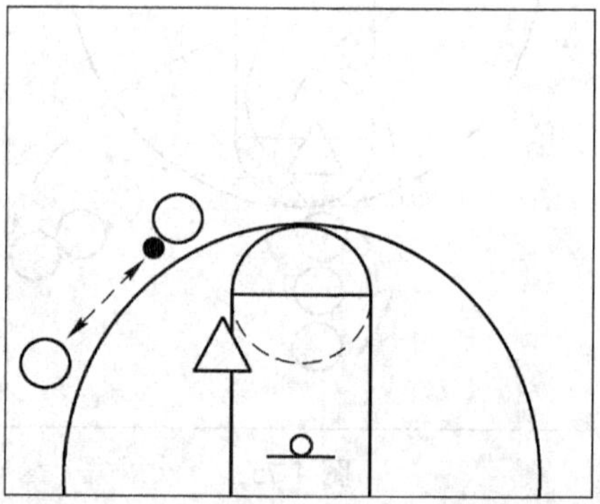

图 4-81

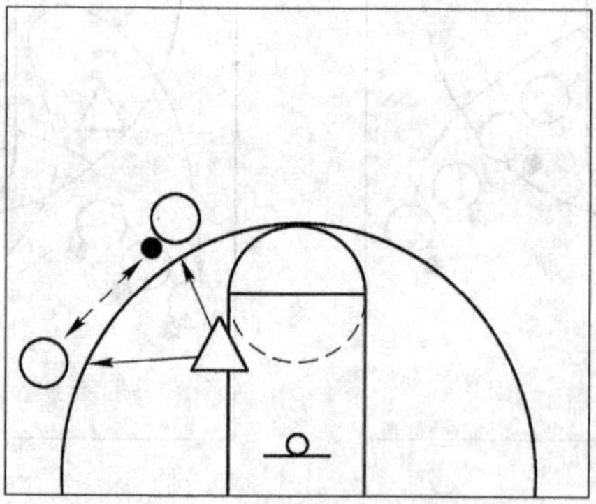

图 4-82

8. 二防三综合练习

如图 4-83 和图 4-84 所示，通过二防、三防技术的训练，提高步法的灵活性和速度，实现两名防守队员之间的协调配合，提高移动技术的质量。

半场组合练习要求：根据半场的特征组合，突出策略的灵活性和移动的速度运动，同时结合实际的篮球比赛，突出半场进攻和防御的特点，移动路线，强调操作的正确性和合理性。

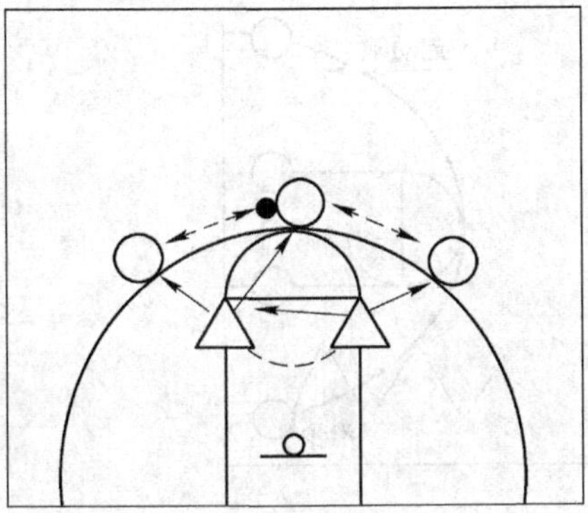

图 4-83

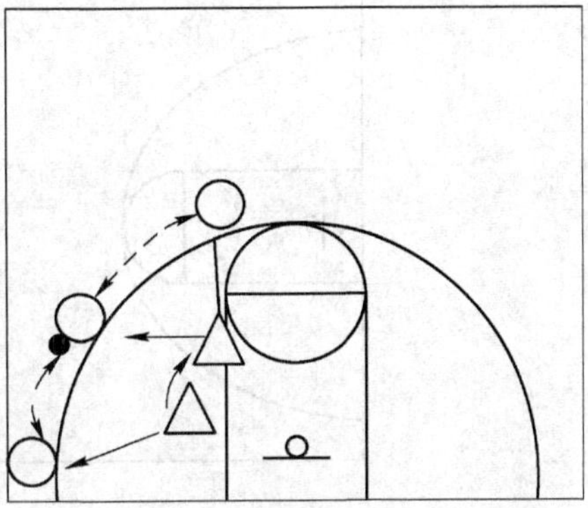

图 4-84

（二）全场组合练习

方法：二人一组，一人为进攻队员，在球场上原地或行进间做快跑、变速跑、变向跑、转身、急停、跳起、固定策应等动作。另一人为防守队员，做出相应的防守步法或动作（如快跑、后退跑、滑步、撤跳起、绕步等）来阻挠对手，并保持有利的防守位置。

①进攻中跑动及换位练习（图 4-85）。②起动与滑步组合练习（图 4-86）。③快速斜侧滑步综合练习（图 4-87）。④后退跑接交叉步接滑步练习（图 4-88）。

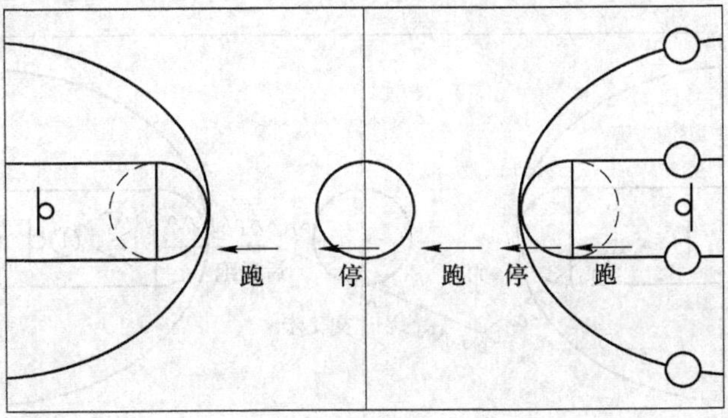


图 4-85

⑤撤步、滑步、交叉步、跳起断球动作练习（图 4-89）。⑥进攻中跑动及换位练习（图 4-90 和图 4-91）。⑦攻守转换练习（图 4-92 和图 4-93）。⑧步法综合练习（图 4-94）。⑨徒手转身摆脱防守练习（图 4-95）。

全场组合练习要求：要充分利用全场，突出跑、滑、撤、急停、转身、绕步等综合移动的运用，通过攻守对抗，提高移动的应变能力，同时强调各动作的正确性和合理性。

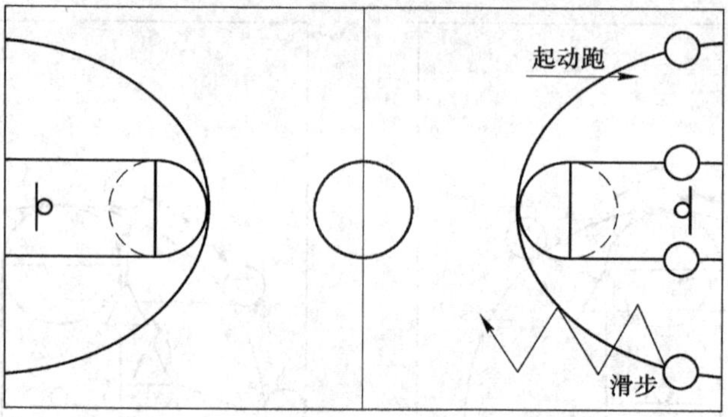

图 4-86

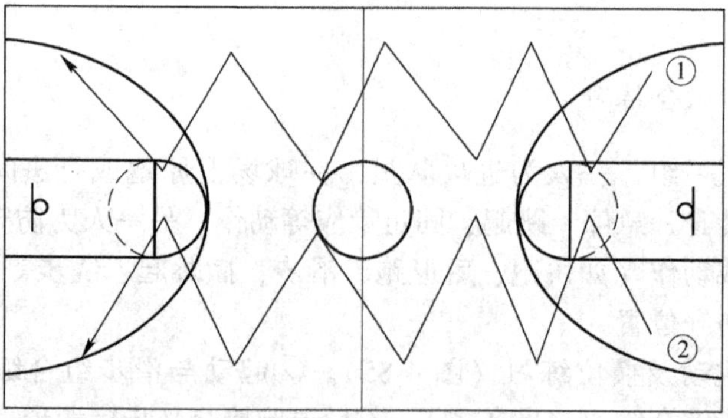

图 4-87

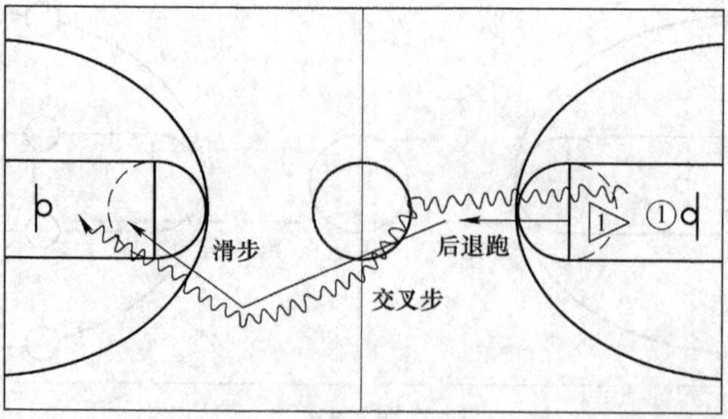

图 4-88

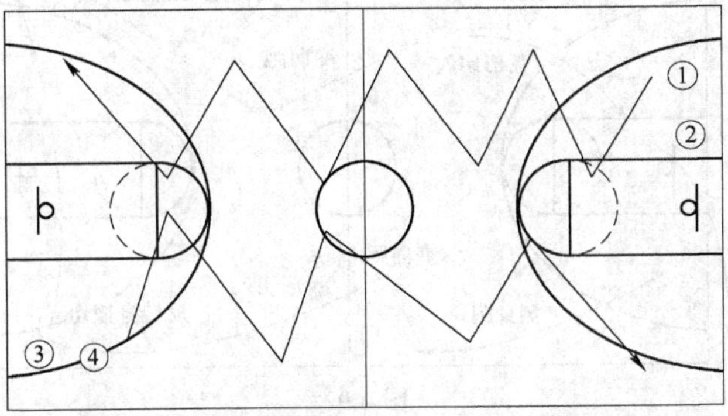


图 4-89

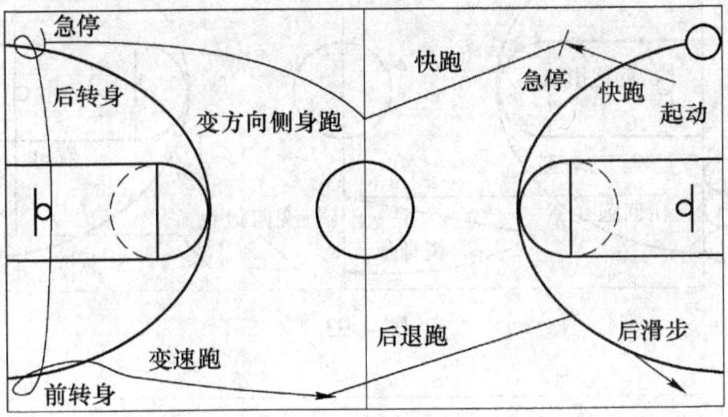


图 4-90

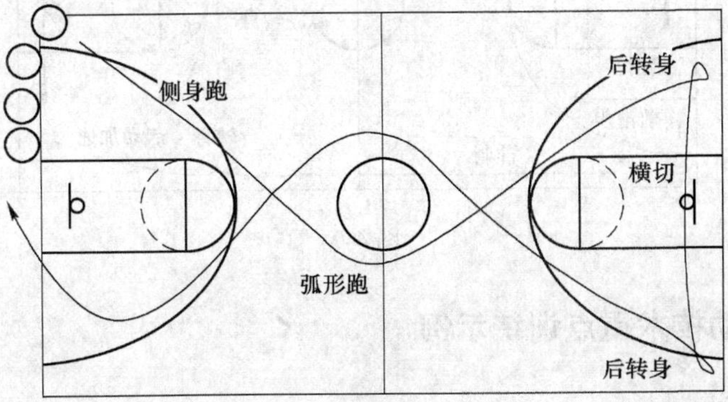


图 4-91

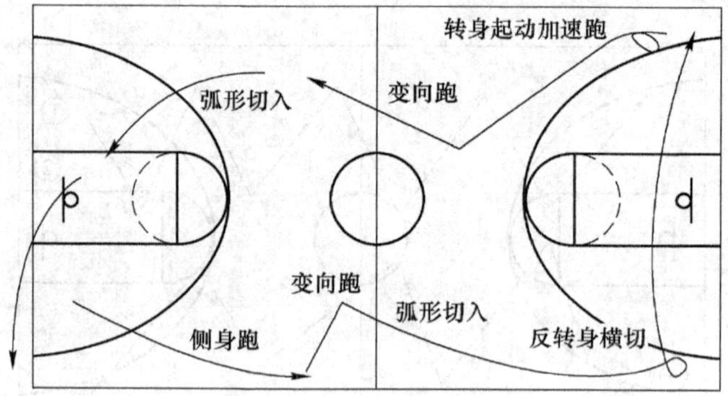


图 4-92

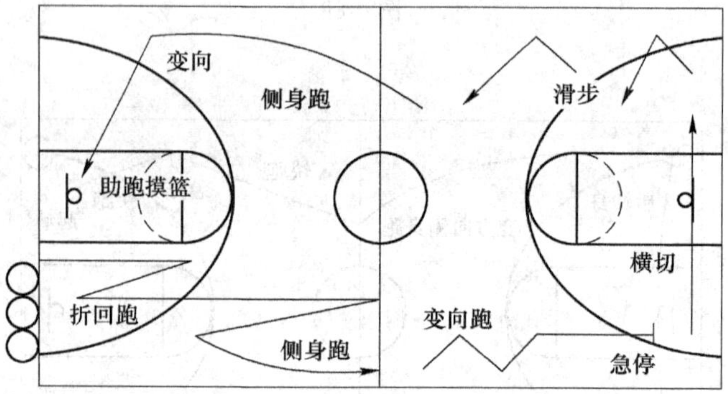


图 4-93

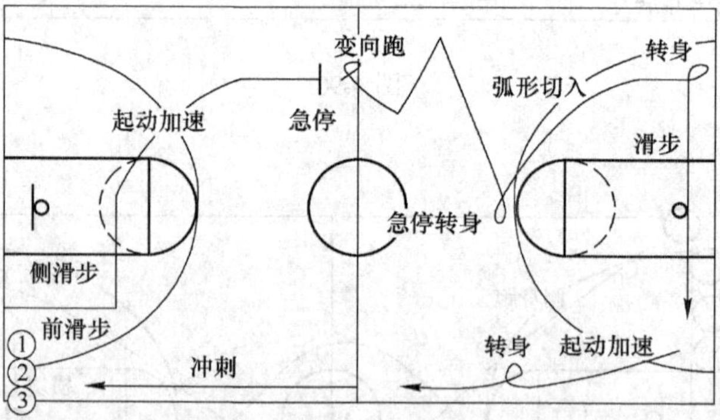


图 4-94

## 四、移动技术重点训练示例

1. 切入练习

方法：这项训练需要一个后卫、一个中锋和一个前锋。如图 4-96 所示，三

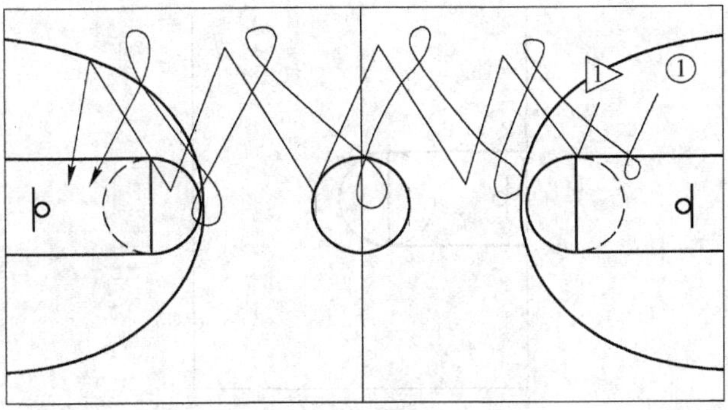


图 4-95

名队员站在各自的目的位置上。练习开始，后卫队员传球给前锋队员，然后借中锋队员的定位掩护移动到底位策应区。中锋队员上提接球，前锋队员再为后卫队员做掩护，后卫队员借掩护到底角处接中锋队员的传球面向球篮跳投，中锋队员下至弱侧抢篮板球。

要求：后卫队员切入与中锋队员掩护配合要默契，前锋队员的掩护质量和后卫队员的伺机外拉。

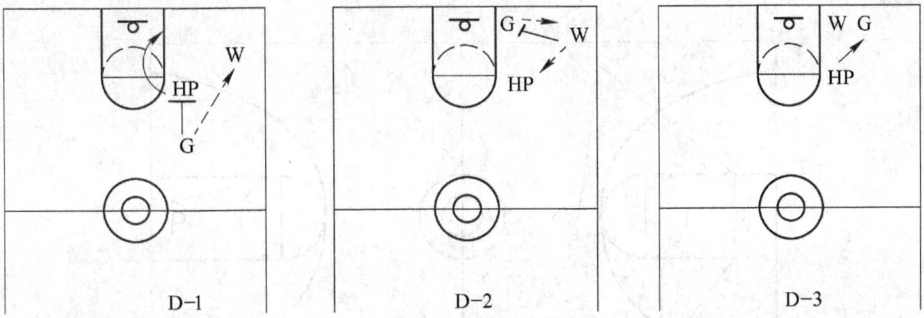


图 4-96

2. 限制区滑步

方法：攻防两名队员一组。如图 4-97 所示，练习从底位策应区开始，攻防队员 P1、P2 面对面站立。此练习利用限制区的各个边线，进攻队员 P2 设法运球到达罚球线，防守队员 P1 利用滑步将 P2 逼向限制区的“边线”，直到进攻队员运球通过罚球线练习结束。

要求：(1) 进攻队员应利用脚的快速移动和方向的突然变化来摆脱防守队员。(2) 防守队员被进攻队员突破时，要尽量利用变向重新获得正确的防守位置。

3. 六点防守练习

方法：如图 4-98 所示，将队伍分成两组，站在中心线两侧，彼此平行，面

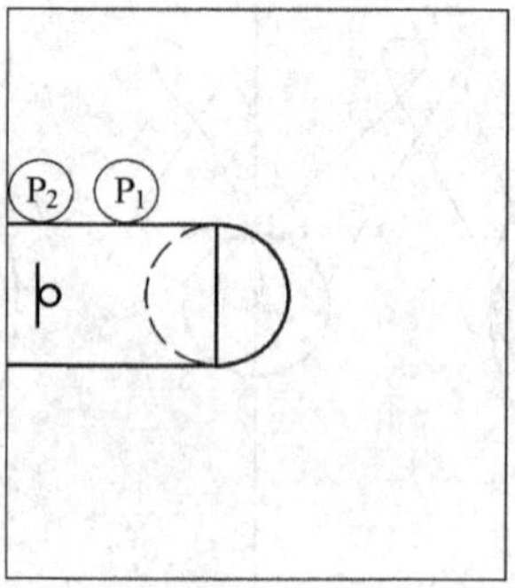


图 4-97

对中圈。练习开始，两组的第一名队员隔中线面对面站立，假想面前有进攻队员在进攻，同时开始做防守练习，方向相反。练习队员首先后撤至 3 分线弧顶处，然后向左侧滑步至边线附近急停，做紧逼防守，然后转身滑步至底位策应区，再变向滑步至限制区的另一侧，然后滑步到边线附近做紧逼防守，最后回到队尾。

要求：(1) 每一个防守动作都要严格按照正确的防守技术来进行——脚快，手臂位置正确；重心低，随时准备端球。(2) 注意防守队员各种防守姿势的转换能力。

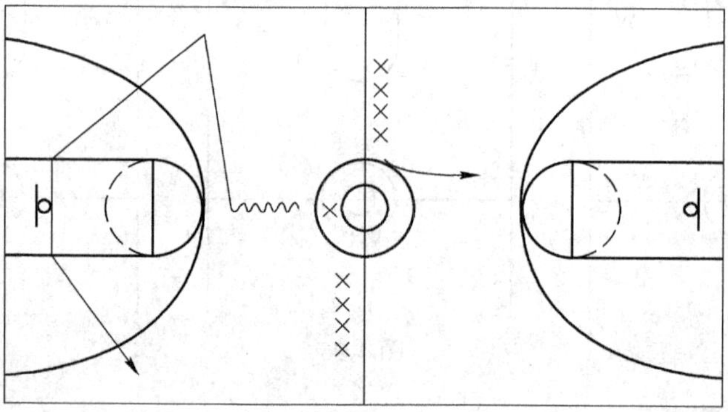

图 4-98

4. 快速起跳练习

方法：如图 4-99①，②，③所示，队员捡起球，向球篮冲跳，使球触及球篮(若身体条件好，则可让球触到篮圈上沿)，然后双手握球落地。队员落地后，立即做后转身动作（可运球，也可不运球）至另侧篮下重复上述使球触篮圈的动作，落地后做后转身（可运球或不运球），回到原来起始练习的一侧，继续在该侧重复同样的起跳。

要求：起跳迅速，转身时重心平稳。

图 4-99

5. 抢位移动并对付协防练习

方法：如图 4-100 所示，⑤设法抢占有利位置，以便①或③把球传给自己。⑤得球后，$X_4$从稍靠异侧篮下过来协防，⑤必须根据对手 $X_5$ 的情况而做出正确的移动，教练要及时纠正⑤的错误动作。$X_4$在⑤接到球前不得过早移动。

要求：如果教练想练习从弱侧切向强侧时，⑤即可先站在弱侧再横穿限制区切向强侧。

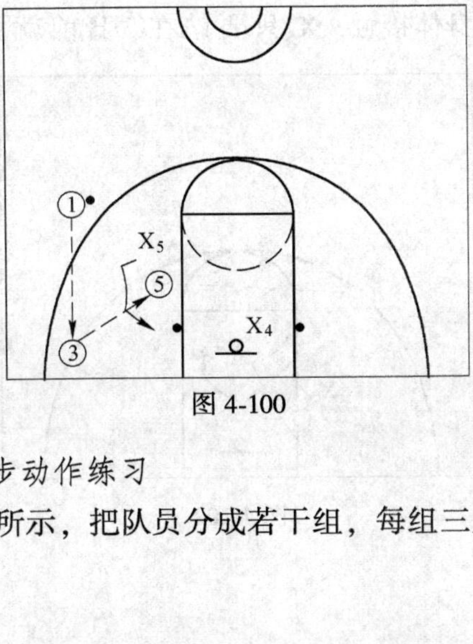


图 4-100

6. 对付夹击的脚步动作练习

方法：如图 4-101 所示，把队员分成若干组，每组三人，二守一攻。防守队员夹击持球者，允许守方打得稍具侵犯性，设法把球打掉成自由球。持球者要把球握得很低，设法利用脚步动作摆脱两个对手之一。

要求：对方夹击下要保护好球，并通过空隙跨步穿过。

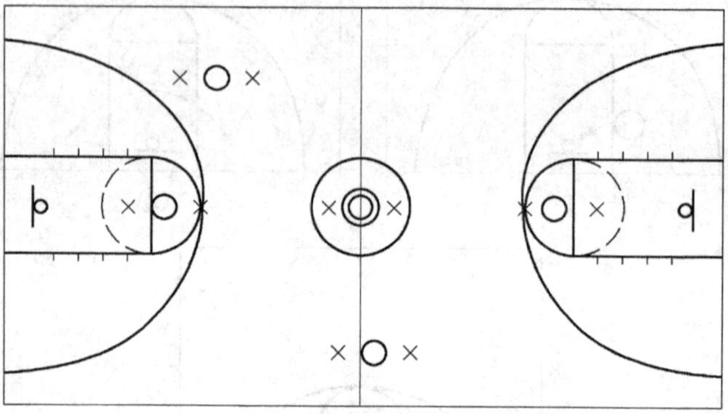

图 4-101

7. 防快速移动

方法：如图 4-102 所示，外线两名队员，①持球，不加防守，⑤抢占强侧的策应位置。①传球给②后，$X_5$变为弱侧的内线防守者，原地退后一步，随着球的移动而相应地调整自己与球之间防守位置。⑤此时可挤靠 $X_5$，等着球被转移至①手中，或者⑤也可准备从②处接高吊球，但主要的还是向②一侧移动，准备接球，随后做动作，切向篮下。$X_5$必须切断⑤通向②的最近路线，并防止他接到球，这样⑤就向另一侧篮下移动，和 $X_5$抢占内策应的有利位置。当②把球回传给①时，攻方就可从另侧发动同样的进攻。如果⑤从靠近罚球线一侧切向②时，$X_5$阻止他向篮下移动。假若⑤从靠近端线一侧切向②，则 $X_5$在⑤与球之间的一侧防守。$X_5$必须让⑤比自己离球更远一步。当⑤移向球时，$X_5$用身体接触来察觉⑤的位置。为了做好身体接触，$X_5$只要站在⑤身前就可以了。如果⑤继续前

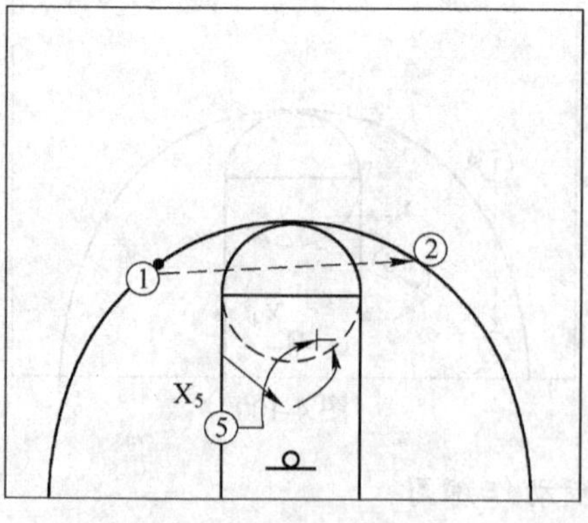


图 4-102

进，则 $X_5$ 可造成他撞人犯规。

要求：防守移动快速，及时在强侧抢占正确的防守位置。

8. 一对一攻防

方法：如图 4-103 所示，此练习每次有两名队员参加，一名为进攻队员运球从后场向前场推进，另一名则对其进行防守，两人练习的区域要限制在球篮一侧的纵半场内。进攻队员可以运用体前变向、后转身变向、急停急起等运球技术，但不可以突破超越防守队员。练习的重点在于提高防守技术与脚步移动，防守队员可以选择足够近的距离甚至能够触及进攻队员，防守位置始终保持在球与前场球篮之间，近球侧的手要始终伸向球与对手之间的连线方向，教练应认真观察攻守练习的整个过程，并要求前一组队员过半场后下一组再开始练习。

要求：教练必须强调防守队员的撤步、转身与滑步动作的正确性、合理性。无论是在防守滑步，还是在变相时，都不允许出现脚步交叉的现象。

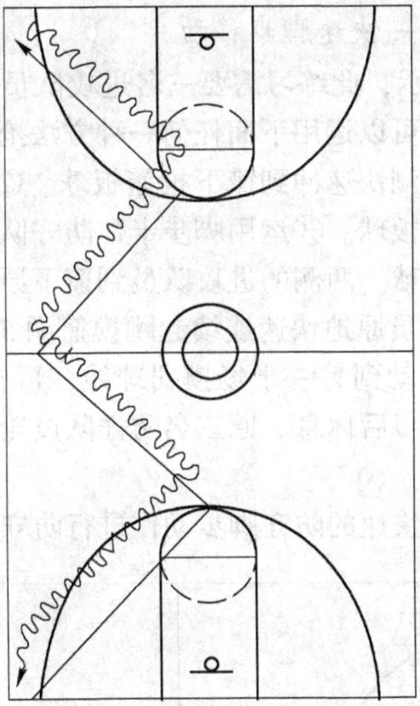

图 4-103

9. “五对五”卡位

方法：如图 4-104 所示，五名进攻队员和五名防守队员练习。在训练开始时，教练投篮，进攻和防守队员都要积极抢篮板。防守队员应根据进攻队员的动作，保持同进攻队员进行身体接触（臀部顶在进攻队员的腹部上），合理运用肘部进行卡位，然后向前两步跳起抢篮板。

要求：(1) 防守队员在卡位时，要用臀部顶住进攻队员的腹部；(2) 进攻队员可以在教练罚球之前进行 5~10 次传球跑动。

教练也可传球给任一名进攻队员，该队员立即投篮，然后进行以上练习。

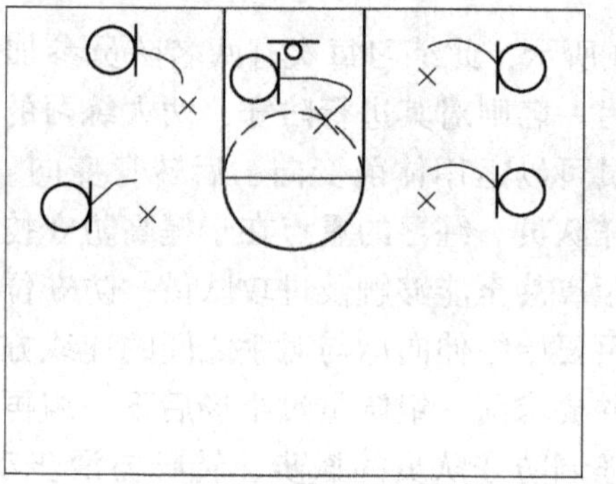

图 4-104

10. 抢篮板球—快下—快速脚步移动

方法：如图 4-105 所示，此练习需要三名进攻队员三名防守队员，防守队员松动防守。三名进攻队员可以运用下面任何一种方法抢前场篮板球：①向一侧做假动作摆脱，然后从另一侧快速冲到篮下抢篮板球。②运用后转身（左右两侧）技术摆脱防守队员冲抢篮板球。③运用脚步卡住防守队员以便和防守队员处于平等的位置，然后冲抢篮板球。两侧的进攻队员到篮下原地快速连续起跳（尽可能高）摸篮板 5 次，中间队员原地快速连续起跳摸篮圈 5 次。三名进攻队员做完 5 次连续摸高后立即快速移动到另一半场摸罚球线，再转身面向防守队员，做 10 秒钟原地快速碎步防守练习后休息。原三名防守队员轮换为进攻队员，另外三名队员上场防守。

要求：攻防之间利用快速的防守脚步动作进行防守。

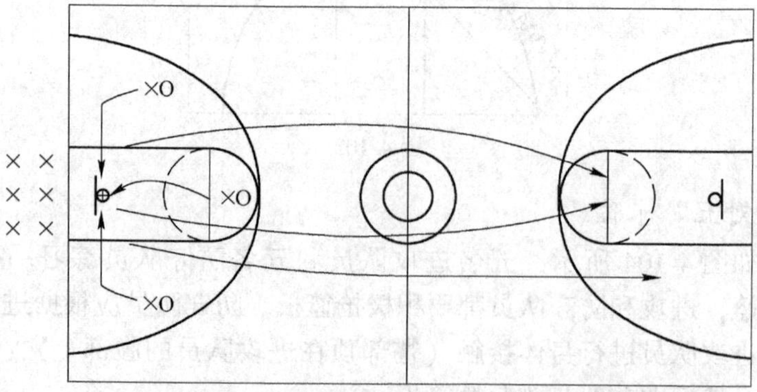

图 4-105

## 五、移动技术常见错误动作及纠正方法

### （一）基本站立姿势易犯错误与纠正方法

1. 易犯错误

（1）两腿直立，重心高。不习惯屈膝降低重心或由于腿部力量不足，不能持久保持稳定的基本站立姿势。（2）两臂不习惯屈肘下垂，置于体侧。（3）上体过于前倾，全脚掌着地。

2. 纠正方法

（1）讲解示范法

当教练讲解示范动作时，可以运用对错对比的方法，对示范动作进行分解，使运动员对正确的技术动作有一个清晰的概念。在训练过程中，教练应时刻提醒、严格要求，使运动员逐渐养成良好的习惯。

（2）诱导法

信号诱导练习：队员成体操队形，在教练面前做基本站立姿势，教练可伸出几个手指让队员报数或用语言诱导队员抬头看，目的是教练针对队员所出现的不同错误，进行重点纠正。

辅助练习：队员成基本站立姿势，做轻微的从左到右，来回跳跃。30 秒为一组，目标是纠正学习基本站立姿势的错误，两腿直立，重心高。

腿部力量练习法：有计划地提高腿部力量，在训练中可结合基本站立姿势，多采用“马步”“鸭步走”“静蹲”“半蹲”“深蹲跳”等练习方法。

### （二）跑动技术易犯错误与纠正方法

1. 起动技术易犯错误与纠正方法

（1）易犯错误

①起动前身体重心过高，不易于迅速蹬地。②重心移动不及时。③起动时后脚或异侧脚前脚掌蹬地不充分，步幅大、步频慢，不能在最短的距离内把速度发挥出来。

（2）纠正方法

讲解示范法：在队员练习时，教练应随时提醒，多做对错对比演示，反复强调动作要领，使队员在起动前保持正确的基本站立姿势，以利于随时起动。

诱导法：队员原地做碎步跑练习。15~20 秒为一组。

变换练习法：两人一组，纵向站立，前后相距 2 米左右，听教练信号做起动练习。

要求：以上练习要求掌握各种跑的方法，特别要掌握用不同的蹬地方法（全脚掌、前脚掌、前脚掌内侧等）来改变支撑脚用力地方向、角度，从而达到重心协调转移和快速运动的目的。练习跑步时上身放松，重心降低，手臂自然摆动，要随时准备接球或做各种持球攻击动作。同时要强调改变一个运动，我们都应该加快速度，从而获得位移的主动权。

2. 侧身跑技术易犯错误与纠正方法

（1）易犯错误

①跑动时头和上体未转向有球方向或一跑一回头，影响跑速。②脚尖没有指向前进方向，形成交叉步跑、滑跳步跑。

（2）纠正方法

讲解示范法：教练应强调侧身跑与其他跑的区别和技术要点。更多的使用分解演示，让团队看到各个环节的运动情况。

诱导法：第一，听教练语言诱导练习：教练针对队员的练习情况及时提示，如“侧身看球”“脚尖向前”“不要跳着跑”等。第二，教练的行为诱导练习：在练习中，教练持球站在中圈诱导队员练习。队员在侧身跑时，要始终看教练的动作，随时准备接教练的传球。第三，相互诱导练习：队员沿圆圈侧身跑，跑时转头侧身看同伴，目的是纠正侧身跑时头和上体未转向有球方向或一跑一回头，影响跑速的错误。

变换练习法：队员们在集体慢跑的时候一边跑步一边练习，根据队员们所犯的不同错误重点进行纠正。圆圈跑接力赛，目的是纠正脚尖没有指向前进方向，形成交叉步，滑跳步跑或一跑一回头而影响跑速的错误。

3. 变向跑技术易犯错误与纠正方法

（1）易犯错误

①变向跑时，脚尖没有内扣；腰胯没有带动上体转向改变方向，上体没有前倾。②变向后没有加速动作。

（2）纠正方法

讲解示范法：反复强调脚步、腰部、重心的动作要领。多做正面论证、分解论证、对错对比论证，使团队树立正确的行动理念。

诱导法：又分队员相互诱导和语言、手势诱导练习。第一，同学相互诱导：两人一组，前后站着，相距约 2 米。在看到教练的信号后，前面的球员改变方向，后面的球员追赶同伴。然后交流练习。第二，语言、手势诱导练习：队伍站成体操队形，根据教练的手势不断地做换向跑动作。在练习中，教练会提醒运动员“内扣”“上半身旋转”“加速”等动作，并引导运动员按照正确的动作方法进行练习。

变换法：减慢跑速练习，使队员在走动或慢跑中进行变向跑练习。

4. 后退跑技术易犯错误与纠正方法易犯错误

（1）易犯错误

①背部缺乏运动感，导致上半身过于向前、低头和前脚掌跑。②有畏惧感，怕摔跤，两条腿不敢抬起来，形成拖着地面跑或大步跑，跳着跑。

（2）纠正方法

讲解示范法：反复强调动作方法、技术要点及使用。多运用对错对比的方法进行论证，使团队树立正确的技术动作观。

诱导法：两人一组，相距2米左右面对站立，一人向前慢跑，一人后退跑，当跑到一定的距离时，后退跑的人急停变为向前跑，向前跑的人则急停后退跑。如此循环。

变换法：又分降低难度练习、提高难度练习和结合其他技术练习。第一，降低难度练习：队员根据教练手势做后退走及后退慢跑练习。第二，提高难度练习：队员分两组在两端线外成纵队站立，加速跑到中场做转身后退跑，准备接球练习，要注意认真体会背向移动的感觉。上体放松直立，保持身体平衡，两眼平视，观察教练所做手势。第三，结合其他技术练习：两人一组一球，前后相距3米左右，一人向前跑动，一人后退跑，在跑动中两人做传接球练习，到中线附近，两人交换跑动的方式。目的是培养背向跑动的感觉，提高后退跑的技术运用能力。

（三）急停技术易犯错误与纠正方法

1. 跨步急停

（1）易犯错误

①身体重心过高，上体过于前倾，急停后身体重心没保持在两腿之间。②第一步跨步过小，第二步落地时脚尖末梢向内转并未用脚前掌内侧蹬地。③急停没有屈膝降低身体重心，身体重心没有后移。④急停后身体侧转过大，改变了面向。

（2）纠正方法

讲解示范法：针对动作的重点和难点，反复强调方法的重点；通过不同的演示面，分解和对与错的对比演示，使团队成员清晰地看到动作结构，树立正确的技术动作概念。

诱导法：在练习中，教练根据队员的练习情况，通过语言诱导练习，及时提醒“第一步要大”“重心要放低”“脚尖内扣”等语言诱导。

分解、组合练习：在练习中将跨步急停动作分为一步大，二步小，三降低重心，四脚内扣等几个部分，在走动中或慢跑中进行分解练习。待基本掌握各局部动作后再进行完整动作练习。

变换练习法：通过降低动作难度，在走动或慢跑中根据教练的手势或口令做跨步急停练习。或通过分组练习，在走动或慢跑中根据老师的手势或口令做跨步急停练习。

2. 跳步急停

(1) 易犯错误

①双脚落地时，两脚开立过大或过小。②没有平跳急停，身体过于前倾。③急停时身体重心没后移，腰部的用力和脚的扒地用力不够。

(2) 纠正方法

讲解示范法：通过反复强调平跳，上半身后仰，重心向后形成坐姿，用前侧脚底内侧蹬地，两腿弯曲，腰部腹部力量控制身体重心平衡。通过不同的展示面，对与错的对比展示，让团队成员加深对技术各个环节的理解。

变换练习法：根据教练口令在慢速中反复（连续）做一跨（向前跨一步），一跳（双脚平跳）的练习，通过降低练习难度，针对队员所产生的不同错误进行重点纠正。

限制练习法：根据队员本人的身高情况，画出跨出脚和跳步急停后两脚落地的标记线，队员以此进行练习。

### (四) 转身技术易犯错误与纠正方法

(1) 易犯错误

①转身时身体后仰、低头，身体重心上下起伏。②转身时，中枢脚用全脚掌或脚后跟碾地，移动脚蹬地后弧线移动。③中枢脚的碾地及腰胯带动上体转动的动作配合不协调。

(2) 纠正方法

反复强调在转身过程中：身体重心要平稳，不要上下起伏，要以头肩领先，腰胯带动身体旋转，中枢脚要用前脚掌碾地转动。

多做正、侧面示范及分解、正误对比示范：使队员建立正确的技术动作概念。

降低难度练习：队员成体操队形站立，根据教练口令原地做45°、90°、180°前转身练习。

标记限制练习：队员在中枢脚下画出自己的半个脚印，练习时中枢脚前脚掌踩在脚印上进行转身动作练习。

掌握转身的动作要点：转动要快，重心要平稳，不得起伏。转身后要迅速衔接下一个动作。

### (五) 跳技术易犯错误与纠正方法

1. 双脚起跳

(1) 易犯错误

①起跳时，蹬地与摆臂在时间、方向上不一致，配合不协调。②起跳后身体

没有向上伸展。

(2) 纠正方法

讲解示范法：重点强调起跳与蹬地摆臂时间，摆臂方向的关系，使队员建立正确的技术动作概念。通过对与错的论证和比较，让团队成员对起跳的各个环节的方法和要领有更深入的了解。

语言诱导练习：在练习中，教练根据运动员的练习情况及时提示他们，如："用力蹬地""快速挥臂""身体挺直"等，引导运动员以正确的方式完成技术动作。

变换法：第一，分解练习：队员成体操队形，根据教练的口令进行集体练习，口令一：屈膝下蹲，口令二：摆臂蹬地起跳，起跳后，身体在空中要自然向上方伸展。第二，降低难度练习：队员成体操队形，根据教练口令，原地做双脚轻跳练习。纠正起跳的蹬地与摆臂时间、方向不一致，配合不协调的错误。

降低前一动作条件练习，在走动或慢跑中做急停双脚起跳练习，根据队员产生的不同错误重点进行纠正。在进行这个转换时，请将注意力集中在跳转上。不要用你所有的力量去推地面，专注于推地面的。在做此衔接动作练习时，注意力要集中到起跳动作上。不用全力蹬地起跳，着重体会蹬地、摆臂、伸展、落地等环节的动作方法。

2. 单脚起跳

(1) 易犯错误

①步前一步太长，重心太低，跳不起来。②蹬地不充分，另一腿没有屈膝上提帮助起跳。③摆臂、蹬地、提腰等环节配合衔接不好。④向上起跳不够，前冲过大。

(2) 纠正方法

讲解示范法：反复强调单脚跳和两脚跳的区别和共同点。通过分解论证、对错对比论证，使团队成员树立正确的技术动作概念。

诱导法：根据教练的指导，队员们做手臂摆动的模仿练习—蹬地，抬膝—抬腰。专注于纠正团队成员所犯的不同错误。运动员在练习中注意教练的指导，只做模仿起跳动作的练习，不起跳。

限制法：标记限制练习，在球场内画上明显的标记线，队员按照标记要求进行单脚起跳练习。标记障碍限制练习，在起跳的标记线前 1.5 米处画出起跳后落地的标志线（或教练站在此处），队员以此进行练习，目的是纠正起跳向上不够，身体前冲过大的错误。对于纠正起跳前一步的步幅过大，身体重心太低以至跳不起来的错误。在场地上按照所画的标记，第一步大第二步（起跳步）小，进行练习。

变换练习法：通过降低前一动作条件练习难度，如在走动或慢跑时进行单脚起跳练习。能纠正起跳前一步的步幅过大、重心过低而不能起跳、摆臂、蹬地、提腰等环节不协调、衔接不到位的错误。通过提高难度练习，结合运球上篮或助跑起跳摸篮圈（篮板）进行练习，目的是纠正起跳前一步的步幅过大，身体重心太低，以至跳不起来，向上起跳前冲过大的错误。

（六）防守步法易犯错误与纠正方法

1. 易犯错误

①不能保持正确的防守姿势。②防守重心过高。③身体各部位配合不协调。

2. 纠正方法

①进一步加强防守基本姿势训练，保持屈膝低重心姿势，上体微向前倾。②加强腿脚力量训练，提高肌肉力量与移动速度。③加强灵活性训练，提高反应速度、移动速度。④加强综合防守或进攻脚步动作训练，提高综合防守能力。

### 六、移动技术教学与训练建议

教学、训练时，应结合持球技术（指传球、带球、投篮等），要有安排、要求、检查，并要有足够的时间进行练习。

教学、训练时，要把握脚底蹬地、脚的放置、膝盖的支撑和指向，上身与腰、臀部等技术点配合，脚、膝盖、上身三部分动作协调。

在教学和训练中，要加强腿部力量、膝关节和踝关节的柔韧性、足、腰、臂的协调性、伸展和反应、视觉等方面的训练，以促进对步法的全面掌握和提高。

在练习中进一步对脚步动作提出具体要求，不断使动作达到快速、灵活、协调、稳定，更好地为持球技术、战术配合服务，为提高篮球技术水平打下基础。

## 第三节　运球递进训练方法

### 一、运球技术基本理论

（一）运球技术概念

运球是指持球队员在原地或移动中，用手连续按拍从地面反弹起来的球。

（二）运球技术基本动作分析

1. 身体姿势

两膝保持相应的弯曲，上体稍向前倾，抬头，注视场上的情况。

2. 上肢动作

以肩关节为轴，上臂用力，肘部自然放松，五指分开，扩大控制面，用手指与指根位置和掌心外缘接触球，击球时掌心应空。击球的位置由运球的方向和速度决定。击球位置不同，落点不同，球的入射角和反射角也不同。根据球的力的大小，确定球离地面的高度和速度。按下球后，应与球上下接触，尽量延长球的吸附时间，这有利于控制和保护球，容易改变动作和观察场上的情况。

3. 下肢配合

运球一般是在运动中进行的，不仅要使运动速度与球的跑动速度保持一致，还要保持合理的动作节奏，并注意控制重心。协调行动的关键在于选择位置、地点和使用武力。手臂动作的变化应与步法和身体姿势的变化同步，使整个运球动作协调完成。

### （三）运球技术教学顺序

原地高、低运球—行进间（慢速后快速）直线高低运球急停急起—体前变向（放手或不换手）运球—运球转身—背后运球—胯下运球综合技术等。

## 二、运球技术基本训练方法

运球动作包括身体姿势、手臂动作、球的落点和手脚的协调配合 4 个环节。其中，手对球的控制能力，脚步动作的熟练程度以及手脚的协调配合是完成运球技术的基础。

### （一）原地运球技术练习方法（图 4-106）

①原地运球模仿练习，体会手、手臂动作。②原地高运球或低运球练习，体会手指手腕上吸下按的动作，以及手触球的部位和控制球。③原地体前左、右手交替运球体会换手时推拨球的动作与按拍球的部位。④原地体侧前后运球体会前推、后拉运球时，手按拍球的部位和用力。⑤原地背后运球体会背后运球动作，手拉球动作的运用与背后拨球动作。⑥原地转身运球体会转身运球动作，手拉球转身动作的运用。

要求：保持正确的身体姿势，体会手按拍和迎引球的动作，抬头，用眼余光看球。

### （二）高运球和低运球技术练习方法方法

如图 4-107 所示，①和⑤各持一球。练习开始，①和⑤向前运球到另一边端线，分别将球交给③和⑦，然后站在④和⑧的后面。③和⑦接球后，向前运球到另一边端线，分别将球交给②和⑥。依次反复进行练习。

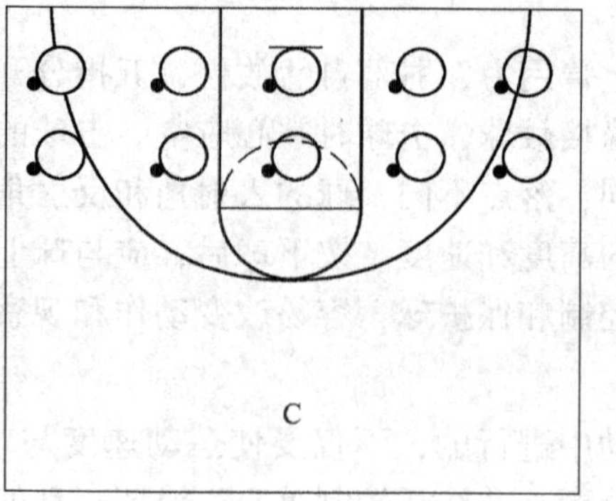


图 4-106

要求：运球动作与脚步要协调配合，运球的落点和用力大小要适当。左右手运球、高低运球、快慢运球，在练习中交替进行，以提高运球能力。

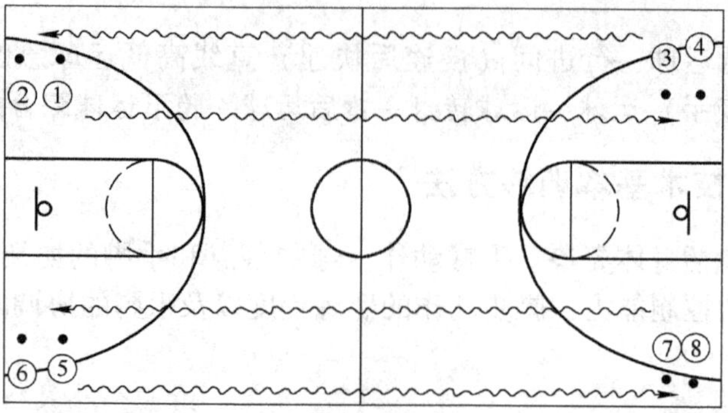


图 4-107

(三) 运球急停急起技术练习方法

方法：如图 4-108 所示，①到⑤每个队员一球，根据教练的信号练习急停急

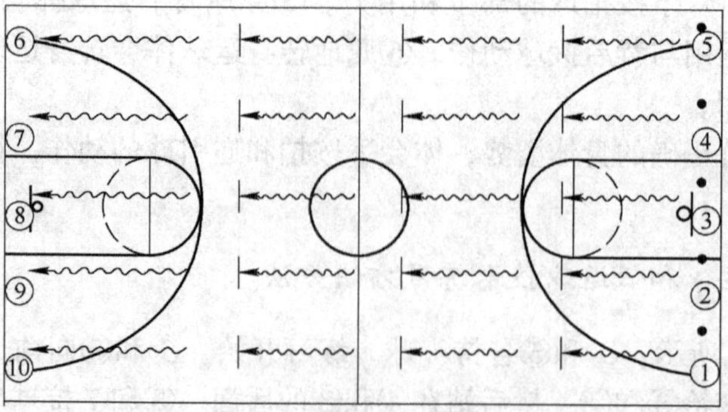


图 4-108

起或变向运球，相对的两个组进行交换练习。

要求：运球急停急起时，要停得稳，起动快。变速运球时，要掌握好高、低运球的节奏，注意突然加速。

（四）体前变向换手运球技术练习方法

1. 弧线运球

如图 4-109 所示，①沿罚球圈、中圈做弧形运球到对面的端线，再沿边线直线运球返回。

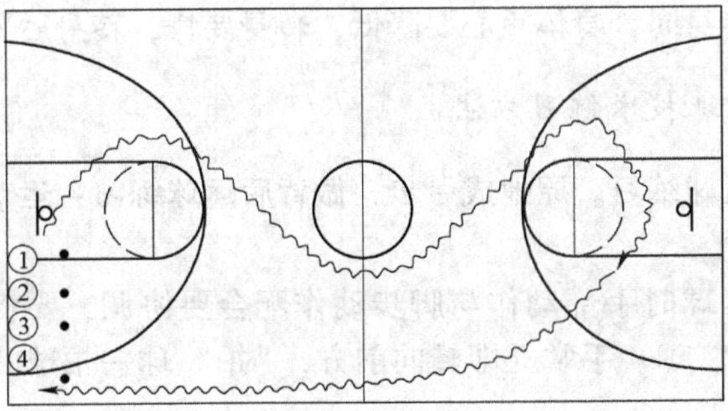


图 4-109

2. 圆圈运球

如图 4-110 所示，①沿罚球圈、中圈做圆周运球到对面端线，再沿边线直线运球返回。

要求：要用远离圆圈的手运球，左右手换手运球练习。圆圈运球时内侧腿深屈膝，外侧脚用力蹬地，身体向内倾，幅度越大越好，球要始终控制在体侧。

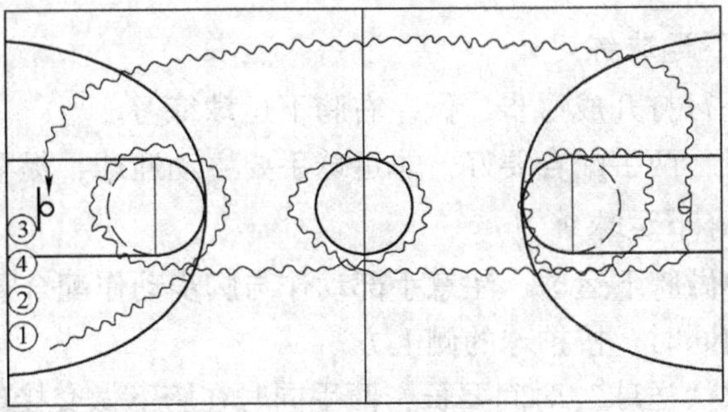


图 4-110

（五）运球转身技术练习方法

1. 原地运球转身练习

以一只脚为中枢脚，做运球转身动作，转身角度由小到大，逐步提高。

要求：注意运球转身过程以一次拍球完成，身体重心不要上下起伏或身体后仰。

2. 运球移动中，做转身运球动作练习

要求：在运球中以一只脚为中枢脚，做运球转身动作，左右手交替进行。首先在慢速中完成运球转身动作，并逐渐加快运球速度，到快速中完成运球转身技术动作。

3. 两人一组，一人原地站立不动，另一人行进间运球，当运球接近同伴时做运球转身动作

要求：运球转身时，身体重心要降低，转身要快，转身后要有加速动作。

### （六）背后运球技术练习方法

原地做背后运球练习。原地成弓步，做背后运球练习；运球移动中，做背后运球技术练习。

要求：背后运球时手部动作与脚步动作配合要协调，要将“拉”球——拉到体侧后方，“转”球一手掌立即转向前方，“拍”球一拍球的右（左）侧后方联结在一起。

两人一组，一人原地站立不动，另一人做背后运球技术练习，当运球接近同伴时做背后运球动作，达到突破对手的目的。

要求：练习时身体重心降低，动作要连贯、柔和，运球时手要控制球的运行，球不能离身体太远。

### （七）胯下运球技术练习方法

1. 原地做胯下运球练习

原地两只脚平行打开成弓步，做左右胯下运球练习。

要求：练习时，两手配合要好，非运球手要主动迎球，提早迎球时间。

2. 移动中做胯下运球练习

在慢速移动中做胯下运球，注意手部动作与脚步动作配合要协调，胯下运球变向与向前跨步的同时，按拍球的侧上方。

要求：运球时“送球”时间要长，两手同时在胯下做交接球。

3. 连续跨跳步胯下运球练习

队员成体操队形，两只脚平行打开，做胯下运球的同时，原地做前后脚交换的跨跳步，同时再做胯下运球。连续进行。

要求：在做胯下运球练习，球击地的同时，两脚跨跳步前后交换并注意手与脚的配合时间。

4. 两人一组，一人原地站立不动，当运球接近另一人时做胯下运球练习，达到突破对手的目的

要求：速度由慢到快。

## 三、运球技术组合训练方法

1. 后转身运球或背后换手变向运球

方法：如图 4-111 所示，X 为障碍物，运球到障碍物前做后转身运球一次或背后运球 1 次，换手运球后继续前进，到另一侧端线，沿边线直线快速运球返回。

要求：运球遇到障碍物，要降低身体重心，变向动作要快。变向后要突然加速超越对手。

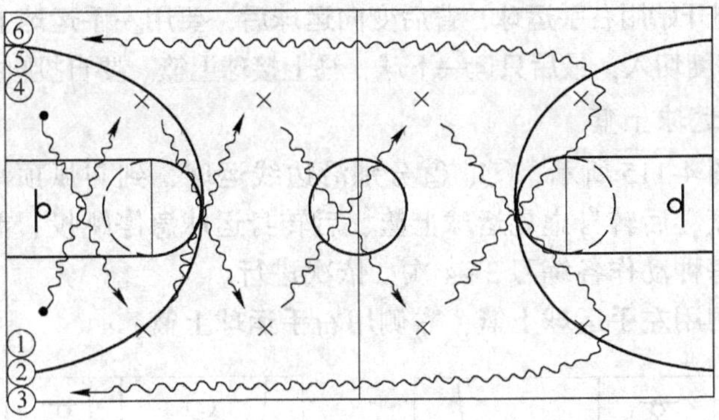


图 4-111

2. 运球与投篮

方法：如图 4-112 所示，队员沿 3 秒区加圈顶进行弧形运球投篮。每人 1 球，自投自抢回到排尾，练习依次进行。

要求：要用远离球篮的手运球。运球弧形切入投篮动作要快，上篮动作要猛。自己投篮，自抢篮板球，不让篮板球落地。

3. 结合传切、投篮的运球

方法：如图 4-113 所示，两人一组一个球，①直线向前运球，②同时向前移动，在罚球圈顶附近，①传球给②后切入接②的回传球，马上进行投篮。②跟进冲抢篮板球。

要求：培养在运球中及时传球的能力。传球要在行进间进行，不许跳起传球。切入要侧身跑，接球后马上投篮。

4. 背后运球变向突破上篮

方法：如图 4-114 所示，每人一球。①用右手运球，到罚球线右侧马上背后

运球变向切入，运球投篮。

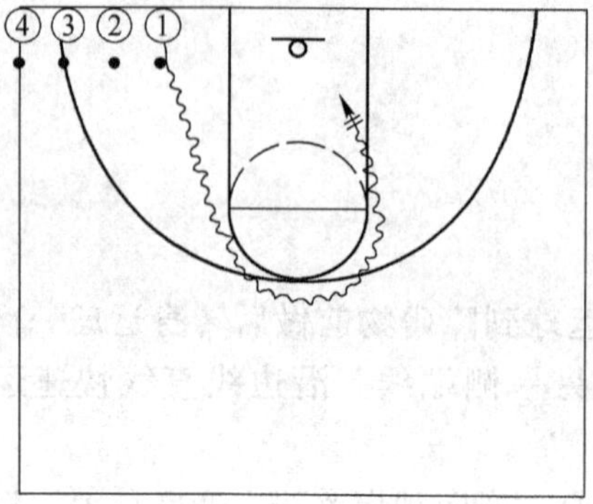


图 4-112

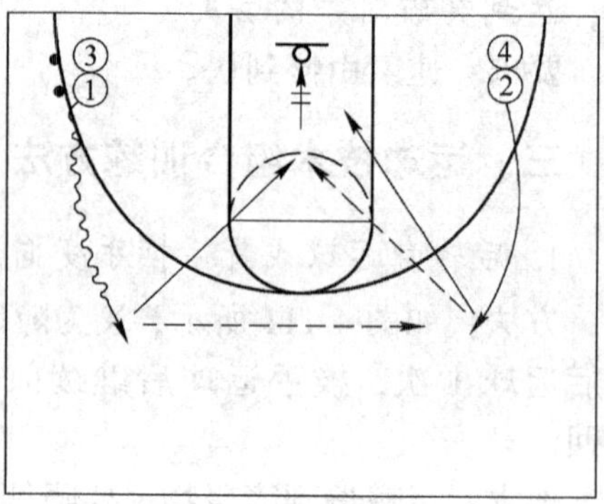


图 4-113

要求：左侧开始用右手运球，背后变向运球后，要用左手运球上篮，右侧相反。变向后要加快速度切入，最后只运一下球，马上接球上篮。要自投自抢篮板球。

5. 后转身运球上篮

方法：如图 4-115 所示，①、②分别沿边线运球，到与弧顶平行时，先后做后转身运球上篮、后转身虚晃运球上篮、后转身运球急停跳投、前转身结合后转身突破上篮。每种动作各练习 3~4 次，依次进行。

要求：左侧用左手运球上篮，右侧用右手运球上篮。

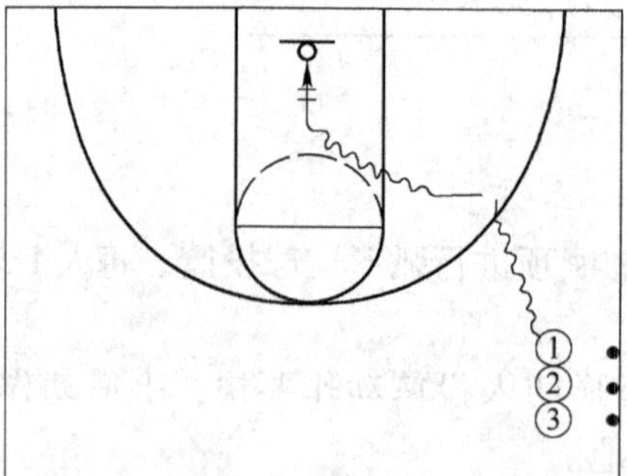


图 4-114

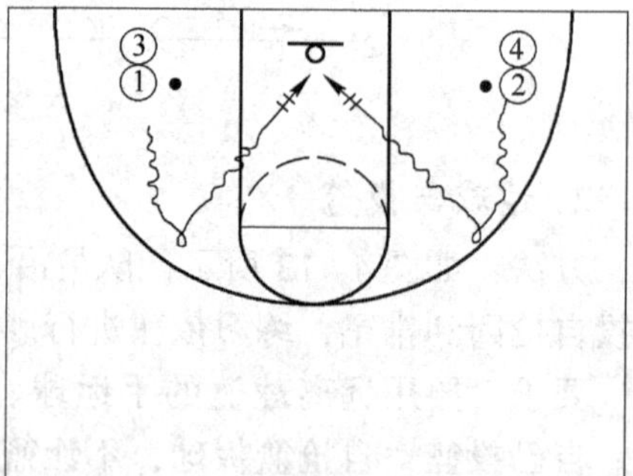


图 4-115

6. 3 人“8”字运球

方法：如图 4-116 所示，①运球切入与③相遇成运球交叉掩护，①传给③，③同样运球切入与②相遇成运球交叉掩护，③传球给②。三人连续运球，位置保持一定的距离。

要求：要运用外侧手运球。运球交叉掩护传球后，要有突破上篮的威胁。注意每次形成配合后的投篮时机。开始可在无防守的情况下进行练习，然后可在有防守的情况下练习。

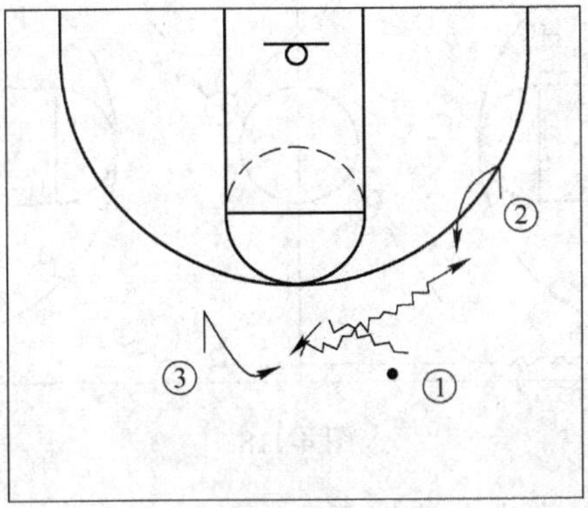


图 4-116

7. 运球急停转身传球，再转身切入接球上篮

方法：如图 4-117 所示，①、④、⑦、⑧各持一个球。①、④同时向前运球，到接近中线急停，转身分别向后传球给②、⑤，立即再转身向篮下切进，⑦、⑧分别传球给①、④投篮，⑦、⑧分别到③、⑥之后，①、④投篮后自抢篮板球，分别站在原⑦、⑧的位置。依次进行练习。

要求：快速直线运球，急停要稳，转身要快，传球要准，切进要猛。做到运、停、转、切、投各技术紧密衔接。

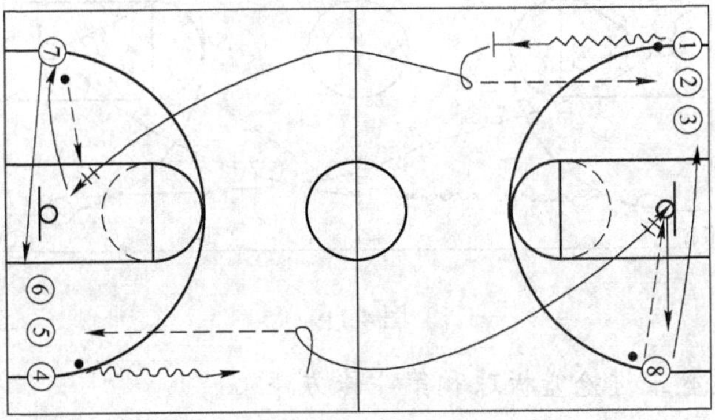


图 4-117

8. 结合行进间传接球和投篮的运球练习方法

如图 4-118 所示，①、⑤各持一球。同时运球到中线附近时，分别传球给④、⑧后，立即向篮下切进，分别接④、⑧的回传球运球上篮，投篮后，再分别将球传给⑥和②。依次进行练习。

要求：运、传、切、投的动作要衔接好，动作协调，不带球走。

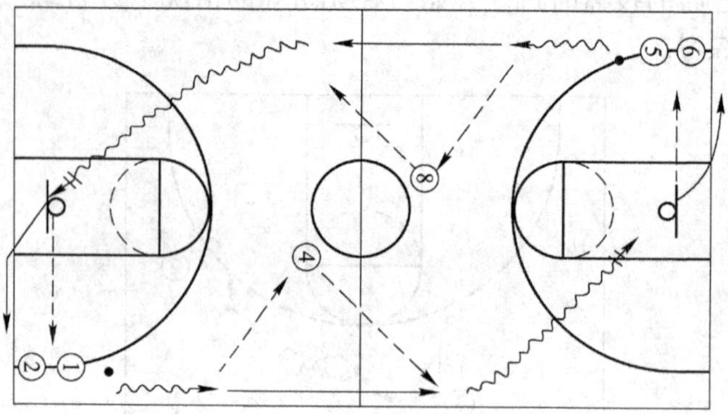

图 4-118

9. 运球推进中结合传球上篮练习

方法：如图 4-119 所示，①、⑤沿边线运球到中场线处，分别传球给沿另一侧边线快下的③、⑦上篮，接着跟进抢篮板球，分别传球给②、⑥，然后跑到⑦、⑧后面。依次进行练习。

要求：运球中传球要及时到位，做到人到球到。

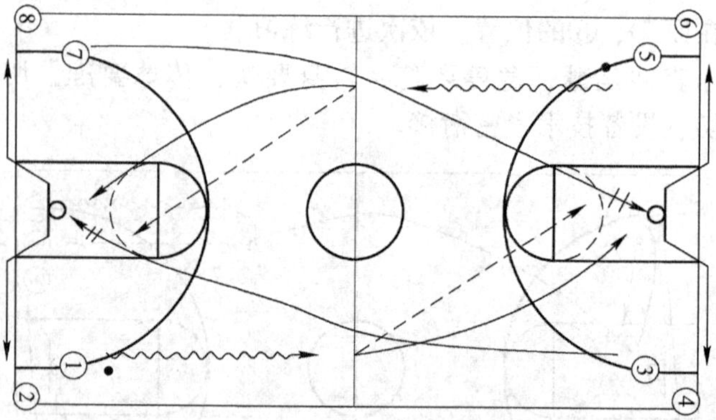

图 4-119

10. 运球上篮跟进抢篮板球和第一传方法

如图 4-120 所示，①、④运球上篮，然后自抢篮板球，及时准确地传给本组第二人，自己到另一组的队尾，依次进行练习。

要求：运球投篮的步法要协调，投篮要准确。抢篮板球要积极，不让球落地。抢篮板球后的第一传要准确、快速、有力。

11. 两人半场运球攻守对抗投篮

方法：如图 4-121 所示，①、⑤运球投篮，②、⑥分别进行防守。①、⑤投

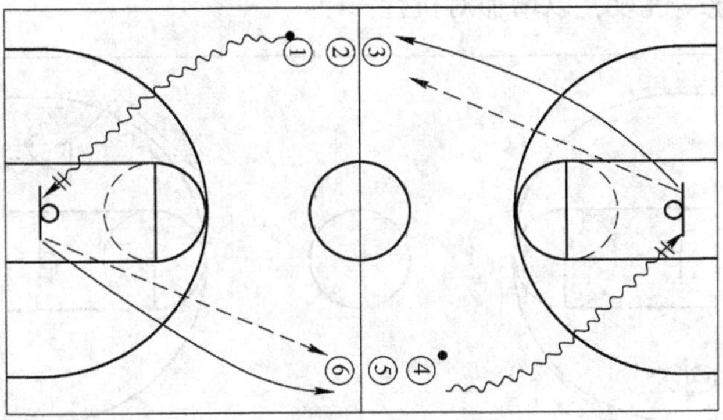


图 4-120

篮后，抢篮板球分别传给③、⑦，①和⑤分别到⑧、④后面。②、⑥进行防守后，分别到③、⑦后面，依次进行。

要求：防守者随练习的次数增多后，逐渐严密防守，增加对抗性。运球队员要力争抢占有利位置，快速上篮。增强对抗时，运球队员可运用各种运球技术动作突破上篮。

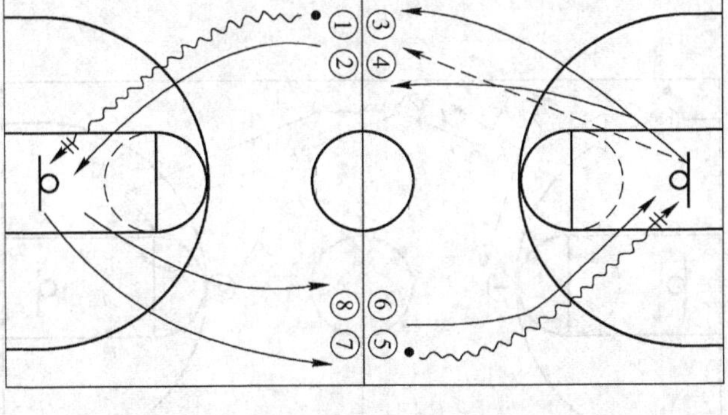


图 4-121

12. 两人全场 1/2 攻守运球对抗投篮

方法：如图 4-122 所示，两人一组分别在两边端线同时开始。①、②可运用各种运球方法，力争突破△的防守。要求△背手防守，练习防守脚步移动，抢占有利位置，让运球队员有机会运用运球突破的动作。几次练习后，改为正常防守或积极防守。攻守交换进行练习。

要求：运球队员要根据防守情况，合理地运用运球技术，动作要突然和快速，并要保护好球。几次练习以后，提倡积极防守，能抢断球由守转为攻；进攻能投篮得分，继续进攻，以增加对抗性。

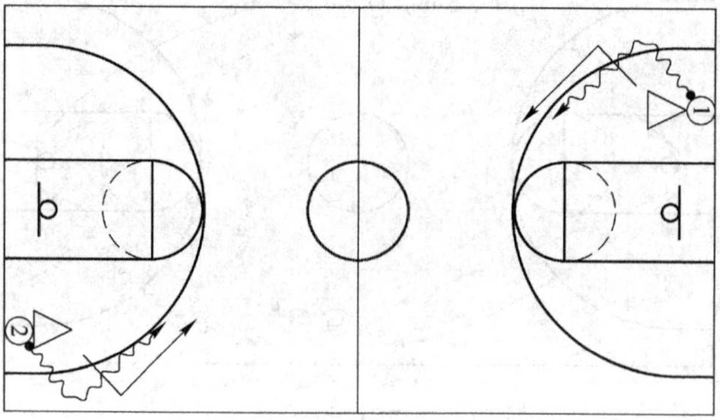


图 4-122

13. 结合传接球、运球、突破的攻守对抗投篮

方法：如图 4-123 所示，①、⑤为接应队员，②开始运球突破△的防守，如被阻止，可将球传给①，并再力争摆脱接球，运球突破，如能突破就马上切入投篮，如不能突破，把球传给⑤，△仍积极防守②，②要继续摆脱△去接球，如接到球，争取运球突破上篮。

要求：提高运球队员的应变和传球能力。在运球中要敢于突破对手，又要注意保护好球。

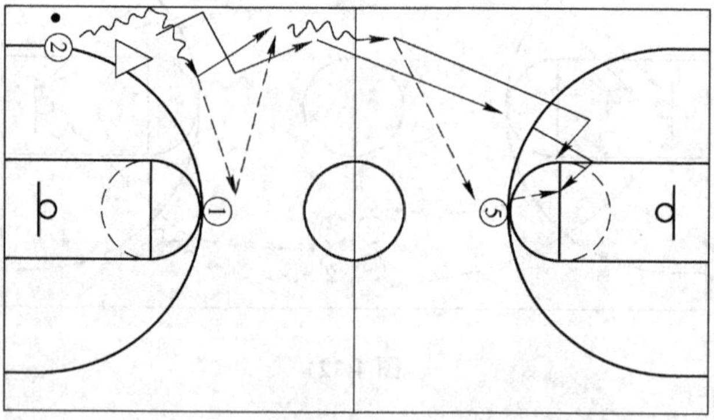


图 4-123

14. 全场一攻四守练习

方法：如图 4-124 所示，△为防守队员，每半场两个防守队员不得过中线。①运球力争突破后场的两个防守队员，向前场运球。这时，前场的两 个防守队员马上进行阻截，①要争取运球突破上篮或寻找有利投篮时机，大胆地投篮。

要求：开始时要消极防守，后积极防守，要避免犯规。注意在运球中不被夹击，不轻易停止运球，要敢于接近对手，突破对手。

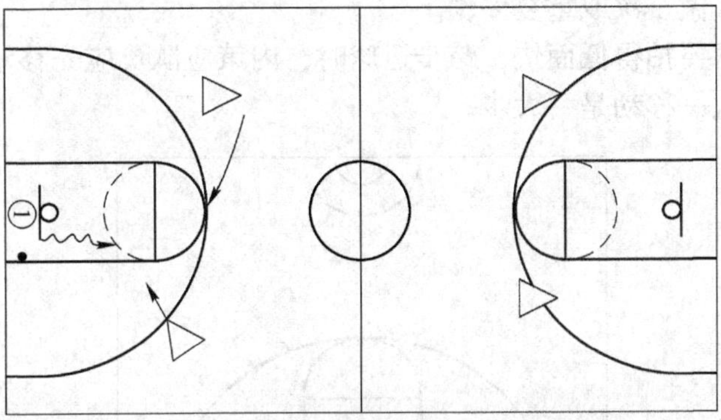


图 4-124

15. 全场一攻一守

方法：如图 4-125 所示，C 为教练，△先防守，C 持球，△防守①，①移动摆脱接球，争取运球突破上篮，△抢篮板球①进行防守，如不能突破，把球传给 C 重新组织，再摆脱防守接球，争取运球突破上篮。

要求：掌握好运球突破，传球和投篮的时机，各种技术动作要衔接好。

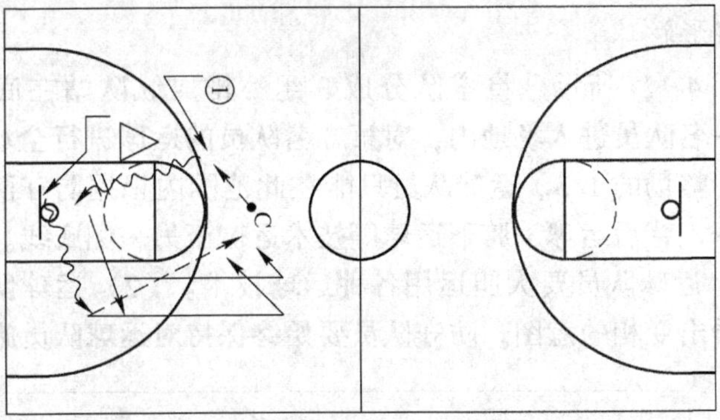


图 4-125

## 四、运球技术重点训练示例

1. 跨步运球练习

方法：如图 4-126 所示，队员站在罚球区的一侧。队员①从图中位置区域手持球，先用左脚蹬地，右脚向右方横跨一步，同时左脚向右方跟进，做横滑跳停的动作，与此同时拍一下球，立即接住球，以低的身体稍前倾、双脚着地的姿势结束这一动作。接着，立即重复此整个动作，直至抵达另一侧的内侧应位置为止，在此等候其他队员。当队员①完成第一次跨步运球跳停后，队员②开始按同样的路线、方向跟着练习。依此顺序练习，待全体队员都抵达另侧时，回到原来位置。此练习可做 1 次或重复多次。

要求：运球要拍得低而快，跨步运球时，内策应队员应先移动与前进方向处于同侧的脚，这一移动是一大步。

图 4-126

2. “Z” 字形运球

方法：如图 4-127 所示，将全队分成 3 组，排成纵队站在底线外，每组一球。每组的第一名队员进入场地内，对第二名队员的运球进行全场防守。每组的练习区域大约占整场的 1/3。运球队员只能在此范围内根据防守队员的位置，运用体前变向运球、背后运球、胯下运球等技术运球至另一侧底线。

要求：（1）运球队员要大胆运用各种运球技术。（2）运球队员变向时，不要让防守队员看出变相的意图。防守队员要始终保持对运球队员施加压力。

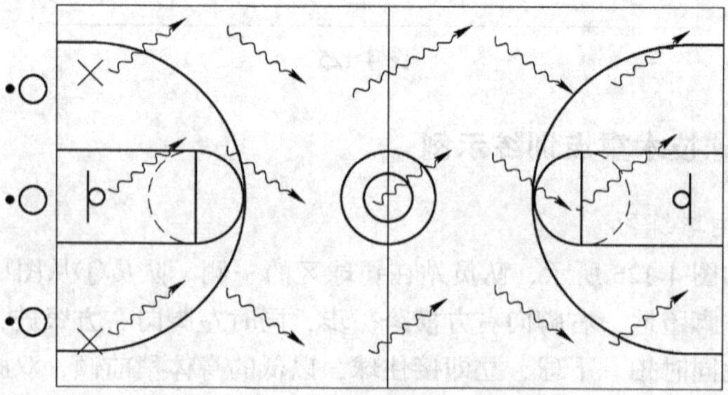

图 4-127

3. “迷魂阵” 运球

方法：如图 4-128 所示，在限制区两侧站位线等距离各站 4~6 名队员的一只脚置于限制区外，另一只脚置于限制区内，组成一个“迷魂阵”。练习队员从罚球线开始，运球穿过“迷魂阵”到底线，然后再运球返回到罚球线，不能丢球。站在限制区两侧的队员用手拍击

运球队员的球，但不能将失控球用双手拿住。如果运球队员的球失控，他可以迅速在失控地点用双手抓住球，然后再继续运球。在整个练习过程中，限制区两侧的队员不能阻止运球队员的行动或将其拉住。队员从罚球线运球穿过“迷魂阵”到底线并安全返回，则将球交给罚球线上的下一名队员。依此类推。

要求：在练习中，运球队员要时刻注意用身体护球，在球失控时要迅速用双手将球抓住。运球队员面临对球失去控制时，应迅速停止运球。

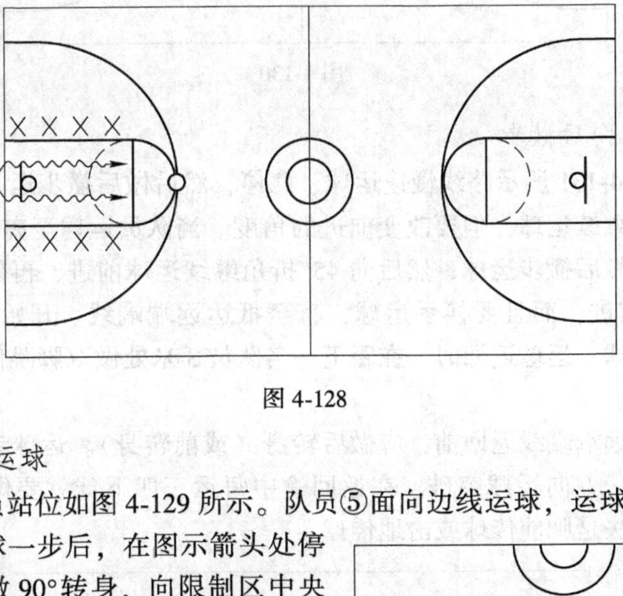

图 4-128

4. 侧滑步运球

方法：队员站位如图 4-129 所示。队员⑤面向边线运球，运球路线向自己的侧方横滑步运球一步后，在图示箭头处停球，拿住球，做 90° 转身，向限制区中央方向侧向滑步运球一次，停球，再沿图示路线做同样动作。动作完成后移至队尾。

要求：运球过程中的变向要快、突然，重心低。

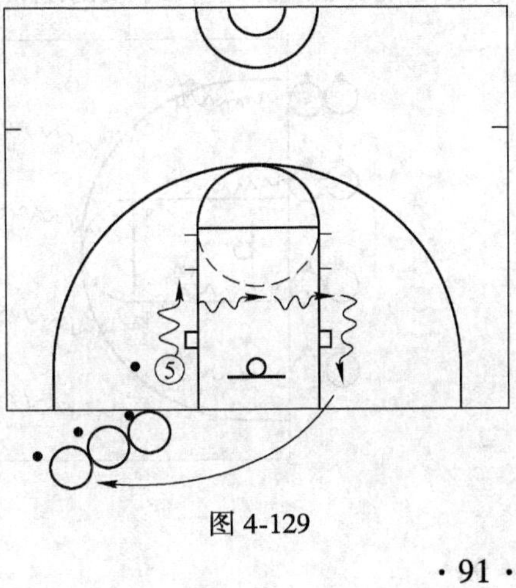

图 4-129

5. 一对一运球对抗

方法：如图 4-130 所示，将全队分成两个进攻组和两个防守组。两个进攻组站在中线附近，分别面向各自球篮，两个防守组分别站在底线外，面向场内，每组的

第一名队员进入场内防守。每组的第一名进攻队员向篮下运球突破进攻，防守队员尽全力防守。每对攻防队员完成一组练习后攻守转换。

要求：运球队员要运用各种运球技术突破防守，防守队员注意脚步的移动，严密防守进攻队员的固定进攻点，并努力将进攻队员控制在限制区外。

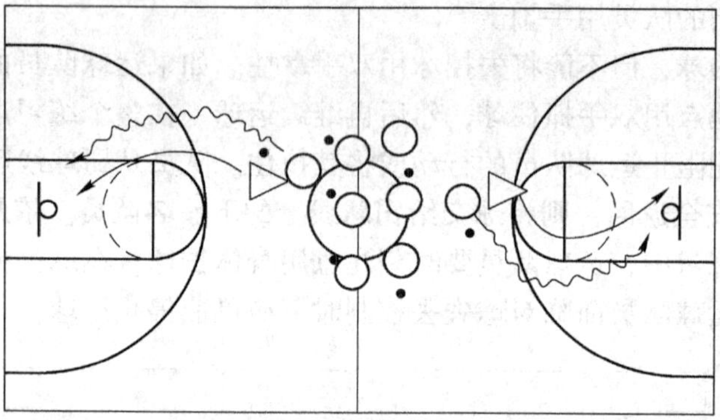

图 4-130

6. 运球中向后撤步

队员按图 4-131 所示路线慢速运球、急停，然后做后撤步运几下球，再按图所示路线绕前继续运球，但要改变前进的角度。当队员运球至离起点；3 米左右的位置时，即做后撤步运球，然后向 45°折角继续运球前进，再做向相反方向的 45°折角运球前进，而且要换手运球，直至抵达远端端线。开始时用右手运球，回程用左手运球。运球返回时，在距下一名队员 3 米处做双脚跳停步，并将球传给下一组队员。

要求：从远端端线返回前，应做后转身（或前转身）。运球者可以向后撤几步，然后从另一方向运球突破。在返回途中每运三四下球就要做一次运球后撤步。传球的方法是胸前传球或击地传球。

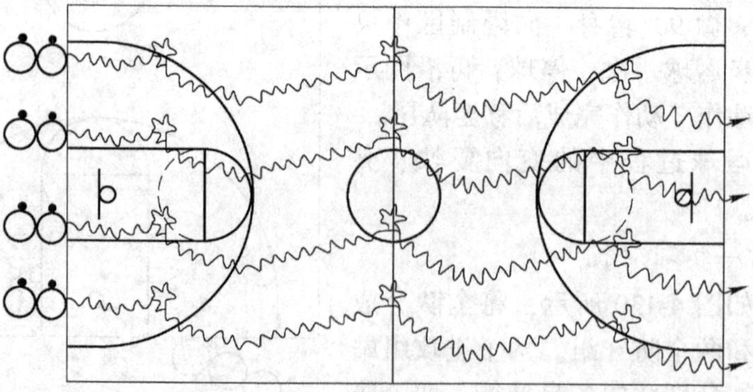

图 4-131

7. 运球—转身—传球

方法：如图 4-132 所示，将全队分成 4 组，分别站在半场的角上，每组的第一名队员持球。练习开始，每组的第一名队员运球至罚球圈，然后跳步急停，向左侧后转身，传球给左侧组的队员，然后跑到该组队尾。接球队员继续上述练习。此练习有无球均可，在练习时要注意两侧转身练习。

要求：队员要正确的运球、良好的跨步急停和转身、准确的传球。同时强调战术纪律，培养队员战术配合意识。

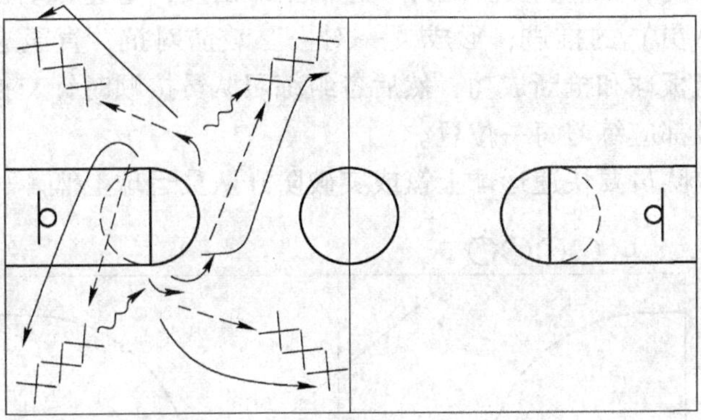

图 4-132

8. 快攻的发动与运球推进

方法：如图 4-133 所示，两名队员站在罚球线的两端，另一名队员（假想为抢篮板球队员）持球站在限制区内。此练习从持球队员自投自抢篮板球开始。他抢到篮板球后，立刻就近传给已迅速拉到边线附近的接应队员，另一名队员迅速插到弧顶，接队友的第二次传球，然后迅速运球通过中场。抢篮板球队员和另一接应队员沿边线两侧迅速快下，运球队员至前场的罚球线处将球传给任意队友进行上篮。

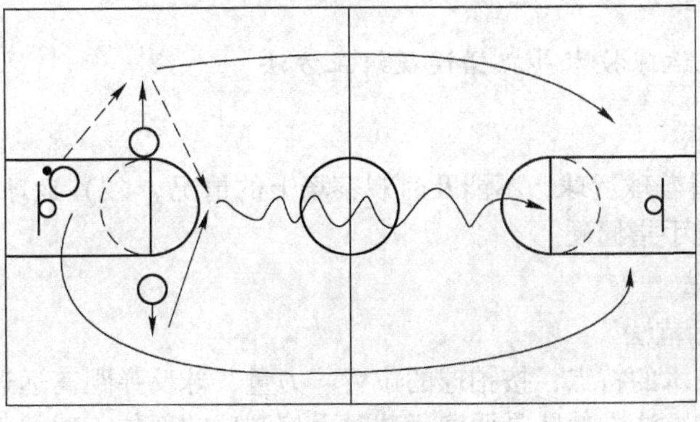

图 4-133

要求：接应队员要快速运球或做一次突破，抢篮板球的队员要正确运用脚步移动、身体挡人，同时提高队员传球的准确性。

9. 一传与运球进攻

方法：如图 4-134 所示，将队员分成 B、A、C 三组。B 组（抢篮板球组）队员站在篮下自投自抢篮板球，然后向接应队员一传。A 组（接应组）队员接球后向另一球篮运球推进。C 组（防守组）队员负责防守 A 组队员。练习开始，B 组队员自投自抢篮板球，传球给 A 组队员，A 组队员向另一半场运球上篮。当 A 组队员接到传球时，C 组队员要从另一边线立即出发，全速移动至场内并阻截运球队员（A 组队员）的推进，形成“一对一”攻防对抗，直至进攻队员得分或防守队员抢获篮板球和抢断成功，然后各组练习队员按顺时针交换位置，并站到队尾。所有队员都应练习每一位置。

要求：接应队员要快速运球上篮或突破防守队员运球上篮。

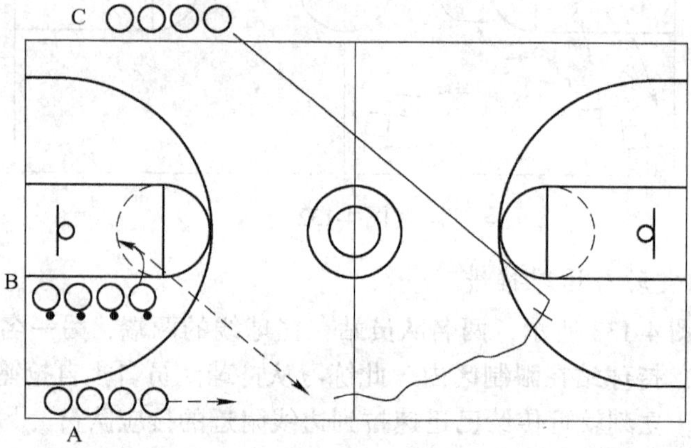


图 4-134

## 五、运球技术常见错误及纠正方法

### （一）原地运球技术易犯错误及纠正方法

1. 易犯错误

（1）低头看着球运球，不能及时观察场上的情况。（2）运球时身体不放松，掌心触球、手腕手指僵硬。

2. 纠正方法

（1）讲解示范法

强调运球技术的特点，按拍球的位置、力量，球反弹距离远近，并在练习中随时提醒其动作方法，使队员明确运球时手控制球的部位，球的落点。或队员成体操队形，跟随教练徒手做运球练习，纠正运球时身体不够放松，尤其是臂、腕、指僵硬和掌心触球的错误。提示手指自然张开，肘部弯曲以肘为轴，或以肩为轴上下摆动，做手腕上扬和下压动作。

（2）变换速度练习

队员每人一球成体操队形站立，根据教练口令在快速与慢速交替中原地运球。要求运球动作要放松，运球时动作正确。

### （二）高运球和低运球技术易犯错误及纠正方法易犯错误

1. 易犯错误

（1）低头看着球运球，不能及时观察场上的情况。（2）运球时身体不放松，掌心触球、手腕手指僵硬。（3）球与身体速度配合不协调。（4）运球时，球的落点不在身体的侧前方，而是在身体的正前方，或球离身体太远或太近。（5）运球过高，手触球的时间长，出现带球跑。（6）低运球时没有屈膝降低重心，而是低头弯腰运球。

2. 纠正方法

（1）讲解示范法

强调运球技术的特点，根据球的位置、动力、球的弹跳距离。同时在练习中要注意动作的方法，使球员清楚地掌握运球手控球部位、球落点。

（2）诱导法

队员行进间高运球或低运球，教练做不同号码的（裁判）手势，队员要根据教练所打的号码手势大声呼喊出，纠正低头看球运球的错误。或戴运球眼镜练习，用纸板自制运球眼镜进行练习。

（3）数数运球练习

队员每人一球，练习时，通过数数，以此进行练习，体会手对球的控制感觉。

（4）变换速度练习

队员每人一球成体操队形站立，根据教练口令在快速与慢速交替中运球。达到运球动作要放松，运球时动作正确的目的。

（5）两人互看运球练习

两人一组，原地相距 2 米站立，运球时两腿弯曲，降低身体重心，上体前倾，头抬起，互看对方胸部高度进行运球练习。练习时，始终保持正确的低运球姿势，要注意根据同伴的运球速度而变换自己的运球速度。

### （三）运球急停急起易犯错误及纠正方法

1. 易犯错误

（1）运球急起急停时，队员的脚步动作与球的速度配合不协调一致。

（2）运球急起急停时，由于按拍球的部位不够正确，而影响动作的突然性。

2. 纠正方法

（1）讲解示范法

通过语言强调急停时，最后一次运球，按拍在球的正上方，运球急起时要拍球的后上方。通过不同的示范方法，使队员了解按拍球的部位与急停急起的关系。

（2）诱导法

又分徒手模仿练习和原地运球的各种手法练习。徒手模仿练习：根据教练口令，集体徒手做急起急停的模仿练习，目的是纠正急起急停时，队员的脚步动作与球速配合不协调一致的错误。

原地运球的各种手法练习：根据教练口令，队员原地做推球的后上方—拉球的前上方—按拍球的正上方的综合手法练习。目的是纠正因按拍球的部位不够正确而影响急起急停动作的突然性错误。练习时，应体会正确的按拍球的部位，身体重心随球的前后移动而移动。

（3）变换法

队员根据教练指令，做走动、慢跑低运球练习。目的是纠正运球急起急停时人与球的速度不协调的错误。要求运球时要降低身体重心，抬头观察场上情况。运球的速度与走、跑的速度要保持协调一致。

### （四）体前变向换手运球易犯错误及纠正方法

1. 易犯错误

（1）运球时手接触按拍球的部位不对，翻腕动作过大，停球时间过长，造成二次运球或带球跑。（2）变向时身体重心高，蹬跨动作无力，缓慢。（3）换手运球慢，没有加速超越的动作。

2. 纠正方法

（1）讲解示范法

通过语言强调，提示运球变向时按拍球的右（左）上方，变向运球是横向体前，不要离身体太远。变向的同时左（右）脚向左（右）前方跨出，上体侧转保护球。多做原地的分解和完整示范，及练习时运用语言诱导，如“降重心”“加速”等。

（2）诱导法

又分原地或行进间徒手练习和原地连续体前换手运球。

原地或行进间徒手练习：队员集体跟教练做徒手模仿运球动作，根据教练口令做体前变向运球。目的是纠正正过度转动手腕和换手太慢的错误。

原地连续体前换手运球：队员成体操队形，每人一球，两脚平行站立，原地运球在脚尖的侧前方，根据教练的口令，教练喊“一”时原地运一次球，喊“二”时体前变向，以此循环。目的是纠正换手运球动作慢，手接触按拍球的部位不对，翻腕动作过大的错误。要求运球的力量要稍大一些，换手运球动作要快，手要按拍球的左（右）侧上方。运球变向时不要有明显的翻腕动作，应是“推送”到身体的另一侧，上体要随换手变向的同时稍侧转。

（3）限制法

又分障碍、信号限制练习和利用各种障碍物练习。

障碍、信号限制练习：队员3~5人一组用一球，成纵队前后相距2~3米左右。练习时，最后一人运球到同伴跟前时，同伴侧平举起手臂，以便对方从臂下变向运球通过，同时立即将手臂放下。运球者不得碰上同伴手臂或被放下的手臂碰上，依次轮流运球练习。目的是纠正变向时身体重心高，蹬跨动作无力、缓慢等错误。要求运球变向时降低身体重心，换手动作要快。跨超越动作要有力、突然。

利用各种障碍物练习：根据设立木柱或椅凳等障碍物，队员在场内进行运球变向练习。目的是纠正换手动作慢，手接触按拍球的部位不对等错误。要求变向时换手动作要快，降低身体重心，不得有翻腕动作，并注意按拍球的部位要正确。

（4）变换法

又分变换练习速度和变换练习对手。

变换练习速度：在较慢的运球跑动速度中进行体前换手变向运球练习。目的是纠正运球中手接触球，按拍球的部位不对，翻腕动作过大的错误。要求练习中注意运球变向时按拍球的部位，球在手上停留时间不得过长，不得有明显的翻腕动作。

变换练习对手：通过增加防守队员，由原地站立不得移动到可以移动并可以伸手掏打球，运球者在防守队员面前进行体前变向运球。不断增加练习难度，纠正运球中换手运球动作慢，没有加速超越对手的错误。

### （五）运球转身易犯错误及纠正方法

1. 易犯错误

（1）运球转身前没有将球控制在身体侧面，球仍在身体侧前方（2）运球转身过程中，不能做一次拍球完成，而是拍两次球。（3）运球转身时身体重心上下起伏，或身体后仰。

2. 纠正方法

（1）讲解示范法

通过讲解示范，运用语言加以强调。运球转身时，按拍球的前上方，并将球拉向身体的侧方并靠近身体。运球转身时身体重心要平稳，不得上下起伏。多方论证，对错对比论证，让团队看到每一个技术动作的细节。

（2）诱导法

分为原地做徒手模仿练习、行进间做徒手模仿练习和背向前进方向的后撤步运球练习。

原地做徒手模仿练习：运动员站成体操队形，两脚平行张开，按照教练的指令做以下练习，原地做高运球转身约 30°，并做换手运球动作，随后逐渐加大转动幅度。

行进间做徒手模仿练习：队员慢跑做运球模仿动作，当听到教练口令后做跨步急停并立即做运球转身的模仿动作。目的是纠正运球转身时身体重心上下起伏，上体后仰及运球转身不是一次拍球完成的错误动作。要求重心不应上升和下降，身体在转弯时不应向后倾斜。运球转身时拉球动作和转身动作一拍完成。

背向前进方向的后撤步运球练习：队员背向前进方向，两脚平行开立做原地运球。根据教练口令做：运球手的同侧脚向同侧后侧方撤一步，并模仿转身运球的动作转体 45°，随动作交换手运球。

动作熟练后，左右手可连续做背向前进方向的后撤步运球练习。要求运球转身前的最后一次运球要将球控制在体侧。运球转身时手臂要靠近身体，手控制球不能出现“划弧”动作。

（3）变换练习法

通过增加难度，教练进行防守，当球员运球和转身传球时，教练从后面扣球。目标是纠正运球时球离身体太远的错误，而不是一次射门。同时要求运球转身一次完成，动作一致。运球转身时，应加强手控球，使球靠近身体一侧。

### （六）背后运球易犯错误及纠正方法

1. 易犯错误

（1）背后运球变向之前，运球的位置离身体太远，球的反弹高度太高。（2）背后运球变向时出现挺腹动作。（3）背后运球时手部动作与脚步动作配合不协调。（4）手按拍、接触球的部位不对。

2. 纠正方法

（1）讲解示范法

①语言强调背后运球的手法为“拉”球——将球拉到体侧后方，“转”球——手掌立即转向前方，“拍”球——拍球的右（左）侧后方。②背后运球的同时左（右）脚迅速向左（右）前方跨出。③示范多采用手法与步法的分解示范，示范动作不要太快。

（2）诱导法

原地手法模仿练习：队员成体操队形，根据教练口令做“拉转一拍”的背后运球手法模仿练习，依此反复练习。目的是纠正背后运球时手接触、按拍球的部位不对的错误。

（3）变换法：分为变换难度练习和改变前一条件练习。

变换难度练习：队员每人一球，并在自己面前假设一条线，练习前左（右）脚踏在线上，练习时做一次前拉后推运球，紧接着做背后运球，同时左（右）脚后撤，右（左）脚跨步踏线依此反复练习。目的是纠正背后运球变向时挺腹，手、脚动作配合不协调的错误。要求身体重心始终稍向前，不得有直立和挺腹动作。背后运球时的撤步与跨步要快，手脚配合要协调。

改变前一条件练习：两人一组，队员开始慢速运球，背后运球后立即加速。目的是纠正背后运球时手脚动作配合不协调的错误。要求慢速运球时，就要做好背后运球的准备。背后运球的同时，做好跨步、侧身、加速。

### （七）胯下运球易犯错误及纠正方法

1. 易犯错误

（1）胯下运球击地点偏前或偏后。（2）胯下运球时两手配合不好，非运球手没有主动迎球，接球时间过晚。（3）胯下运球时手与脚的配合不协调。

2. 纠正方法

（1）讲解示范法

语言强调，胯下运球变向时与向前跨步的同时，按拍球的侧上方，运球时“送球”时间要长，两手同时做胯下交接球。

（2）诱导法

分为原地或行进间模仿练习和原地运一次球做一次胯下运球练习。

原地或行进间模仿练习：队员成一列横队，根据教练口令原地或行进间做胯下运球的模仿练习。目的是纠正胯下运球非运球手接球晚及手脚配合不协调的错误。行进间练习时，向前跨步的同时做胯下运球动作。

原地运一次球做一次胯下运球练习：队员成体操队形，两只脚平行打开，原地体侧运球一次，接着做胯下运球。连续进行练习。

（3）变换法

分为跨步走步连续胯下运球练习和改变前一个条件练习。

跨步走步连续胯下运球练习：队员大步向前慢走的同时左右连续做胯下运球。目的是纠正胯下运球时击地点不正确以及手与脚配合不协调的错误。

改变前一个条件练习：队员成一排横队运球慢跑，当听到教练的信号时，立即急停做胯下运球练习。目的是纠正运球时手与脚配合不协调的错误。要求急停时身体重心下降、两腿前后开立稍大些，急停同时做胯下运球。

## 六、运球技术教学与训练建议

任何一种带球方法的教学，都应先讲解带球时身体的基本姿势，以及压球时手臂、肘部、手腕、手指和身体的协调性。

在教学运球、停球和改变运球方向时，应说明触球位置、力的方向、身体的大小和运动。

教运球转身、胯下运球时，应讲解运球中转身时脚的碾地动作，手拉球的部位、动作，以及身体姿势。

教综合技术时，主要讲解各项技术之间的衔接时机和方法、变化规律、身体动作和协调方法。

# 第五章

# 位置技术的教学、训练法

## 第一节　位置技术训练内容

### 一、位置技术教学、训练的主要内容与安排

#### （一）位置技术教学、训练的主要内容

1. 前锋

（1）进攻技术

甲：各种摆脱接球，包括原地摆脱、纵切、横切和反跑等。

乙：传接球、运球和运球突破及各种投篮。

丙：抢进攻篮板球。

（2）防守技术

甲：防守对手和各种摆脱接球。

乙：防守对手传、接球，运球突破和投篮。

丙：抢防守篮板球。

2. 后卫

（1）进攻技术

甲：运球和运球突破。

乙：传、接球。

丙：投篮。

（2）防守技术

甲：防守运球和运球突破。

乙：防守传、接球。

丙：防守投篮。

3. 中锋

（1）进攻技术：抢位与接球。

乙：策应与传球。

丙：投篮。

(2) 防守技术

甲：防守运球和运球突破。

乙：防守传球、接球。

丙：防守投篮。

(二) 位置技术教学、训练的安排

位置技术训练应该在综合技术培训的基础上，根据每个人的特点、技术专长和适合的位置分别进行。在教学中应先安排面向篮的外线技术，后安排背向篮的内线技术。课中可抽出独立作业的时间，把他们分成三个小组，即前锋，后卫和中锋，同时练习。在技术训练中，可以先进行进攻技术训练，然后进行防守技术训练，最后进行进攻、防守对抗训练，提高实战能力。

## 二、位置技术的易犯错误及其纠正方法

第一，抢位与接球动作不熟练，步法不正确，动作力度不够，接不到球。

纠正方法：①讲解示范法：讲解正确的抢位与接球方法，使学生建立正确概念。②意念训练法：将自己感知过的技术，通过表象重现、想象以及自我暗示的方式，使第一、二信号系统的信息结合，进而达到纠正错误的目的。③诱导法：防守者在身后、身侧、身前（绕前）时的固定抢位接球练习。“感知对方位置和动向，扩大视野”。④限制法：在场地上标识出插步的落点，使学生按照教师的意图完成技术动作。

第二，中锋在内策应位置背向篮板球做插步挤投时，插步无力或插步方向不明确、抢不到有利投篮位置。

纠正方法：①讲解示范：讲解和示范正确插步挤投的动作方法，使学生建立正确的概念。②限制法：甲：在消极防守下，模仿插步挤投的方法，建立正确的动作定型。乙：插步时，通过外力助推，帮助队员抢占有利位置。丙：标明插步位置，使学生按路线练习插步的动作。对抗法增加对抗难度，体会插步动作和挤、靠、压下的用力动作。

第三，中锋持球做挤投时，当一侧堵死，不会向另一侧转身进攻，丧失进攻时机。

纠正方法：①讲解示范：讲解和示范正确动作方法，建立正确的动作概念。②诱导法：变向攻击时，防守者“助力推”帮助转身。③限制法：限定防守者只许堵一侧，放一侧时，帮助进攻队员从另一侧进攻。④对抗法：增加对抗强度，体会防守者堵位和用力地虚实，灵活进攻。

第四，当中锋遭受夹击围守时，不能及时传球给无人防守的进攻同伴，而是盲目强攻，造成带球撞人、失误或降低成功率。

纠正方法：①讲解示范：讲解和示范正确的动作方法，使学生建立正确的动作概念。②诱导法：一对一进攻时，教师给出夹击信号，进攻队员立即传球。③限制法：二对二进攻时，限制夹击队员只准使用脚步动作，不得抢断球，进攻队员体会及时准确地传球。④对抗法：三人夹击时的中锋传球练习。

## 三、位置技术的运用与教，提示

### （一）位置技术（以中锋技术为例）运用

1. 中锋进攻

（1）及时观察，准确判断

观察和判断是中锋正确运用技术的前提，贯穿于整个比赛的每一项技术。观察就是要看清楚其他九个人在场上的活动情况，用眼睛的余光，视野要开阔。特别是中锋要知道对手的位置、距离、重心、体形、身体素质等。判断是根据观察所得的信息，综合分析对手的动作，判断对手的意图，预见对手的行动，然后做出正确的行动。好的时机就是对手的时机和位置在干扰或干扰较少的情况下完成动作，才能达到最好的效果。

（2）合理运用假动作，迷惑对手

中锋在运用技术时，应善于合理运用假动作，隐瞒自己的真实意图，欺骗对手，往往有事半功倍的效果。中锋利用他的身体、动作、球，甚至面部表情和眼睛做出各种动作，使对手产生错觉，使他的位置、距离、重心和动作发生相应的变化，然后他改变自己的动作和方向，完成真实的动作。

（3）对抗中主动用力，保持出手稳定

中锋的活动范围是在禁区内和周围，这是最激烈的攻击和防御领域，中锋各项技术的运用多是在贴身攻、防中完成的。因此必须学会主动用力，合理地保护自己，在做动作时，身体接触的部位应紧张有力、用身体的合理部位如腿、臀、臂、腰、背去挤、顶、靠、压对手，保持自己动作的稳定，又可造成对方犯规，没有接触部分应协调放松，保持动作准确性。

（4）一点两面，灵活变化

中锋各项技巧的运用，一定要灵活，在方向上左可右，在距离上可远可近，当一个方向被阻挡时，自然地向另一个方向转移进攻。双方都增加攻击方向，扩大攻击点。如中锋插步挤投，如果没有遇到防守可顺利完成投篮，如遇到防守，可向反方向做横跨步勾手投篮或转身投篮。还可以利用运动节奏的变化，突破加减速攻击，也可以达到很好的效果。

(5) 在战术组织下，主动攻击

中锋处于阵地进攻的腹心，许多队的战术配合是通过中锋进行的，例如通过中锋的策应配合，中锋的掩护配合或通过中锋的强攻配合，在这种战术组织下出现的投篮、传球或突破时机，应采取果断行动，这样来获得良好的效果。

(6) 内、外结合，发挥全队优势

中锋在篮下持球时，往往会受夹击，此时中锋不要勉强进攻，而应及时传球给被漏防的同伴，给同伴创造一个无人防守的投篮机会，做到内外结合，有时中锋也可以突然跑到外线，把篮下拉空，给同伴创造空切、背切和突破的机会，使战术配合得更加灵活机动。

2. 中锋防守

提高步法的灵活性，速度，改变和加入各种步法动作的能力。

提高观察判断能力，根据球和进攻中锋的站位和意图，选择有利的防守位置。在强侧防固定无球中锋时，要保持若紧若松状态，既能主动用力，又可行动自由便于抢占有利位置。

当进攻中锋空切时，应提前堵截防守，进攻中锋进入限制区应贴身防守，胸、臂、胯和腿主动用力，防止进攻中锋在限制区接球。当进攻中锋接球后，要面对防守，防进攻中锋投、突、传、运。

防守无球中锋时应树立“防一个半人”的观念，除了防止进攻中锋以外，它还应该帮助防御或填补其他合作伙伴的漏洞。

投篮后应积极争取篮板球，先将头伸入抢球位置，拿到球后迅速传球，然后跟进抢断，或落位进攻。

(二) 教学提示

位置技术必须在全面的基础技术培训的基础上，然后根据每个位置需要的技术进行强化培训。教学和训练的顺序应是先熟练掌握一个动作，然后再结合技术训练，从而提高技术的应用能力。

教学训练中，先在无防守的情况下练习，再进行有防守的练习。先做被动对抗性练习，再做主动对抗性练习。在对质训练中，要特别注意观察、判断和把握好时间的使用。

技术培训应以战术为背景，使技术培训与战术培训紧密结合，提高教学和培训效果。

教学训练中应留出一定时间进行独立作业，让队员进行个人位置训练。可以添加各种情景，创建不同的情景，增加对抗的难度。如中锋在限制区腰上背向篮进攻，防守者可以换成不同高度和体重的人去防守，进攻中锋可以根据不同的防守对象使用不同的进攻行动，以提高技术的应用能力。

# 第二节 队员各位置技术训练

## 一、中锋位置技术训练

### (一) 中锋队员移动要位接球

由于现代中锋队员能跑能跳，能跳投，能突破，能灵活地移动要位接球或移动掩护、转身等，所以中锋背对篮站在篮下的情况减少，经常是根据外线队员持球的位置而采用背对端线或面向篮筐的站位方式，以便更好地移动要位进攻。快速灵活地移动要位接球是当代中锋的一项重要技术。中锋队员移动要位接球有如下几种方法：

方法1：背对篮上、下移动要位，见图5-1。⊗1与⊗2互相传球，①上、下移动要位。移动时可采用滑步或碎步，接球时应采用抢步（突然上步）并扬手要球，另一手臂屈臂抬肘。

方法2：见图5-2。①面向篮，摆脱横滑步要位或侧身跑要位接球。

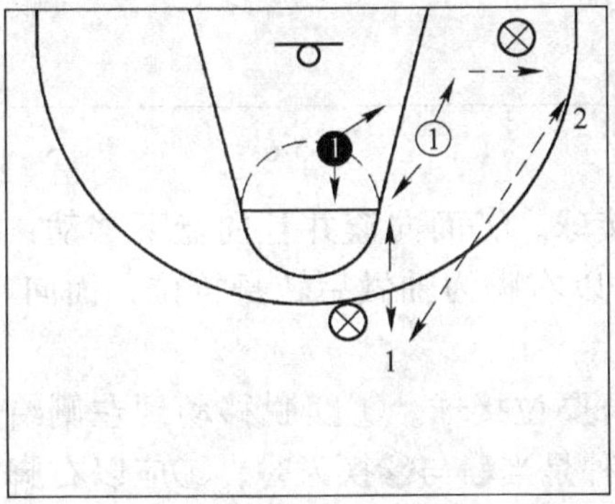


图5-1

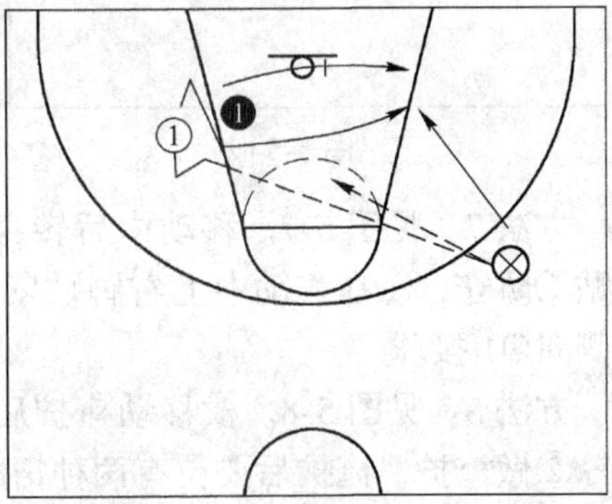

图5-2

方法3：见图5-3。①面向篮，下压摆脱，突然攻击步上滑到外中锋位置要位接球。

方法4：见图5-4。①做摆脱动作后，从外中锋位置的一侧向另一侧移动要位接球。移动可采用横滑步或碎步。

方法5：见图5-5。①面对篮摆脱下顺要位。

方法6：见图5-6。①背对边线向上摆脱做要球动作。要球时，伸臂探上体，但重心留在后腿上，当防守队员❶抢步防接球时，突然向篮下反跑接球。反跑时，如果内侧脚在后时，可采用后脚先起动的方法；如果内侧脚在上时，外侧脚先做后撤步，挡住防守人，然后快速以外侧脚为轴做前转身要位接球。

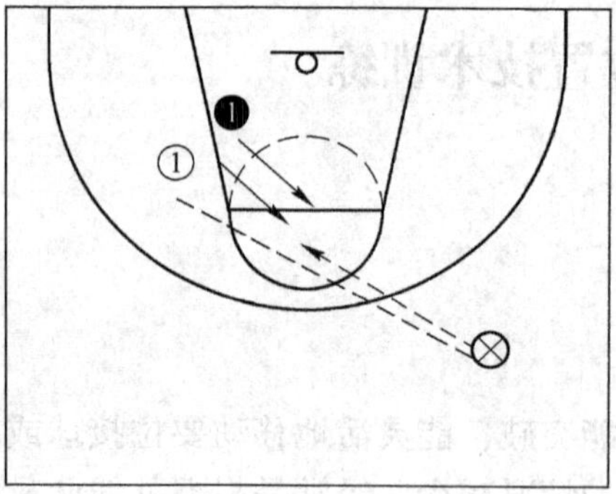

图 5-3

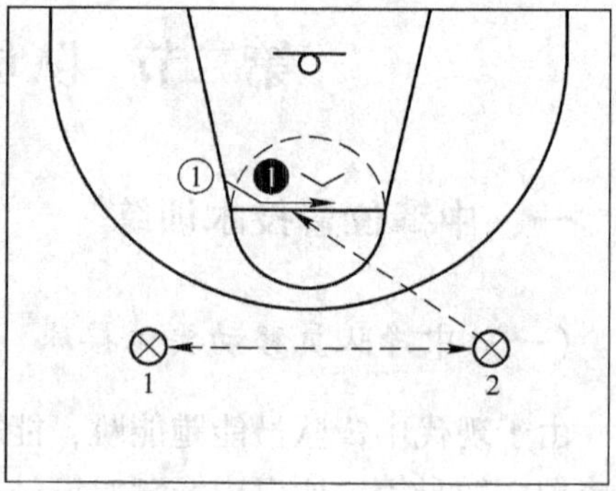

图 5-4

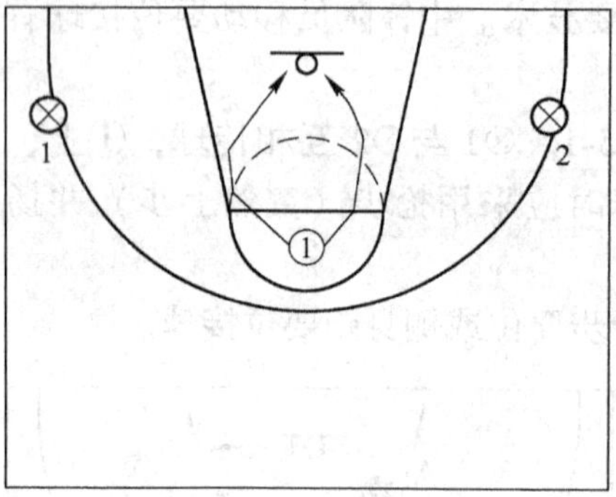

图 5-5

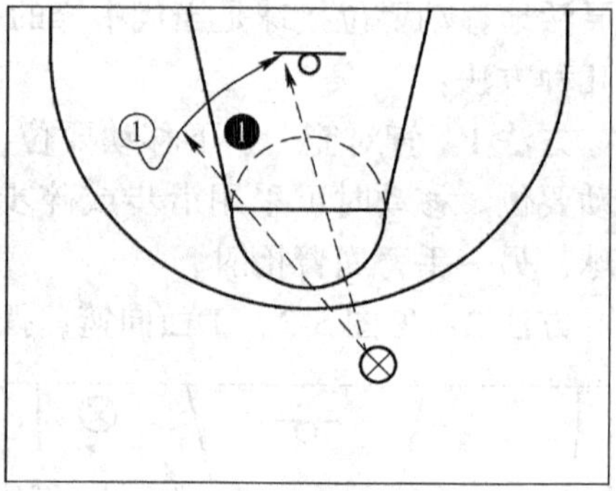

图 5-6

方法 7：见图 5-7。移动中后转身要位接球。①面向篮并且向篮下移动，❶紧贴①防守，①在移动中上右脚贴紧❶，并以右脚为轴做后转身抢位，面向⊗1 或侧向⊗1 接球。

方法 8：见图 5-8。横移动掩护后的转身要位接球。①摆脱移动到左侧给内中锋②做掩护，掩护后要位有两种情况。一种是当❶与❷换人时，①应以右脚为

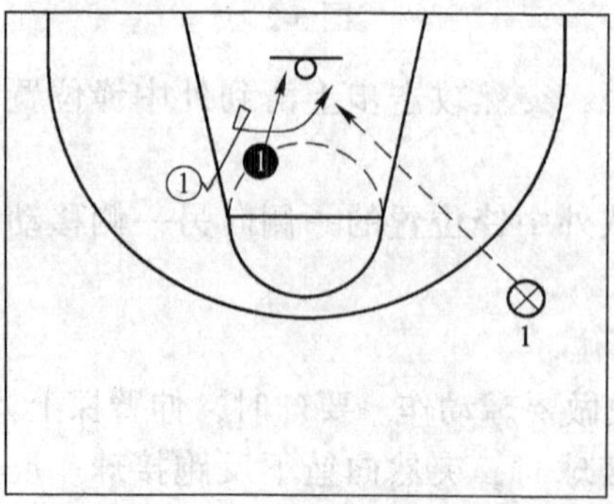

图 5-7

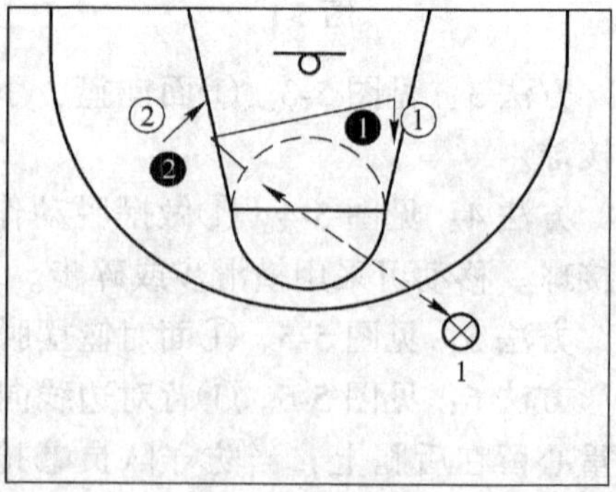

图 5-8

轴后转身把❷挡在身后。另一种是当❷挤过时，①应以右脚为轴后转身把❶挡在身后要位接球。

方法9：给同侧前锋队员掩护后的要位，见图5-9。①背对端线跑上给前锋队员②掩护。②空切篮下后，①后转身换出或向侧跨步后上插移动要位。

方法10：外中锋给内中锋掩护后，转身要位，见图5-10。①给②掩护，如果❷与❶换防时，①以右脚为轴做后转身把❶挡在身后。如果❶挤过时，①可突然外拉要位。

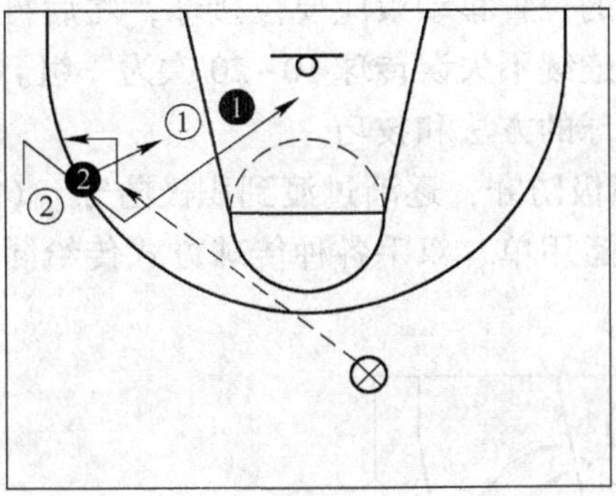

图5-9

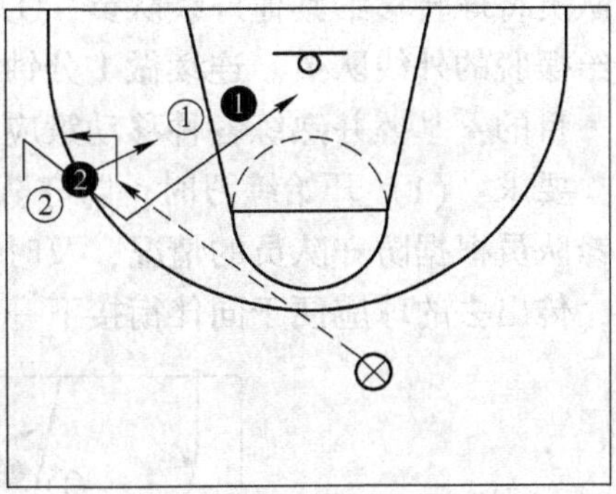

图5-10

方法11：原地挡人要位，见图5-11。①根据❶的防守位置，两脚开立，占据有利的位置，扬起左手或右手要球。另一手屈臂抬肘侧举，占据空间位置，肩、背用上“内劲”把❶挡在身后或体侧，同时结合碎步不断地与❶争夺有利的位置。练习时，教练员根据①移动要位的情况，可将球传给①。

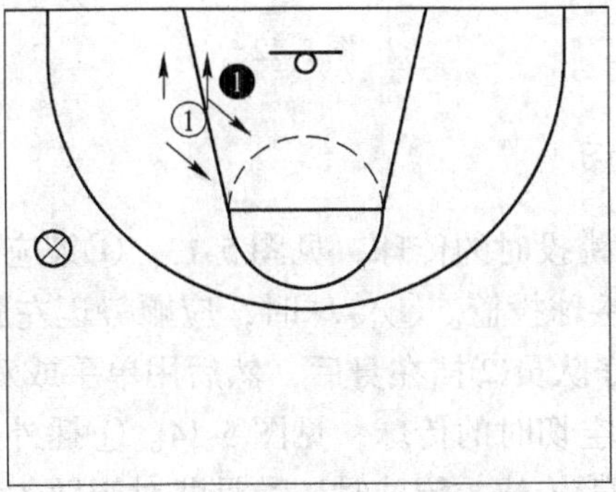

图5-11

教学训练安排：根据练习方法，队员两人一组或四人一组，攻守轮换。

目的：掌握内线队员移动要位的各种方法和要位技巧。

要求：（1）内线队员距篮近，攻守对抗激烈，所以移动要位时，不要怕碰撞。（2）抢位接球时，上步要突然，如未完全抢在防守人身前，可用横跨步把防守人挡住。注意身体（包括上肢）特别是肩、背用上“内劲”挡住或顶住防守队员，并注意扬手屈臂抬肘占据空间面积。（3）及时合理地运用滑步、碎步、侧身跑、转身等步法把防守队员挡在身后。

### （二）移动策应传、接球的练习

练习方法：见图 5-12。①是中锋队员，②③④为外线队员。四人进攻四人防守，用一个球。①策应接外线队员的传球后，再回传给摆脱空切的外线队员。外线队员将球转移给其他外线队员，①根据球的位置移动策应要位接球，之后再回传给摆脱的外线队员。连续做 1 分钟时间或连续不失误传球 10~20 次为一组。

目的：掌握并熟练各种移动策应传、接球的方法和技巧。

要求：(1) 开始练习时，防守队员由消极防守，逐渐过渡到积极防守。(2) 中锋队员根据防守队员的情况，及时合理地运用单、双手各种传球方式传给同伴球，传出去的球应便于同伴衔接下一个动作。

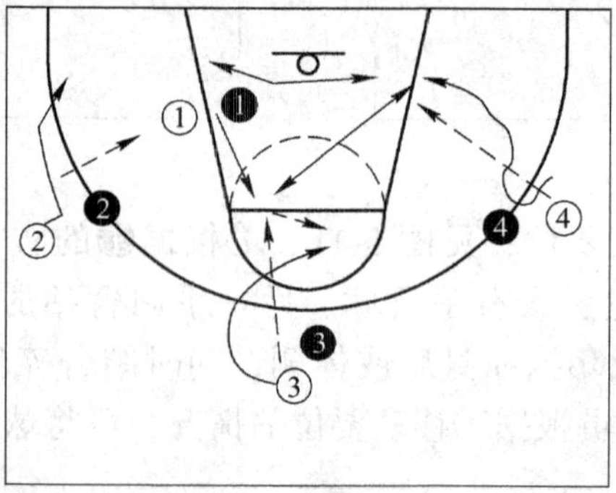


图 5-12

### （三）策应传球练习

练习方法一：策应跳投时的传球，见图 5-13。①策应接球后，②摆脱到①前面（实际是左侧面），接球投篮。①传球时，应顺势迈左腿（如果在策应队员右侧，则迈右腿），将防守队员②挡在身后，然后用单手或双手低手传球。

练习方法二：策应空切时的传球，见图 5-14。①插外中锋位置作策应接②的球，②摆脱空切篮下，①传球。传球时一种是背对篮做各种隐蔽传球，如单手背后传球、向后击地传球、头后传球等；另一种是转身面向篮的隐蔽传球，如单手击地，体侧和单、双手的头上传球等。

目的：掌握并熟练策应后的各种传球方法和技巧。

要求：传球要及时、隐蔽、到位，使同伴接到球能很舒服地衔接下一个技术。

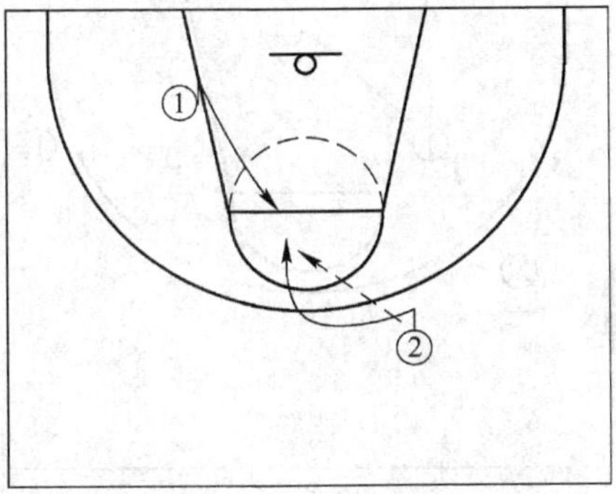


图 5-13

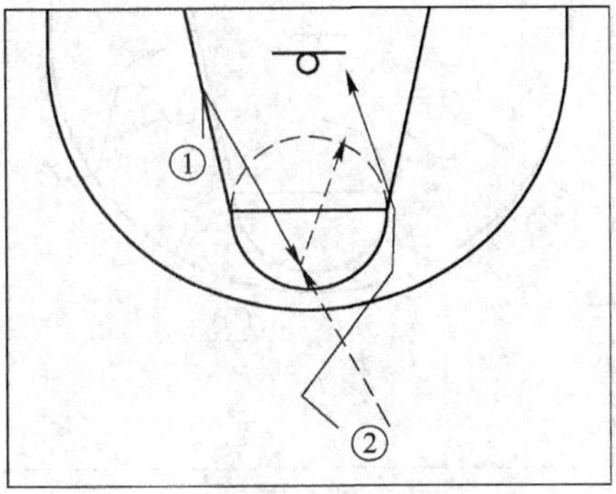


图 5-14

（四）策应后假传球变突破的练习

练习方法：见图 5-15。当②传球给①，并在①身前做摆脱接球时，①假做策应传球，然后突然向反方向运球突破上篮（突破采用后撤步转身突破的方法）。两人一组，最好是一内线一外线。如果都是内线队员，两人可轮换做策应。

目的：掌握策应时假传球变突破的方法和突破时机。

要求：（1）策应后假传球动作做得要逼真。（2）突破时脚步要清楚，不要走步，后撤步时脚尖对准篮，不要绕道。

（五）篮下勾手投篮

练习方法：运动员持球在篮下两侧连续用左、右手做勾手投篮，在空中抢到球后，右腿蹬直，右脚向左侧落地，同时上抬左臂和左腿投篮，右手投篮同左手动作，只是方向相反。左右手共投 10 次或投中 10 次为一组，完成 3~5 组。

目的：掌握篮下勾手投篮的方法。

要求：（1）投篮时，同侧大腿要高抬，异侧手臂注意保护球。（2）左、右手交替投，动作要连贯，不得走步。

（六）内中锋位置上接球跨步勾手投篮的练习

练习方法：见图 5-16。①接球后，向左横跨步做勾手投篮。自已抢篮板球后传给⊗，连续做 10~20 次或投中 10 次为一组轮换。每人完成若干组。左、右两侧内中锋位置都要练习。

目的：掌握勾手投篮技术并提高勾手投篮的命中率。

要求：（1）接球投篮动作要连贯、协调、伸展。（2）横跨步时，应注意跨步的角度和位置，以便找好投篮角度。

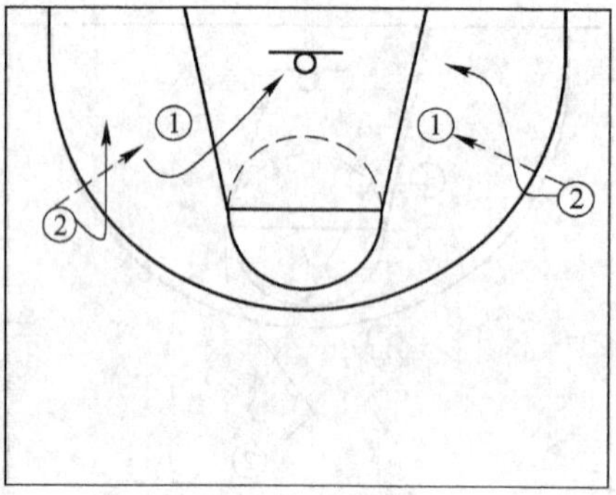


图 5-15

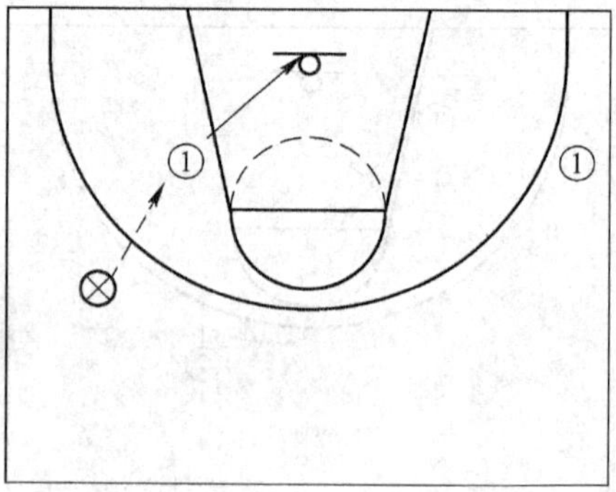


图 5-16

（七）在限制区左、右两侧内中锋位置接球后勾手投篮

练习方法：见图 5-17，①接⊗1 的球后，向上线转身，用右手做勾手投篮，投篮后自已冲抢篮板球，并传给⊗1，然后快速移动到右侧内中锋位置接⊗2 的球，向底线转身用右手勾手投篮，投篮后冲抢篮板球传给⊗2……左、右两侧移动接球勾手投篮，连续做 10 次或投中 10 次为一组，完成若干组。

目的：掌握左、右两侧移动接球勾手投篮技术，并提高投篮命中率。

要求：（1）移动接球与转身勾手投篮动作要连贯协调。（2）投篮动作和方法比较熟练时，可在左右两侧内中锋位置上增加两个防守人，防进攻队员接球和投篮，以便在接近实战的情况下，提高勾手投篮的命中率。（3）身体与篮有角度时投碰板篮，与篮平行时投空心篮。

（八）捡地板球跨步投篮

练习方法：见图 5-18，②③相距 5 米左右，身前地板上各放一球。练习时，①从篮下开始跑到②身前捡起球转身（前、后转身均可）跨步投篮，然后再到

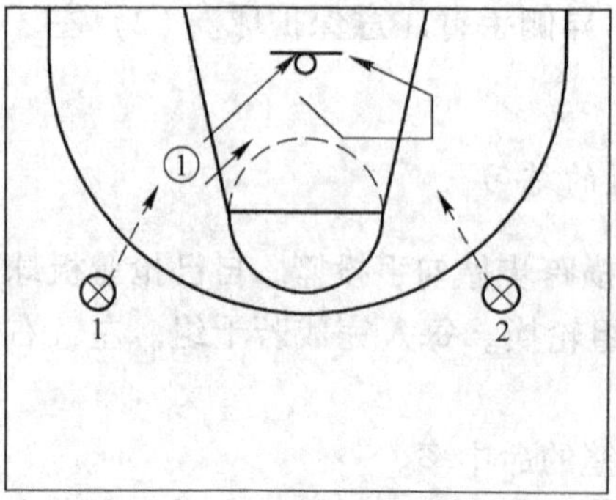


图 5-17

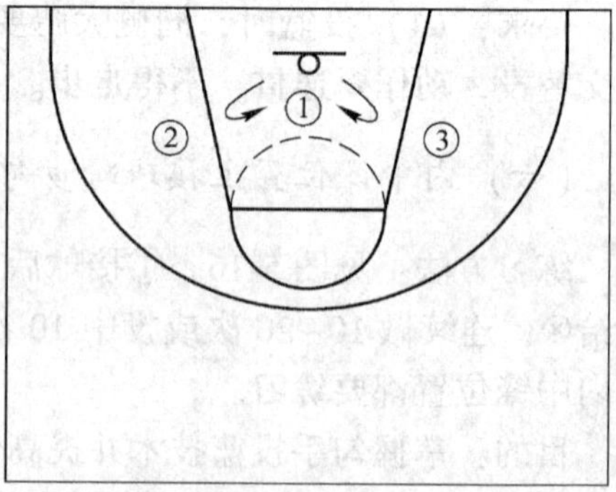


图 5-18

③面前捡球投篮。②与③负责将①投篮后的球放回原处。连续投 10~20 次为一组，完成若干组轮换。

目的：(1) 提高高大队员快速降重心和快速起跳的灵活性。(2) 在重心快速变化中掌握投篮技术。

要求：(1) 在快速移动中完成捡球、投篮技术。(2) 整个技术动作要连贯、脚步动作清楚不得走步。(3) 每次投篮都要投中。

### (九) 捡地板球扣篮练习

练习方法：见图 5-18，②③相距 5 米左右，身前地板上各放一球，①从篮下开始跑到②身前捡起球运一次球扣篮或不运球直接扣篮。然后再跑到③面前捡起球重复上述扣篮。②和③负责将①扣篮的球放回原处。连续做 10~20 次为一组轮换。每人完成若干组。

### (十) 背对篮接球前转身跳投

练习方法：见图 5-19，①从右侧内中锋移动到左侧内中锋位置背对篮接⊗的传球后，以左脚为轴，右肩向右侧后上方做转身投篮假动作，然后变为向左侧前转身跳投。或者以右脚为轴，向左侧做假动作变为向右侧前转身跳投，投篮后自己抢篮板球。

组织教学训练安排：一种是内线队员每人一球站一排轮流练习，另一种是一个队员连续投 10 次或投中 10 次后轮换。每人完成若干组。

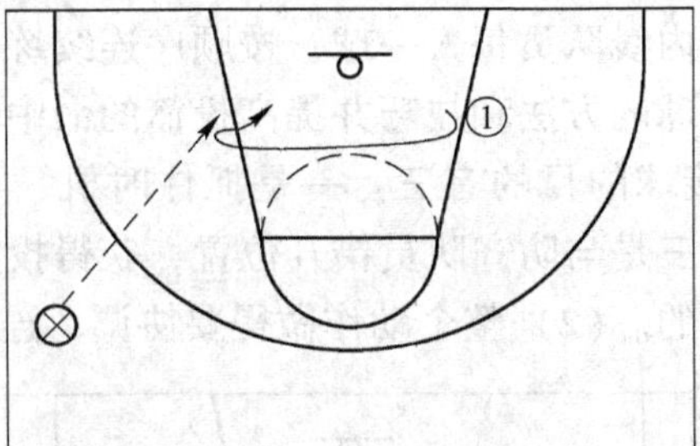


图 5-19

图 5-20 是队员由外中锋位置下顺到内中锋位置做上述练习的方法。图 5-21 是队员由内中锋位置上提到外中锋位置做上述练习的方法。

目的：掌握背对篮接球后转身跳投的方法和技巧，并提高命中率。

要求：(1) 假动作做得要逼真，但要注意脚步清楚，不要走步。(2) 转身投篮时，两脚尖要对准篮。(3) 动作熟练后，加上防守。有防守时，注意转身时不要转到对方怀里。

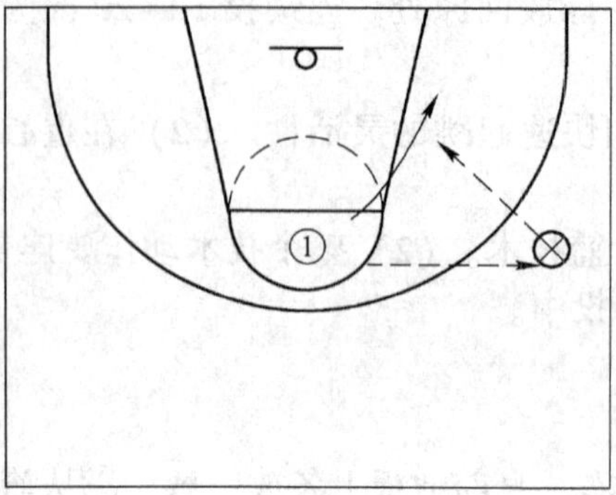


图 5-20

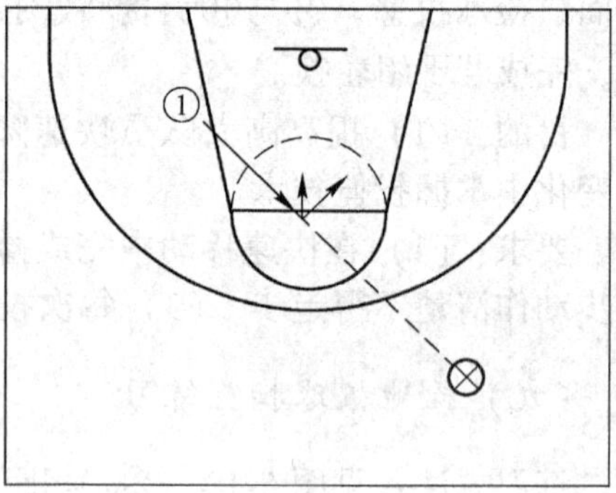


图 5-21

（十一）移动背对篮接球后转身跳投

练习方法、目的，要求同前一练习，只是在移动背对篮接球后，采用后转身跳投的方法。比赛时采用后转身跳投还是前转身跳投，应根据防守队员的防守情况决定，以摆脱防守和不转到防守怀里为目的。

（十二）背对篮移动转体接球跳投

练习方法：见图 5-22，中锋①由左侧内中锋位置向外中锋位置移动接球，接球时采用两步急停的方法即伸手要球的同时上左脚，待双手触到球的同时，转体面对篮，右脚急停，并立即跳起投篮。从右侧上提外中锋位置做此练习时，方法相同，只是方向相反。内线队员每人一球，按顺序连续练习，教练员⊗传球。

目的：掌握转体接球的方法和技巧并提高投篮的命中率。

要求：（1）转体接球的目的有三：一是抓住时机、及时投篮；二是由原来的背对篮变为面对篮；三是与防守队员错开位置，获得投篮机会。因此要求转体接球时应达到这三个目的。（2）整个动作做得要协调、连贯。

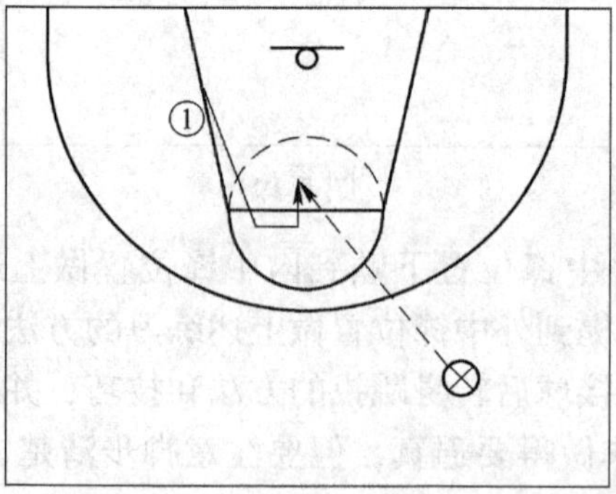


图 5-22

（十三）移动背对篮接球插步转身跳投

练习方法：见图 5-23。中锋队员①在内中锋位置上背对篮接球后，以左脚为轴右脚突然向篮下做插步转身，将防守队员挤在身后，跳起投篮。

图 5-24 是中锋队员①从左侧内中锋位置移动到右侧内中锋位置背对篮接球时，左脚做插步的练习。

目的：掌握插步转身投篮的技巧并提高一攻一的成功率。

要求：（1）插步转身时，身体要紧贴防守队员，使其不便舞动不便起跳。（2）插步前，可运用假动作，如插步脚的异侧肩和上体做转身投篮的假动作，吸引防守队员偏向此侧防守，然后突然做插步跳投。（3）整个动作要有速度有力量。

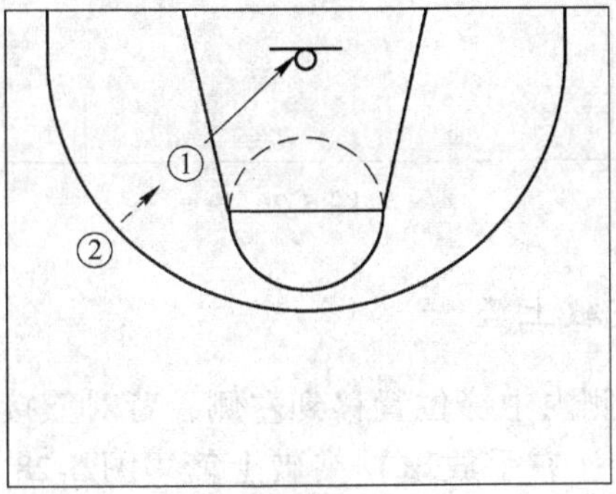

图 5-23

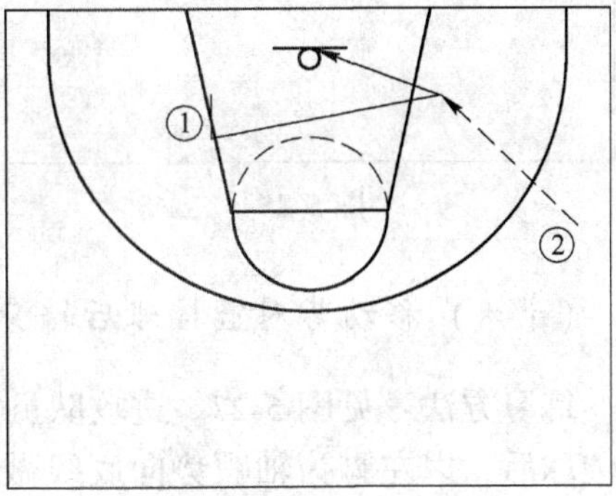

图 5-24

（十四）背对篮接球运球插步转身跳投

练习方法：见图 5-25，①在左侧内中锋位置上背对篮接到⊗的传球后，原地或碎步运球，以此贴近防守队员或与防守队员错位，突然右脚做插步转身跳起投篮，也可以用左脚向上线做插步转身跳投。插步的目的是把防守队员挡在身后。练习时，左、右内中锋位置上都要练习。

目的：掌握运球时插步转身的方法和技巧，提高一打一时的成功率。

要求：运球时注意保护球，其他同上一个练习。

（十五）背对篮接球后运球突然跳起转身投篮

练习方法：见图 5-26。内线队员一人一球，教练员⊗传球。队员①在内中锋位置上背对篮接球后，运球下压，下压的目的有二：一是贴紧防守队员，突然跳起投篮，使对方来不及封盖；二是吸引背后的防守队员抢球，对方抢球时，必须偏向一侧，这为转身跳投创造了机会。一旦出现了机会，立即跳起转身投篮。

目的：(1) 掌握背对篮运球时，突然跳起转身投篮的方法和技巧。(2) 有防守时，掌握跳起转身投篮的时机。(3) 提高一打一的能力。

要求：(1) 练习时先不加防守，掌握技术方法后再加上防守。(2) 背对篮运球时，注意保护球，背部应感觉防守队员的位置，用上"内劲"紧贴住对方不给其绕前抢球的机会，一旦对方绕前抢球立即转身投篮。

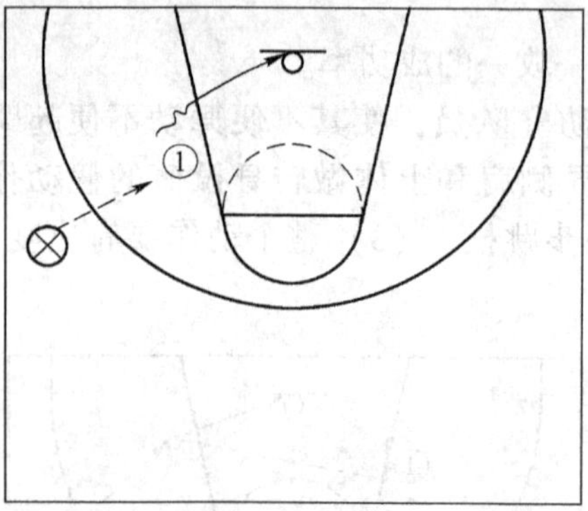

图 5-25

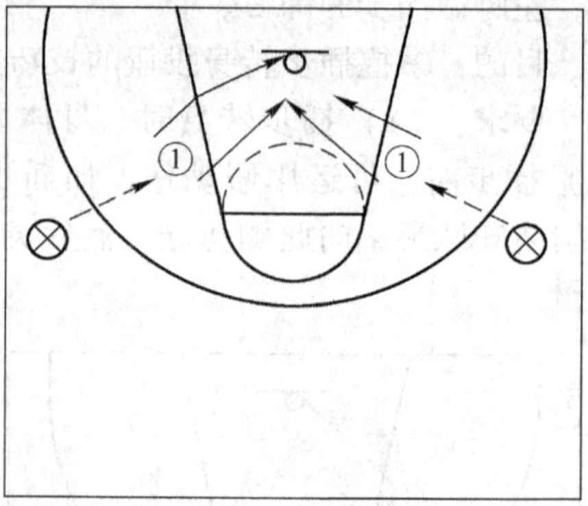

图 5-26

（十六）移动背对篮接球后转身运球突破上篮

练习方法：见图 5-27。进攻队员①由右侧内中锋位置移到左侧，背对篮接⊗的传球后，以左脚为轴顺势向底线做后转身（右手放球）突破上篮。图 5-28 是①移动到外中锋位置背对篮接球后，以同样的方法做后转身突破上篮的练习。

目的：(1) 掌握背对篮接球后转身突破的技巧。(2) 在有防守的情况下，提高技术运用的能力和一打一的能力。

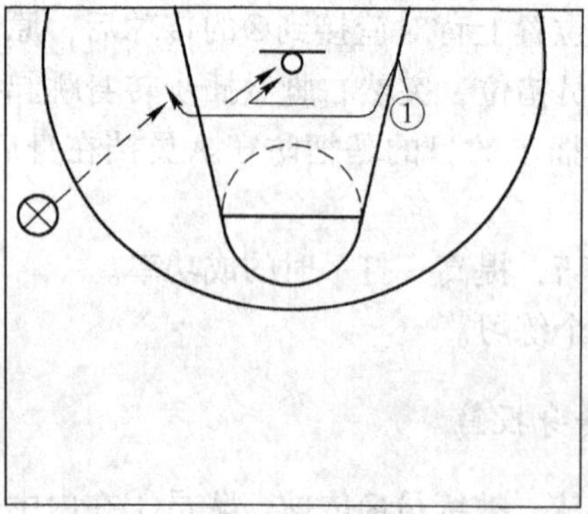

图 5-27

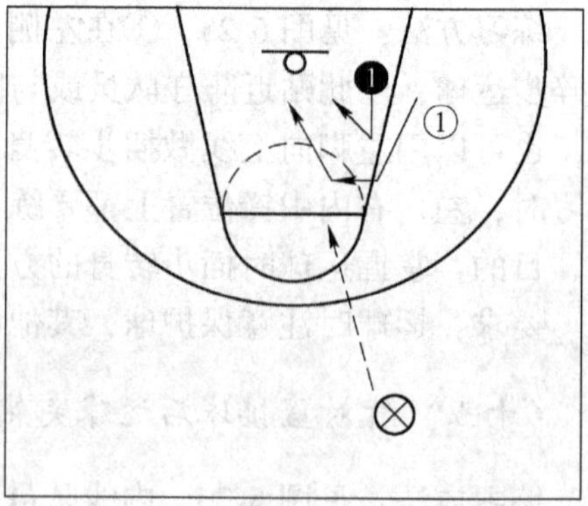

图 5-28

要求：(1) 背对篮接球时，后背要紧贴防守队员，然后立即做后转身运球突破，突破时脚步要清楚，不要走步。(2) 向哪个方向做后转身，那侧手做突破地放球动作。(3) 动作要连贯、协调，不要怕碰撞。

(十七) 背对篮接球转身突破投篮

练习方法：见图 5-29。内线队员两人一组，一攻一守。中锋①在左侧内中锋位置上背对篮接球后，转身面对篮，然后结合假动作突破上篮。

图 5-30 是在外中锋位置上以同样的方法练习。目的：(1) 在有防守的情况下，提高一打一的能力。(2) 提高队员敢于对抗的心理素质。

要求：(1) 防守队员让进攻队员接到球转身后再积极防守。(2) 接球转身时，根据防守的情况，决定突破的方式和方法，但脚步要清楚，不要走步。(3) 可规定一些特殊的规则：如防守队员可以适当地挤推进攻队员而不算犯规等，以提高队员的对抗能力。

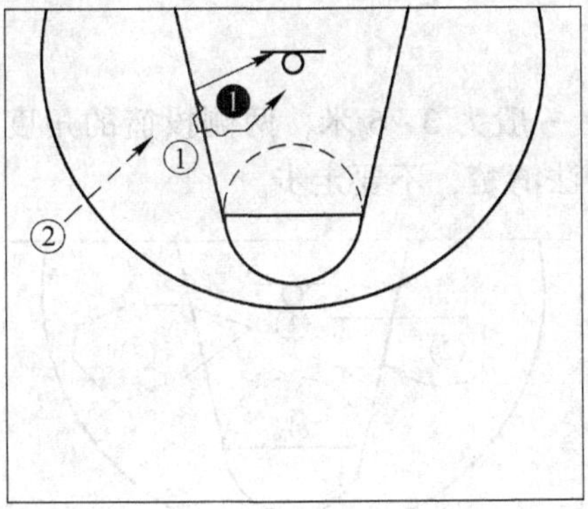

图 5-29

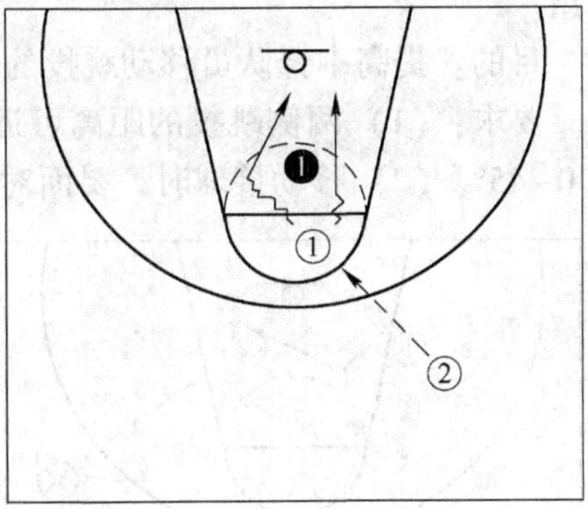

图 5-30

(十八) 横切接球投篮

练习方法：见图 5-31，①从左侧内中锋位置摆脱横切，接⊗的球投篮，投篮可用以下几种方法：

方法 1：直接上篮（高大队员、弹跳好的男队员可以扣篮）。

方法 2：背对篮接球后，以左脚为轴，前转身跳投。

方法 3：背对篮接球，左脚做后撤步，左手放球运一次球转身突然上篮，(此方法应注意放球时，左肩左腿保护球)。

方法 4：背对篮接球后，向自己左手侧做假动作，然后以右脚为轴前转身跳投。

方法 5：背对篮接球后，向自己左手侧做假动作，然后以左脚为轴，后转身跳投。

从右侧摆脱横切时，方法相同，方向相反。内线队员每人一球，按顺序练习，教练员传球。

目的：（1）掌握横切接球投篮的各种方法和技巧。（2）加上防守时，掌握上述各种投篮方法运用的时机和技巧。

要求：（1）各种投篮或转身投篮时，脚步要清楚，不要走步。（2）练习时，先不加防守，待掌握技术方法后，再加上防守。

（十九）移动接球跳投

练习方法：见图 5-32。内线队员四人一组用三个球。②和③在篮的两侧 3~4 米处各持一球，④手中持一球并负责抢篮板球后传给②和③。①从篮下开始由底线移动到②面前接球跳投，然后再从另一侧底线绕出到③面前接球跳投。①移动的轨迹呈 8 字形。连续投 10 次或投中 10 次为一组，然后轮换，每人完成若干组。

目的：提高中锋队员移动跳投的命中率。

要求：（1）两侧跳投的距离可远可近，一般为 3~6 米，两侧投篮的角度可从 0~45°。（2）移动接球时，要面对篮，步法清楚，不要走步。

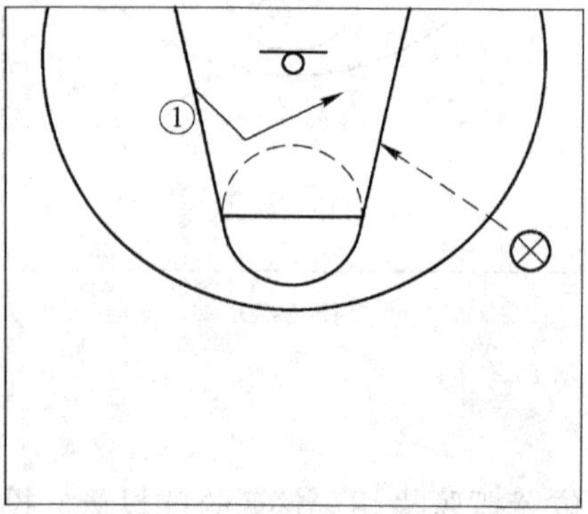

图 5-31

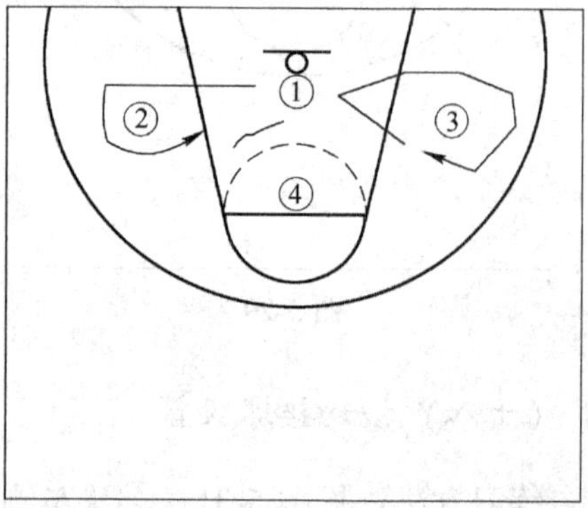

图 5-32

（二十）防内中锋接球的练习

练习方法：内线队员两人一组，在内中锋位置上一攻一守，教练员或队员在左前锋位置上和左后卫位置传球，防守队员根据球的位置选择防守位置。练习时先不传给中锋球，防守队员熟练后，再加上防接球，练习一定次数后攻守交换。在右侧防守时方法相同，按下列方法练习：

方法 1：见图 5-33。当球处在左侧后卫队员②手中时，防守内中锋的队员❶应站在①的上线右侧略靠后的位置，采用右肘部贴在①的腰部，左脚在前，左手肘部弯曲，干扰对方传接球，两脚不断地做碎步滑动，以调整与①的防守位置和距离。当①上、下移动要位时，❶应积极滑动，不给对方接球的机会。

方法 2：见图 5-34。当②传球给③时，不要迅速从①的身前移动，绕到①的身前，背部紧贴住①，一手扬起，干扰对方传接球；另一只手摸着①。由体侧绕到身前防守时有两种步法：一种是迈右脚，跟左脚；另一种是以左脚为轴后转身到①的身前防守，后转身时有一刹那间看不到球的感觉，但只要判断准确、及时，转身时正好是球从②传给③在空中飞行的时候，所以转身也是可以的。

方法 3：见图 5-35。当球在底线，❶采用撤步或绕后步的步法到①的底线一侧防守。总之，防守队员防守内中锋时，应偏向有球的一侧防守，有重点地防其一侧，薄弱的另一侧由相邻的队员协防。

目的：掌握防中锋接球的方法和技巧，并提高防守能力。

要求：(1) 防守队员始终处于碎步的动态防守，用碎步不停地调整正确合理的防守位置。(2) 及时识破进攻队员和传球队员的意图，当进攻队员用后背紧贴防守队员伸手要球时，防守队员可突然离开进攻队员，用绕前步上前断球。(3) 要用上“内劲”与进攻队员争夺有利的防守位置和有利的空间位置，不要怕碰撞。(4) 防守时应做到人球兼顾。

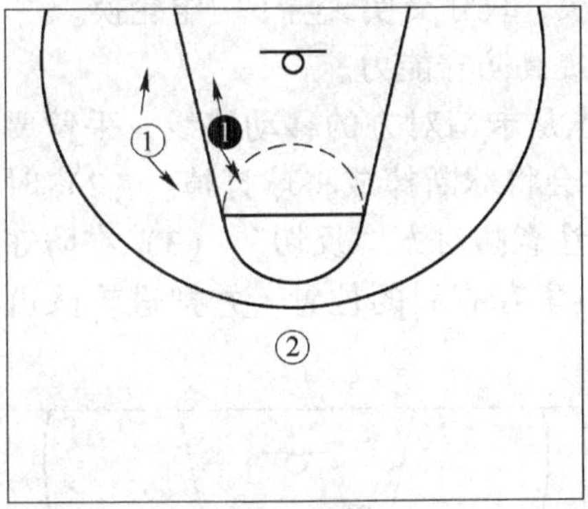


图 5-33

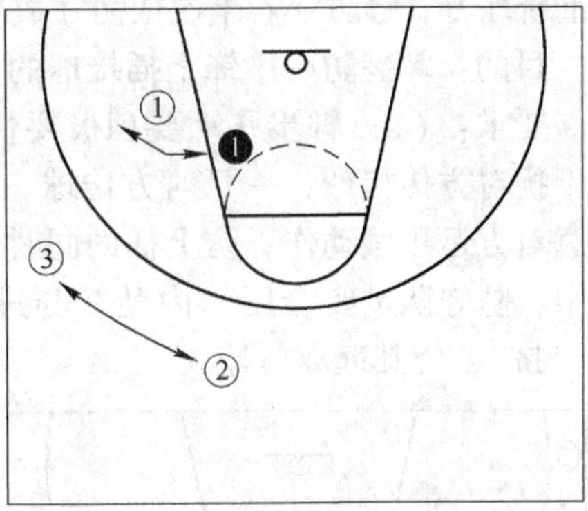


图 5-34

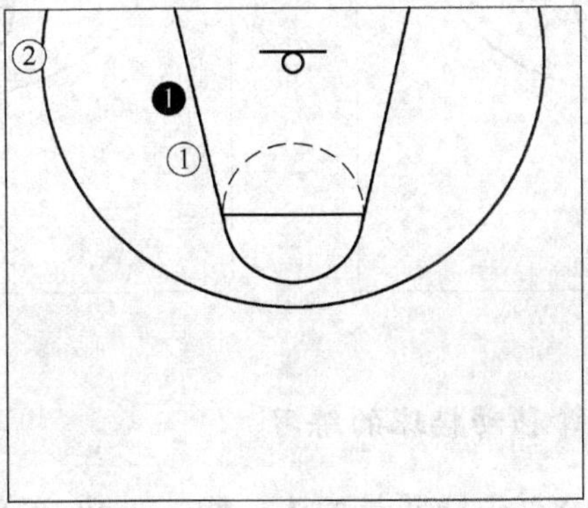


图 5-35

### （二十一）防内中锋横切和溜底线的练习

练习方法：见图 5-36。两人一组一攻一守，教练员⊗持球站在另一侧前锋位置上，①在内中锋位置上横切或溜底线时，❶积极卡堵①的移动路线，不给对方接到球。练习一定次数或防守成功一定次数后，攻守交换。

目的：掌握防内中锋横切和溜底线的方法，提高防守能力。

要求：（1）不准进攻队员在限制区内接到球，迫使其回原位或拉到外线。（2）不允许进攻队员从自己身前横切，迫使对方从自己身后走，从身后移动时，也要紧贴对方，使其难以接球。（3）防对方溜底线时，采用“莳防”或背防的方法均可，但必须积极卡堵其移动路线，扬手干扰对方传、接球。（4）一旦对方接到球，应积极防投、防突，拼抢篮板球。

### （二十二）防内中锋向外中锋位置移动接球的练习

练习方法：见图 5-37。内线两人一组，一个球。进攻队员①把球传给❶时，上插外中锋位置要位接球，❶全力卡堵①，不让其接球。如果①接到球后再传给⊗重新练习。❶防守若干次或防守成功若干次，攻守交换或与下一组轮换。

目的：掌握防内中锋上插接球的方法并提高防守能力。

要求：（1）脚步移动要积极要快，首先是卡堵对方的移动路线，手臂要积极干扰对方传接球，一旦对方传球，瞅准机会将球断掉或将球打掉。（2）时刻注意对方运用假动作，防上插的同时，还要注意防对方“反切”。（3）在防守过程中，防守队员要会用“内劲”与进攻队员争夺有利的位置，并把进攻队员往外“挤”，使其远离球篮。

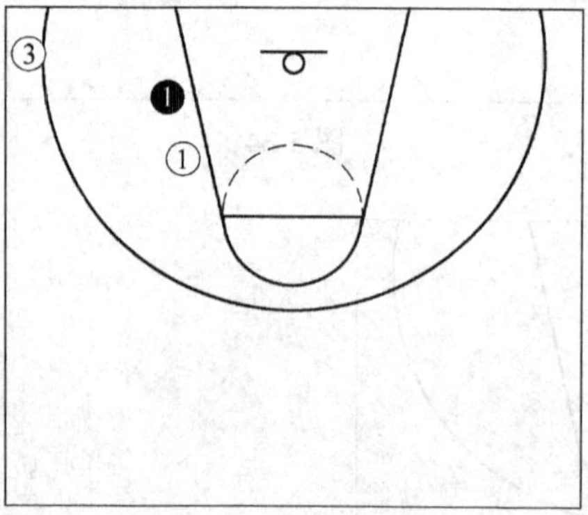


图 5-36

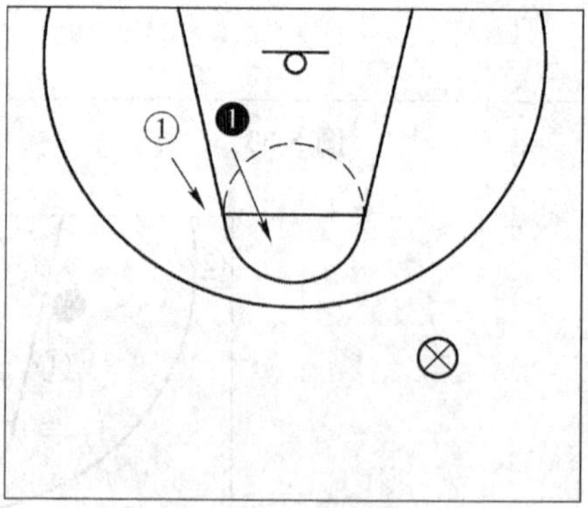


图 5-37

### （二十三）防内中锋移动接球的练习

练习方法：见图 5-38。内线队员两人一组，一攻一守，教练员⊗1 和⊗2 手中各持一球。进攻队员①可任意做上插、横切、溜底线等移动要位接球。❶则全力卡堵其移动接球。防守成功若干次（即抢断球或将球打出）后攻守交换或与下一组轮换。

目的：提高防内中锋移动接球的能力。

要求：(1) 积极卡堵进攻队员移动接球的路线，扬手臂干扰其接球。(2) 当进攻队员改变移动方向和路线时，应及时变换步法，封堵其移动路线。(3) 积极与对方争夺有利的位置，占据有利的空间位置，不要怕碰撞。

### (二十四) 防守外中锋接球的练习

练习方法：当球在左侧后卫②手中时，见图 5-39。防守外中锋①的队员❶应处在近球侧前方防守。当球由②传给③时，❶应从①身前绕到另一侧防守（其绕过的步法同防内中锋一样）。

目的：掌握防外中锋的方法和技巧，并提高防守能力。

要求：同防内中锋。(略)

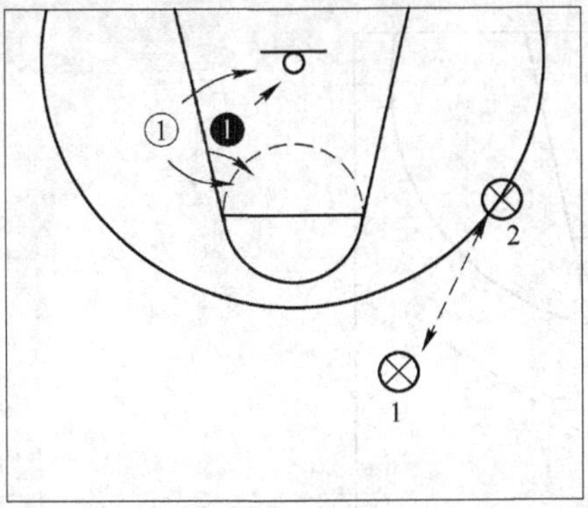


图 5-38

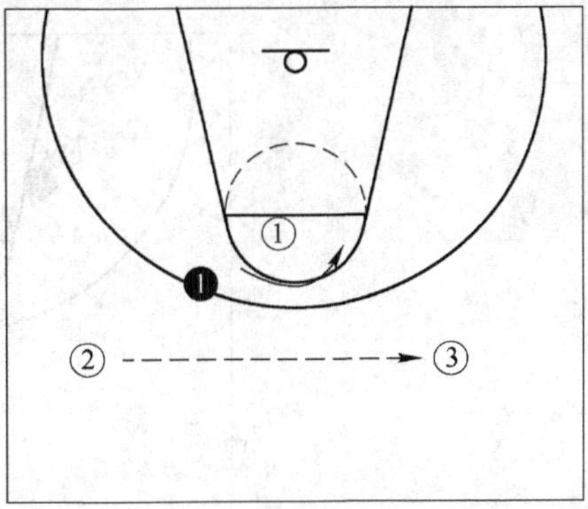


图 5-39

### (二十五) 内、外中锋协防的练习

练习方法：见图 5-40。内线队员四人一组，两攻两守，队员③④⑤在外线传球。防守内、外中锋的队员❶❷根据球的位置，调整自己的防守位置，练习一定时间后，攻守交换。防守内、外中锋的队员也要交换防守位置。

(1) 当球在左侧后卫队员④手中时，见图 5-41，防守内中锋的❶和防守外中锋的❷，均应在靠近球的一侧防守。(2) 见图 5-41，当球由④传给左前锋位置上的③时，❶绕到①身前防守，❷向左下方移动协助❶防守①。(3) 见图 5-42，当球由④传给右侧后卫⑤时，❷从②身前绕过到靠近有球侧防守②，而防守内中锋的❶则向腹地中间一带移动协防。

目的：（1）掌握防内、外中锋的方法和技巧。（2）掌握内、外中锋相互协防的方法并提高队员相互协防的意识。

要求：（1）根据球的位置，及时选择有利的防守位置和协防位置。（2）防守队员之间协防要默契，必要时应及时提醒同伴注意协防。

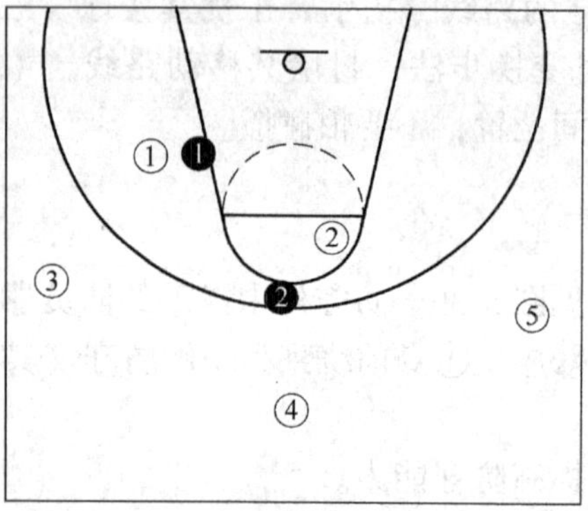

图 5-40

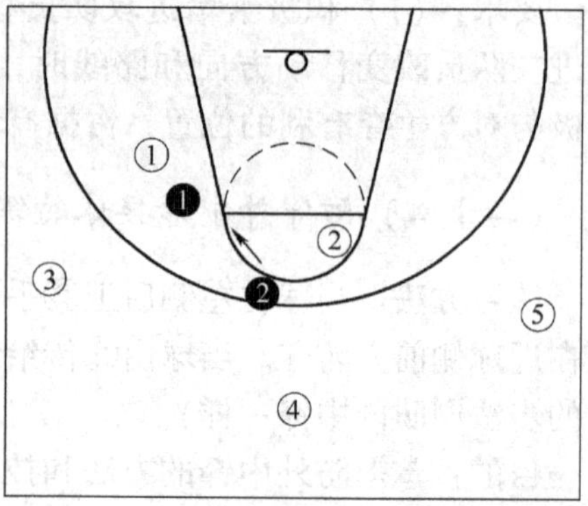

图 5-41

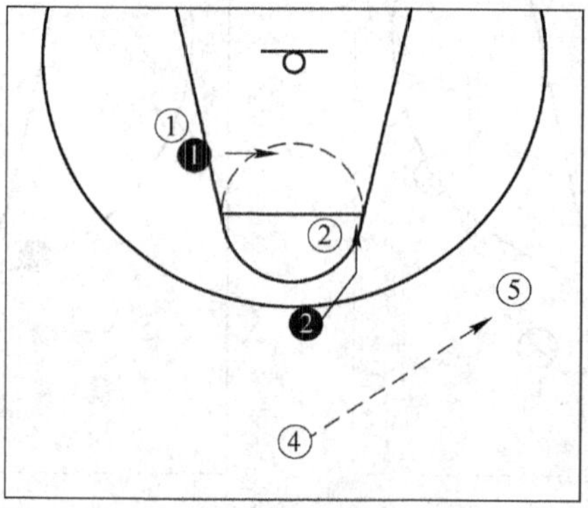

图 5-42

（二十六）左、右内中锋协防的练习

练习方法：见图 5-43❶和❷在内中锋位置上防守①和②。③、④、⊗在外线传球。根据球的位置，❶和❷运用绕步和滑跳碎步结合转身选择有利的防守位置并进行协防。

（1）当球在中间⊗手中时，❶和❷都应在内侧前方防守；卡堵①和②上插接球。（2）当⊗将球传给左侧的③时，防守队员❷立即从②上侧绕到②身前防守，❶在防守②横切的同时应稍向腹地移位，协防腹地一带。（3）当球由③通过❷传到④手中时，❷应绕到②身前防守，❶在防守①横切的同时，也要注意向腹地一带移动注意协防。

目的：根据球的位置，防守内中锋的队员要及时地移动抢位，协防，掌握防守的方法。

要求：（1）防守队员随时处于动态，运用各种防守步法及时选择有利的防守位置并卡堵中锋接球。（2）绕前防守时，后背紧贴进攻人，侧防时，一只脚卡住对方上插的路线并扬手干扰其传接球。另一只脚卡堵对方反切的路线。

### （二十七）内中锋队员补防的练习

练习方法：见图5-44。球在后卫队员③手中时，防守左侧内中锋的❶靠近有球侧侧防①，当②回传球给③，③从中路突破时，❶快速移动补防防守③（③不要分球给①）造成③撞人犯规或❶封盖③投篮。然后重新开始练习。❶防一轮后卫队员后交换，内线队员两人一组一攻一守，其他队员每人一球站在后卫位置上，②可由教练员代替。

目的：内中锋掌握补防的方法，提高补防的意识。

要求：（1）根据球的位置，❶选择防守①的位置。（2）补防要及时，力争造成对方犯规或失误。

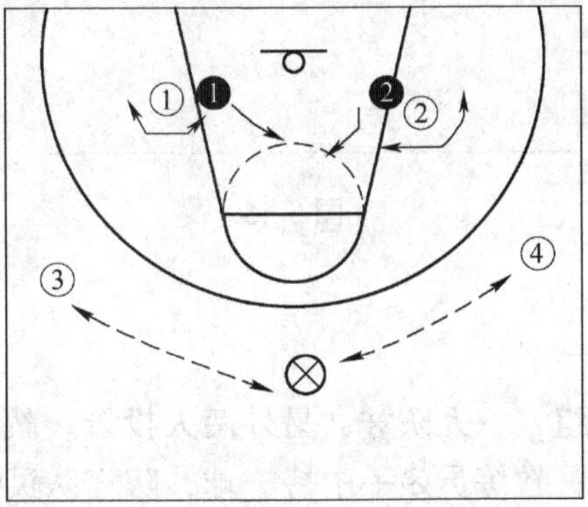


图5-43

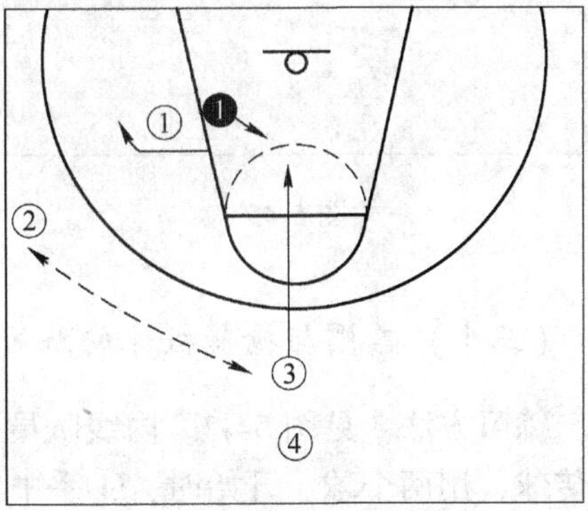


图5-44

### （二十八）抢篮板球与盖帽的练习

练习方法：见图5-45。三人一组用一个球篮，②③分别站在距篮8米的位置上，当教练员投篮时（不要投中篮）三人立即冲抢篮板球，抢到球的队员投篮，未抢到球的其他两人封盖投篮，直至投中或被盖帽，再由教练员投篮重新开始练习。抢到篮板球得一分，盖帽成功得两分，看谁先得80分。

目的：（1）掌握盖帽的时机和技术，提高盖帽的意识。（2）提高抢篮板球的技术和能力。

要求：（1）连续跳起抢篮板球或盖帽。（2）每次抢篮板球或盖帽都要认真，全力去做。(3) 盖帽时，尽量做到不犯规。

### (二十九) 补防盖帽的练习

练习方法：见图 5-46，中锋两人一组，站在内中锋位置上，一攻一守，其他队员每人持一球在 3 分线外。练习时，外线队员②运球突破上篮或急停跳投，(不许传球) ❶补防封盖。封盖后复位防守①，然后再开始练习，防一轮后或盖帽成功若干次后与①交换。

目的：掌握补防盖帽的技术并提高其意识。

要求：掌握好补防盖帽的时机，跳起盖帽时，肢体要伸展，不要犯规。

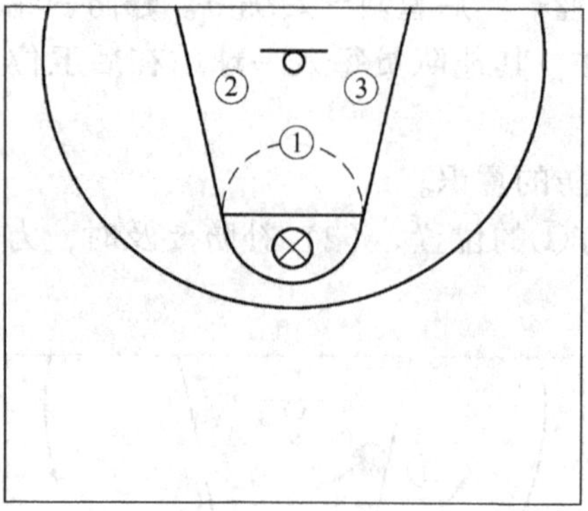

图 5-45

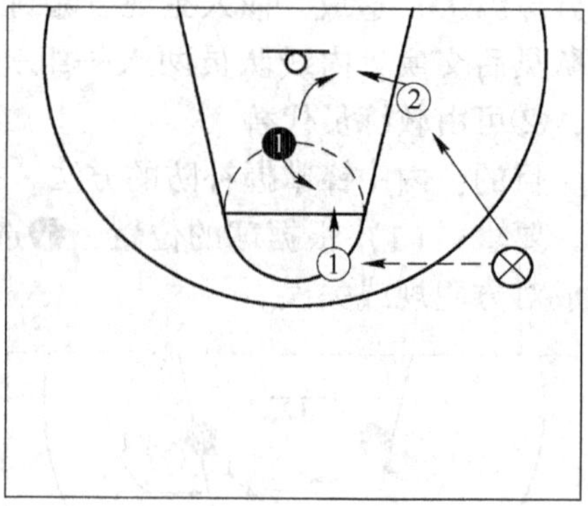

图 5-46

### (三十) 盖帽与抢篮板球的练习

练习方法：见图 5-47。内线队员三人一组，一人防守，另外两人投篮。教练员传球，用两个球，开始时，①手中持一球；教练员⊗手中持一球，防守队员❶站在限制区中间。⊗把球传给②，②投篮，❶上去封盖（这时①将球传给⊗），

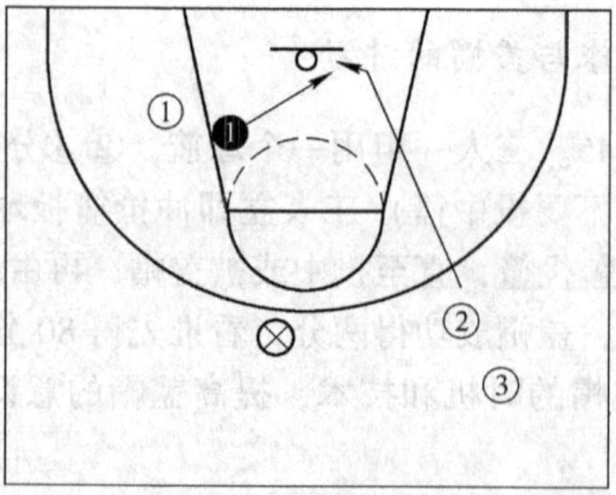

图 5-47

如果盖帽成功则回到限制区中间，待①接⊗的球后再封盖①，如果盖帽未成功，立即挡人抢篮板球，抢到球后传给②，再准备封盖①投篮。①②必须接⊗的球才能投篮。❶抢到一次篮板球得一分，盖帽成功得两分，得 10 分算一组，轮换，每人完成若干组。

目的：提高盖帽和抢篮板球的意识和能力。

要求：(1) 掌握好跳起封盖投篮的时机。(2) 一旦封盖不成功，立即挡人抢篮板球。(3) 封盖和抢篮板球时，肢体都应伸展。

## 二、前锋位置技术训练

### （一）个人摆脱接球

练习方法：见图 5-48。前锋队员两人一组一攻一守，用一个球，教练员⊗传球。前锋队员①在前锋位置上做摆脱接球，连续做若干次，最后一次接球后可投篮或突破上篮，防守队员❶积极防守，直至最后抢到篮板球或对方投中为结束，排队尾攻守交换。

进攻队员摆脱接球时可采用下列方法。

方法 1：内压突然外拉摆脱接球（即向篮圈方向做假动作，然后突然向后跨跳接球，通常讲的“向外弹出接球”）。

方法 2：下压后上提摆脱接球（向端线方向假动作移动，然后突然向反方向移动接球)。

方法 3：下压后转身摆脱接球。下压时，防守队员未失去防守位置，这时进攻队员利用后转身把防守队员挡在身后，然后突然跨步接球面对篮。

目的：(1) 掌握在前锋位置上摆脱接球的方法和技巧。(2) 提高摆脱接球的能力。

要求：(1) 假动作做得要逼真，摆脱接球时，动作变化要突然。(2) 注意观察防守队员的特点，有针对性地运用摆脱技术，如对方速率慢时，应用速度摆脱；对方反应快时，可运用假动作引诱对方上当后摆脱，或抓住机会及时摆脱等。(3) 摆脱接球时，要面对篮，以便能马上攻击。

### （二）摆脱接球突破上篮的练习

练习方法：见图 5-49。前锋队员两人一组，一攻一守，用一个球。进攻队员①摆脱防守队员❶接⊗的球，突破上篮，之后排队尾，攻守交换。

目的：提高在前锋位置上突破上篮的能力。

要求：(1) 根据防守队员的防守情况，接球后可直接突破上篮，也可运用假动作引诱防守队员上当后再突破上篮。(2) 交叉步，同侧步均可运用。可从上线突破，也可以从底线突破。(3) 防守队员要全力防守。

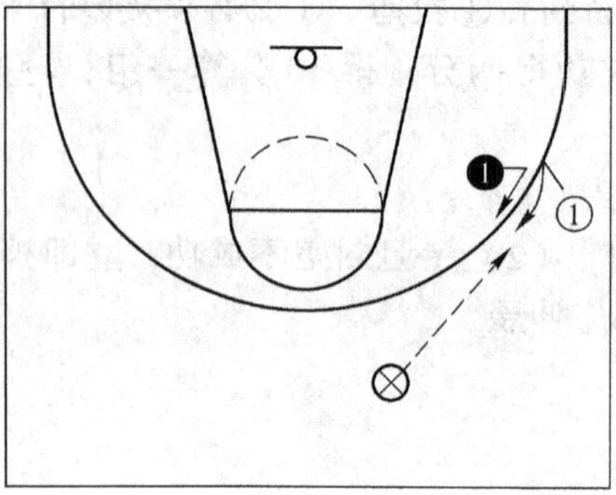

图 5-48

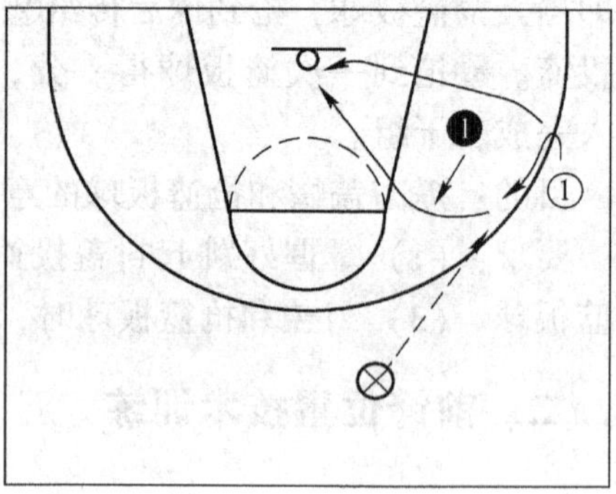

图 5-49

### (三) 接球后快速运球急停跳投的练习

练习方法：见图 5-50。前锋队员两人一组一个球，分别站在前锋和后卫位。①接②的球后向底线（或上线）方向运球，突然急停跳投。投篮后①和②同去抢篮板球，之后两人交换。

目的：提高运球急停跳投的准确性。

要求：(1) 在快速运球中做急停跳投。急停要突然，要控制好身体的平衡。(2) 要求一定的命中率，或要求连中若干次为一组。

### (四) 接球跳投练习

练习方法：见图 5-51。前锋队员每人一球，站在前锋位置上接教练员♉的回传球立即跳投，之后抢篮板球排队尾。依此连续练习。

目的：提高接球跳投的准确性。

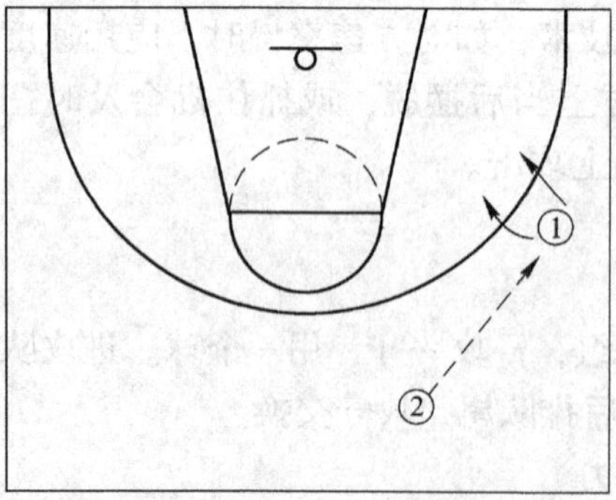

图 5-50

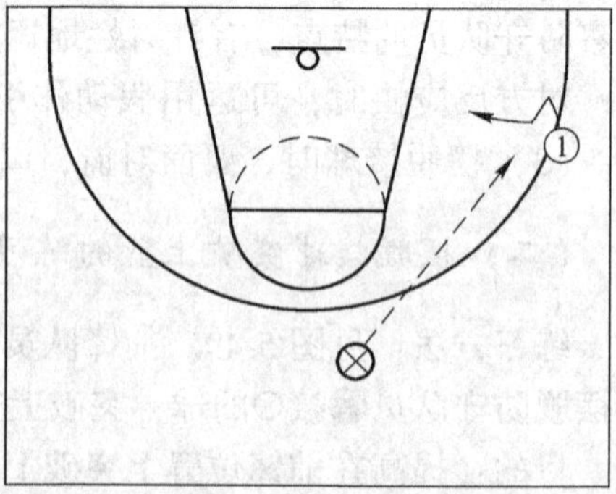

图 5-51

要求：（1）接球后脚尖对准篮，接球后不要有多余动作应立即跳投。（2）要求每人投中若干次或连中若干次为一组，完成若干组，或全队连中若干次为一组，完成若干组。

（五）摆脱接球跳投的练习

练习方法：见图 5-52。前锋队员两人一组，一攻一守，用一个球，教练员传球。进攻队员摆脱防守接球后跳投，抢篮板球后排队尾，攻守交换。

目的：提高摆脱接球跳投的能力和投篮的准确性。

要求：（1）接球后不能直接跳投时，可运用假动作创造跳投的机会；也可向左、右两侧运球摆脱，然后急停跳投。（2）要求投中若干次或连中若干次为一组，完成若干组。

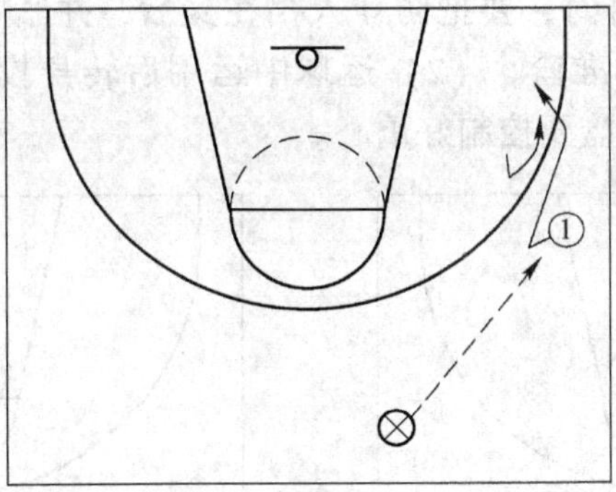


图 5-52

（六）摆脱接球运球突破急停跳投的练习

练习方法：前锋队员两人一组，一攻一守，用一个球，教练员传球，进攻队员①接球后向底线运球突破，在中远距离上突然急停跳投。抢篮板球后排队尾，攻守交换。

目的：提高运球突破急停跳投的能力和准确性。

要求：（1）急停要突然。在快速中一般采用两步急停的方法，腾起投篮时控制好重心。（2）要求投中或连中若干次为一组，完成若干组。

（七）底线突破抢位跳投的练习

练习方法：见图 5-53。前锋队员分两组，上线队员每人持一球，教练员在限制区内防守。①接②的球从底线突破，教练员⊗有意造成进攻队员抢位跳投的机会，把⊗挤在身后跳投，投篮后抢篮板球排到上线队尾。②传球后到前锋位置的队尾，依此连续练习。

目的：掌握底线突破抢位跳投的方法和技巧。

要求：抢步抢位要快要及时，起跳突然，投篮出手快。

（八）向底线运球后转身投篮的练习

练习方法：见图 5-54。前锋队员分两组，一组站在前锋位置，一组站在后卫位置，教练员⊗在底线距离约 3 米处上做防守。①接②的传球后从底线突破，教练员有意堵死底线，并以右脚为轴做后转身运球，左脚向篮下跨出，用左手上篮。或运球后转身双脚起跳投篮。之后抢篮板球排在后卫位置的队尾。②传球后排在前锋队的队尾。左侧练习方法一样只是方向相反。

目的：掌握底线突破被堵死后，运用后转身投篮的方法和技巧，并提高其运用的能力。

要求：（1）后转身时，要把防守人挡在身后，并紧贴防守人转身，转身后起跳上篮时两脚尖要对准篮。（2）运球中运用后转身投篮，整个动作要协调，变化要突然，转身后投篮要控制好重心。

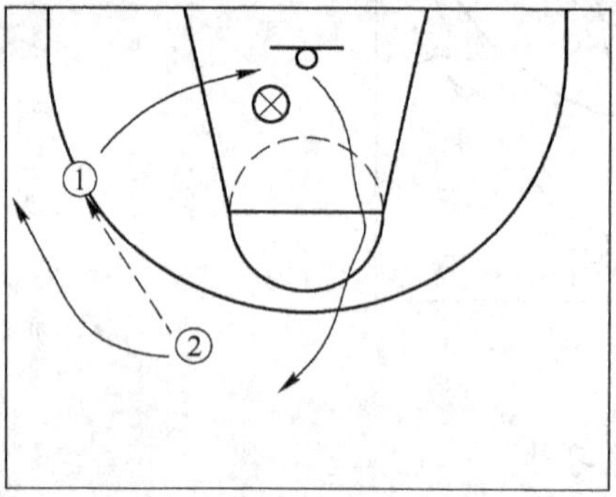

图 5-53

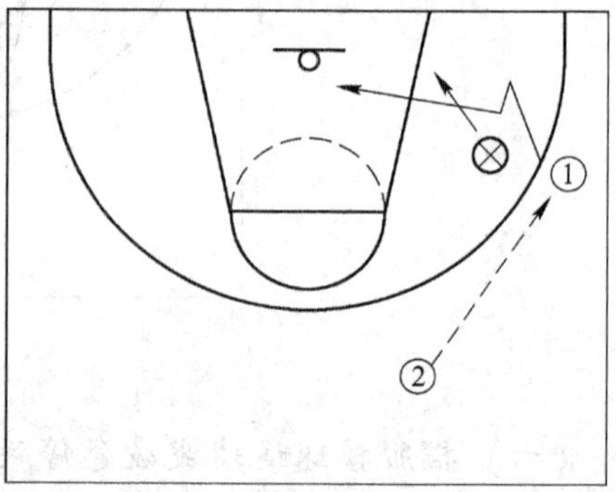

图 5-54

（九）从上线运球突破后变后转身投篮的练习

练习方法：看图 5-55，前锋队员分两组，一组站在前锋位置，一组站在后卫位置，教练员⊗在距篮约 3 米的 45°~70°的位置上做防守。①接②的球后从上线运球突破，教练员有意卡堵上线，这时①后撤左脚紧贴⊗并以左脚为轴做后转身运球，右脚向篮下 45°跨出，用右手低手上篮，之后抢篮板球排在后卫位置的队尾。②传球后排在前锋队的队尾。左侧练习时方法相同，方向相反。

目的：掌握上线突破球受堵后转身投篮的方法和技巧，并提高运用的能力。

要求：后转身时，要紧贴住防守队员，并把防守人挡在身后，右脚跨出时脚尖要对准篮。

（十）利用掩护做运球上篮或急停跳投的练习

练习方法：见图 5-56。前锋队员两人一组用一个球，一人进攻一人防守。中锋队员②站在内中锋位置上，教练员⊗做传球。练习时，进攻队员在前锋位置摆脱接⊗的球后，②给①做侧后掩护，①根据掩护位置，向底线或上线做运球上篮或运球急停跳投。抢篮板球后与①攻守交换，左侧练习时方法相同。

目的：掌握利用掩护运球上篮或急停跳投的方法，并提高投篮的准确性。

要求：抓住掩护的时机，突然运球上篮或急停跳投。

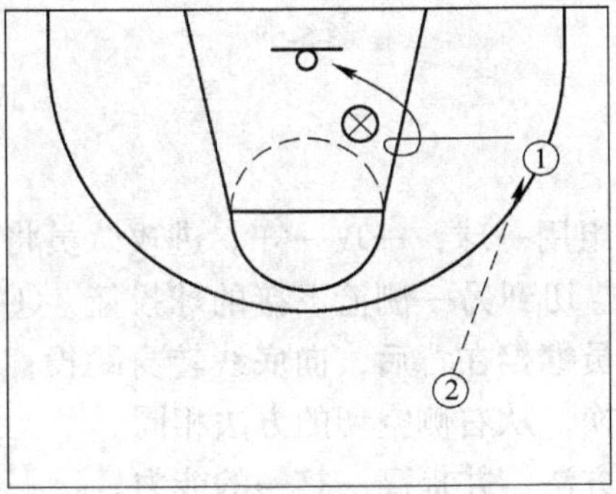


图 5-55

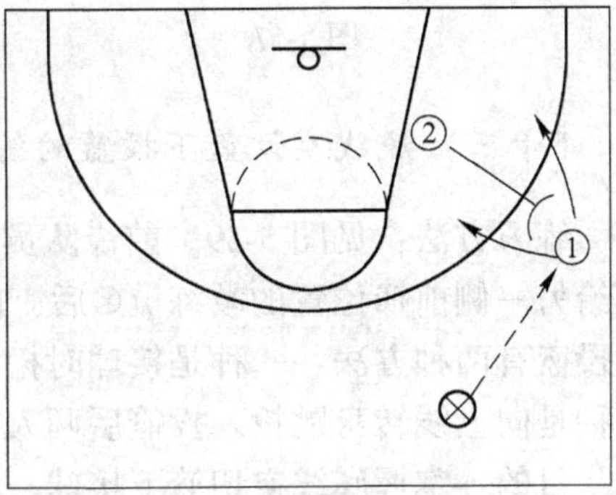


图 5-56

（十一）45°空切接球上篮或急停跳投的练习

练习方法：见图 5-57。前锋队员两人一组用一球，一攻一守，进攻队员摆脱的防守后由 45°空切，接⊗的传球上篮。之后攻守交换。右侧空切时方法相同。

目的：掌握空切上篮或跳投的方法，并提高空切时一打一的能力。

要求：摆脱起动空切要突然，接球时远离球的那一侧肩背紧贴防守人，而手臂屈肘高抬保护球。

（十二）向底线空切接球上篮的练习

练习方法：见图 5-58 前锋队员两人一组用一个球，一攻一守。进攻队员①摆脱⊗的防守，由底线空切到篮下，接②的传球上篮，或跳起接球直接补篮，或直接扣篮，或跳起接球后找时间差再跳起投篮，之后，攻守交换，在左侧练习时方法相同。

目的：掌握底线空切接球上篮的方法，并提高空切一打一的能力。

要求：(1) 摆脱空切要突然，并注意伸手示意同伴传球。(2) ②要掌握好传球的时机，并做到传球及时到位。①和②配合要默契。

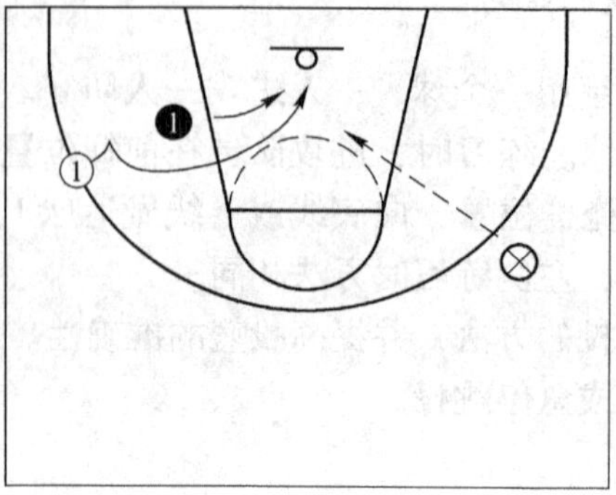


图 5-57

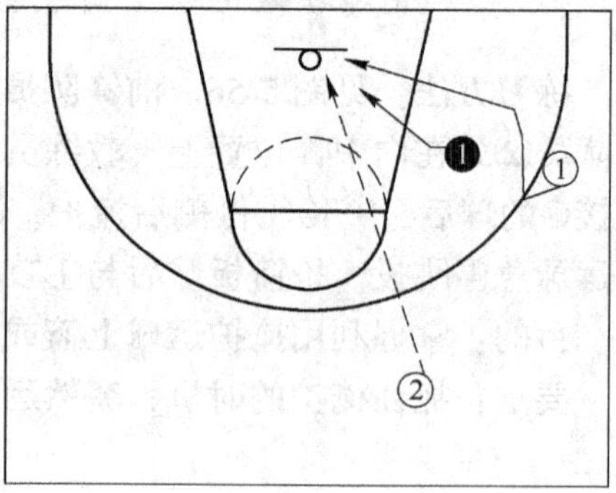


图 5-58

（十三）底线空切篮下投篮的练习

练习方法：见图 5-59。前锋队员两人一组用一球，一攻一守。进攻队员将球传给另一侧前锋位置的教练员⊗后，由底线空切到另一侧篮下接的球投篮，①接球投篮有两种方法：一种是接球时把防守队员❶挡在背后，向底线转身跳投；另一种是向上线转身跳投。投篮后两人攻守交换。从右侧空切的方法相同。

目的：掌握底线空切篮下接球一打一的方法，并提高一打一的能力。

要求：（1）接球时一定要把防守队员挡在身后。如果空切时未摆脱防守队员，最后可运用抢步的方法把防守队员挡在身后抢位接球。（2）注意运用假动作运用时间差跳起投篮。（3）转身跳投时，注意保护球。

（十四）底线空切篮下接球投反篮或跨步投反篮的练习

练习方法：见图 5-60。前锋队员两人一组用一个球，一攻一守。进攻队员由底线空切到另一侧篮下后，接⊗的球投反篮。投反篮的方法如下：

方法 1：跳起接球时，把防守队员❶挡在身后，空中直接投反篮。

方法 2：跳起接球时，把防守队员❶挡在身后，空中直接转身投篮。

方法 3：跳起接球，落地时背对篮，当防守队员❶紧逼防守并双臂高抬封堵投篮角度时，运用跨步摆脱防守，到篮下另一侧投反篮。

目的：掌握底线空切篮下接球后投反篮的方法，并提高篮下接球后一打一的能力。

要求：（1）跳起接球空中投反篮的难度较大，要掌握好空中身体平衡和选好投篮的角度。（2）在篮下激烈的对抗中，注意抓住空隙或利用时间差及时投篮。（3）在篮下激烈的对抗中，不要怕碰撞，敢于靠近对方攻击，不要躲着对方投篮，但要注意保护球。

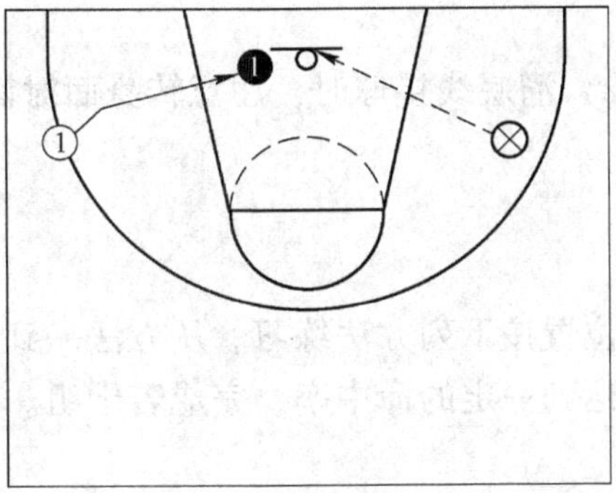


图 5-59

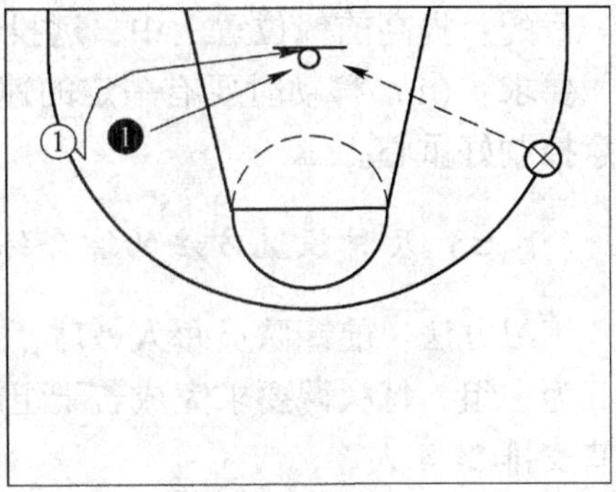


图 5-60

（十五）两点移动投篮的练习

练习方法：见图 5-61。前锋队员两人一组，用一个球，一人投篮，一人抢篮板球后做传球。①在 0° 角中或远距离接②的传球后跳投，然后向上线移动到约 70° 以内的位置接②的球投篮。由 0°～70° 之间连续投篮 10～20 次，或投中 10 次或连续投中若干次为一组，完成若干组。之后①和②两人交换。一个篮的左右两侧各安排一组同时进行练习。

目的：提高前锋队员中、远距离投篮的命中率。

要求：（1）从 0°～70°，任选两点移动感投。（2）移动速度要快。

（十六）三人移动投篮的练习

练习方法：见图 5-62。前锋队员三人一组用一个球，一个投篮，一人抢篮板球，一人传球。开始时投篮队员①从篮下移动到底角（或 45°）（中距离或远距离）接③的球投篮，投篮后立即从底线移动到另一侧同样的位置接③的球投篮。投 10 次或投中 10 次或连中若干次为一组，之后轮换。②负责抢篮板球后传给③，③传给①，①投篮。

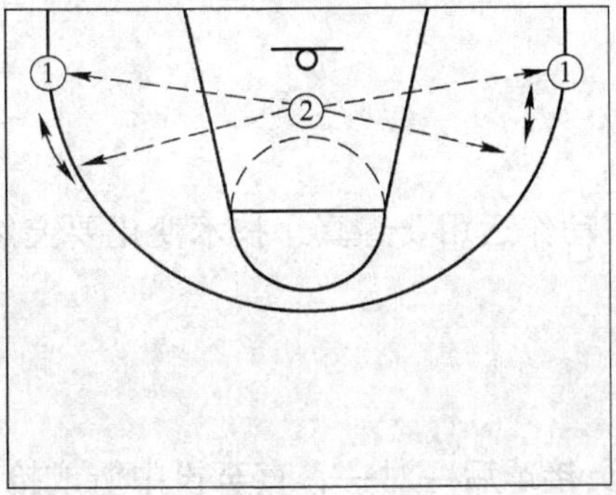


图 5-61

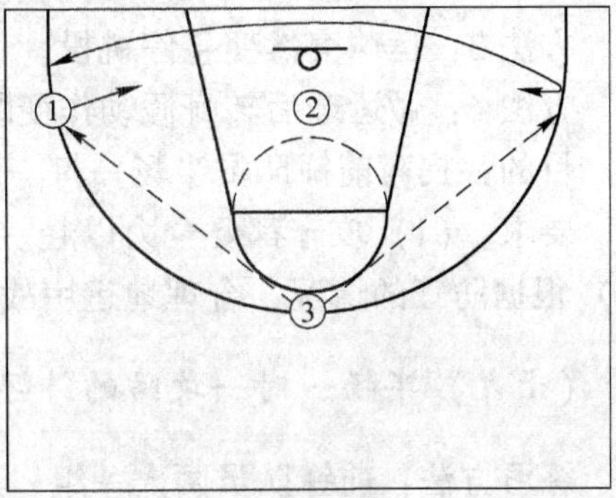


图 5-62

目的：提高前锋位置上中、远投命中率。

要求：（1）移动时要有一定的速度。（2）溜底线接球时，注意转身面对篮，注意控制好重心。

### （十七）几种投篮方法的综合练习

练习方法：前锋队员每人一球，在前锋位置按下列方法练习。从方法一到方法五为一组，每次课要求完成若干组或要求达到一定的命中率，完成若干组。一个篮安排 2~4 人。

方法 1：原地中距离跳投 5 次；

方法 2：原地远距离跳投 5 次；

方法 3：做突破假动作变跳投 5 次；

方法 4：运球突破急停跳投 5 次；

方法 5：运球突破转身跳投 5 次。

目的：提高各种投篮方法的命中率。

要求：（1）自己投篮后跟进冲抢篮板球，之后快速回到投篮位置。（2）假动作做得要逼真，运球急停或运球转身都要在快速中完成，急停或转身时要控制好重心。

### （十八）半场一对一投篮突破的练习

练习方法：前锋队员两人一组用一个球，一人进攻一人防守。进攻队员根据防守队员的防守情况，做投篮或突破或运球急停跳投，投中篮或抢到防守篮板球为结束，之后攻守交换。攻守交换时要求：甲，一次投篮后，攻守交换；乙，防守成功，攻守交换；丙，连续防守成功若干次，攻守交换。按下列方法进行练习：

方法 1：做突破的假动作变投篮。

方法 2：做投篮的假动作变突破。

方法 3：运球突然变急停跳投。

方法 4：做运球后转身假动作变跳投。

目的：提高前锋队员半场一打一的能力。

要求：（1）攻守都要全力以赴。（2）假动作运用要逼真，技术变化要突然。（3）根据防守的情况，合理地运用战术。

### （十九）半场一对一攻防的练习

练习方法：前锋队员两人一组，进攻队员接球后一对一，直至投中篮或抢到后场篮板球，排队尾，或连续成功若干次后（进攻或防守成功）排队尾，攻守交换。

目的：提高前锋队员攻、防的能力。

要求：(1) 以投中篮或抢到后场篮板球为结束。(2) 注意观察攻、防队员的特点，合理地运用技术。

（二十）防前锋队员接球的练习

练习方法：见图 5-63。前锋队员两人一组，在前锋 45°位置上一攻一守，教练员做传球。防守队员不让进攻队员在他习惯攻击的位置或区域接到球。防守若干时间后，两人攻守交换。

目的：提高防前锋接球的能力。

要求：(1) 防守队员应明确进攻队员除原地接球可以攻击外，还有三条移动路线，即向外摆脱、向底线方向反切、向限制图 5-63 区内横切，所以要选择能干扰对方原地接球和向其他三条线移动的防守位置，并采用内侧脚在前的防守方法。(2) 当进攻队员摆脱时，应尽量不让对方在他习惯的位置和区域接到球，并重点控制限制区和底线接球。(3) 进攻队员从底线向另一侧空切时，防守队员可采用"面防"和"背防"的方法，无论何种防守方法，都要用身体紧贴对方并用手干扰对方接球。位代技术的教训练法

（二十一）防前锋队员底线空切接球的练习

练习方法：见图 5-64。前锋队员两人一组，一攻一守，教练员⊗在外线后卫位置上持球。进攻队员①在前锋位置摆脱接球，❶积极防守。当❶突然向底线空切，而❶防守时出现一刹那间的漏防时，❶仍要马上紧追，并在移动中高举双手（无论是面对防守人或背对防守人）干扰对方传、接球。

目的：掌握防底线空切接球的方法并提高其防接球的能力。

要求：在防前锋队员原地摆脱的同时，重点防对方向底线和限制区的空切，一旦漏防，应积极追防并采取补救方法，即高举双手干扰对方传接球。

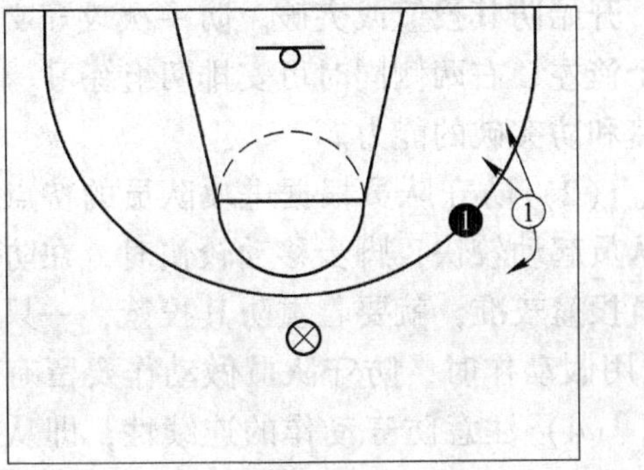

图 5-63

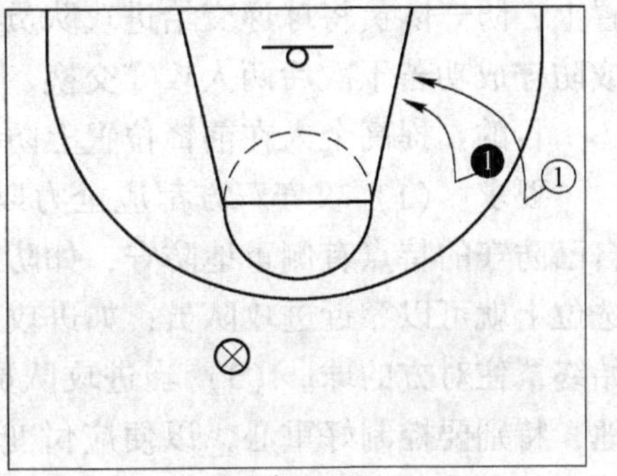

图 5-64

### （二十二）防前锋队员从内中锋一侧向底线空切的练习

练习方法：见图 5-65。中锋队员②和❷站在内中锋位置上一攻一守，教练员⊗持球站在另一侧前锋位置上。前锋队员两人一组，一人进攻一人防守。练习开始时，前锋队员与内中锋队员落在同一侧，防守前锋的队员❶积极卡堵①上线向限制区空切，当①利用内中锋②的掩护从底线空切时，❶力争从②前面挤过去防①，当预先感到无法挤过时，应及时告知同伴❷，让❷防②的同时兼顾防①，而❶立即从上线绕过去防①，在上绕的过程中，高举双手干扰对方传接球。

目的：掌握防前锋队员从内中锋一侧向底线空切时绕过防守的方法，并提高防守能力。

要求：（1）当进攻队员①和②重叠，而且❷正处在有利的防守位置时，正是❷从上线绕过防守的时机，因此这时❶应及时地绕过去防守。（2）在整个防守过程中，❶和❷应及时地呼应，彼此配合要默契。

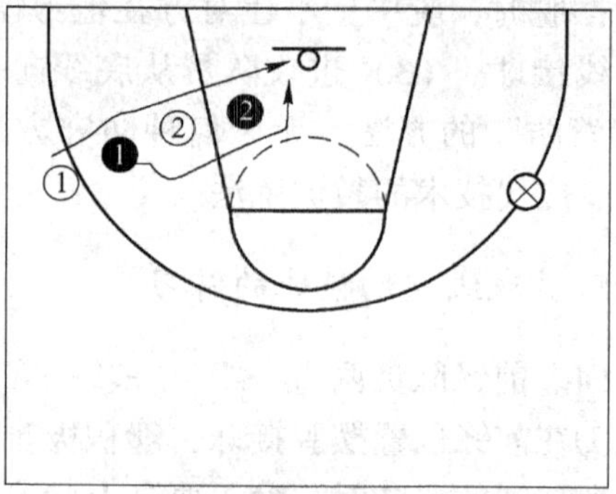

图 5-65

### （二十三）半场一对一防投篮和突破的练习

练习方法：前锋队员两人一组，用一个球，一人进攻、一人防守。在前锋位置上，防守队员将球递交给进攻队员后，开始防其投篮或突破。防一次攻守交换或防守成功若干次后两人攻守交换。每个篮左、右两侧同时可安排两组练习。

目的：提高个人在前锋位置上防投篮和防突破的能力。

要求：（1）攻守双方都应全力以赴。（2）防守队员根据进攻队员的特点和自己防守的特点有侧重地防守，如防守队员起动较快，脚步移动较快时，在防守选位上就可以靠近进攻队员；如进攻队员投篮较准，就要着重防其投篮，一只手始终罩住对方的球。（3）当进攻队员运用假动作时，防守队员做动作要留有余地，特别要控制好重心，以便应付变化。（4）注意防守动作的连续性，即从头到尾都要全力积极防守，直至这一回合结束，否则稍一松懈就会造成防守失败。

## 三、后卫位置技术训练

后卫除了投篮、渗透和防守技巧外，主要表现在控球能力强和支配球能力强。一般来说，防守队员是球队的核心成员，除了自己的进攻和防守，还要组织球队的进攻和防守，所以防守队员必须有很强的控球和支配球能力。在控球支配球技术训练中，防守队员要比其他队员更加努力，控球支配球主要表现为运球、传球和接球。因此，要根据自己的情况和特点，选择一些训练方法作为自己经常练习或每天练习的内容。

### （一）摆脱传、接球的练习

练习方法：见图 5-66 和图 5-67。后卫队员两人一组，进攻后做防守。后卫①和②传球，❶和❷防守。①和②力争在自己最习惯的攻击位置上和攻击区域内接到球，连续传、接球若干次后，①和②可突破上篮或跳投。进攻后变为防守，防守组休息，新上的一组进攻。

要求：（1）防守队员紧逼传、接球队员。（2）进攻队员只能在后卫位置或区域内做各种摆脱接球。（3）必须在 5 秒以内将球传出或摆脱接到球。（4）接球后应保持身体平衡，面对篮，以便能立即攻击。

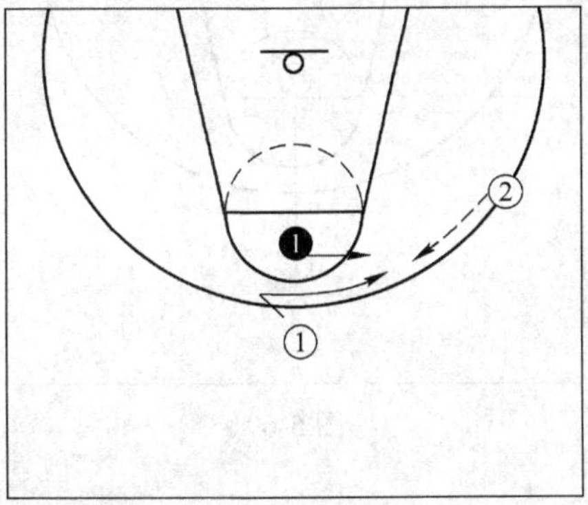

图 5-66

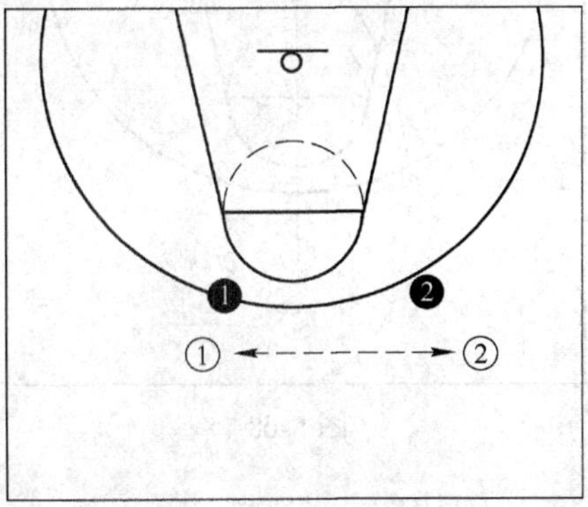

图 5-67

### （二）连续突破上篮的练习

练习方法：见图 5-68。①持球站在三分线外，运球突破上篮（或扣篮），在球落地前将球接住，然后快速跑回原来的位置再做。投中 20 次为一组，完成若干组。

目的：提高突破时起动的速度和灵活性。

要求：（1）根据队员的速度要求在规定的时间内完成。（2）突破前双脚都不得踩三分线。

### （三）运球急停跳投

练习方法：后卫队员每人一球，从三分线外运球急停跳投。投 10 次为一组或投中 10 次为一组或连中若干次为一组，完成若干组。

目的：提高运球急停跳投的命中率。

要求：在快速运球中急停跳投。急停突然，起跳要快。

### （四）跑投或急停跳投的练习

练习方法：见图 5-69。教练员在罚球线附近防守，后卫队员①从中线向篮下方向运球，当接近③时，⊗有意造成①跑投或急停跳投的机会，投篮后自抢篮板球排队尾。

目的：掌握跑投或急停跳投运用的时机并提高其准确性。

要求：（1）在快速运球中完成技术，急停、起跳要突然。（2）投篮时控制好身体平衡。

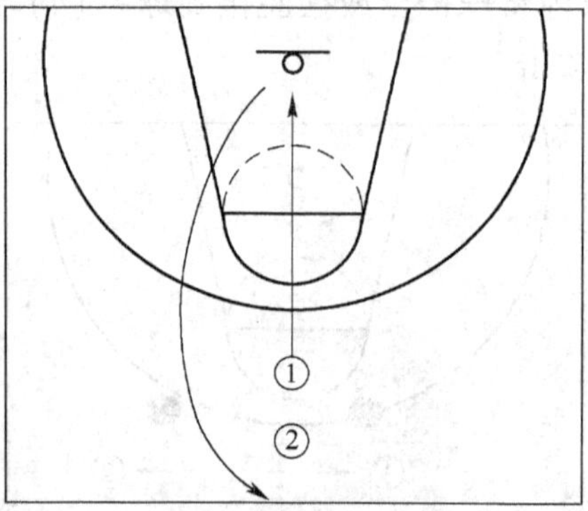


图 5-68

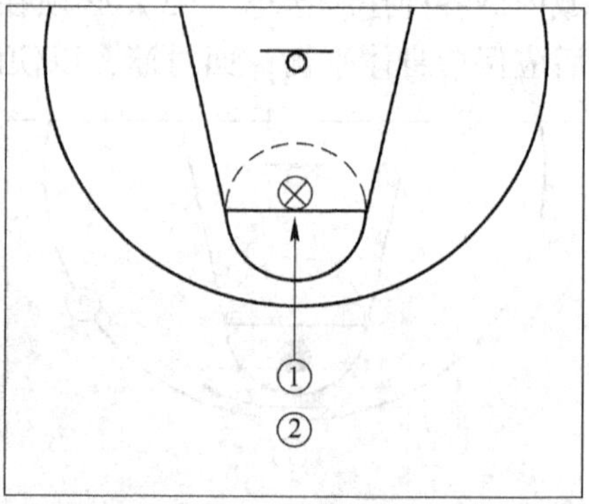


图 5-69

### （五）运球后转身

练习方法；见图 5-70。后卫队员两人一组，一攻一守，用一个球。后卫①运球突破，造成防守队员❶侧重一侧防守时，①及时运用后转身把❶挡在身后，快速跨步上篮或跳投。然后两人攻守交换，后转身的步法有两种（以从右侧向左侧做后转身为例）：一种是①向右侧用右手运球，❶卡堵右侧时，①以左脚为轴做后转身；另一种是后转身前先后撤右脚，用右脚和右腿紧贴❶，然后以右脚为轴再转身。

目的：掌握后转身突然上篮或跳投的方法，并提高其运用的能力。

要求：(1) 转身时要紧贴防守队员，并把其挡在身后。(2) 转身后上篮或跳投时应控制好身体重心。(3) 左、右两个方向的后转身都要练习。

（六）运球中路突破分球的练习

练习方法：见图 5-71。后卫队员一组，每人持球站在中路三分线外。内线队员一组，站在内中锋或前锋位置上，队员❷防守内线队员。练习时后卫队员①持球从中路三分线运球突破，防守内线队员的❷及时补防，这时①将球分给移向空隙处的②，②投篮。抢篮板球后两人各回原队尾。❷继续防守，防一轮后轮换。

目的：提高后卫队员突破分球的技术和能力，以及与内线队员默契配合的能力。

要求：(1) 防守队员及时补防时，突破队员隐蔽传球给同伴投篮。如果防守队员补防不及，抓住机会自己上篮。(2) 后卫队员应掌握向左、右两侧各种隐蔽分球的技术。

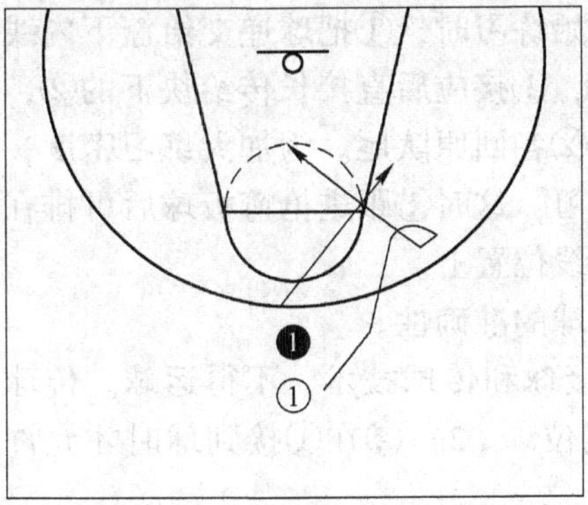

图 5-70

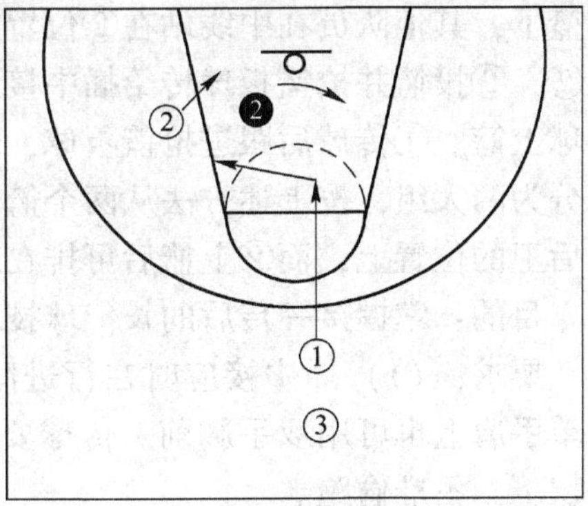

图 5-71

（七）快速运球突破上篮的练习

练习方法：见图 5-72。后卫队员一组，每人持一球站在①位置上，内线队员一组站在限制区外，教练员或队员站在另一侧罚球线附近做防守。练习时，后卫队员①把球递交给内线队员②，②投篮并抢篮板球传给插中或拉边接一传的①，①接一传后快速从中路运球推进，到前场突破①的防守上篮。上篮后抢篮板球后排回原队尾。②传球后也排回队尾。

目的：提高后卫队员接一传后快速运球推进的能力和到前场一打一突破上篮的能力。

要求：(1) 运球推进的速度要快。(2) 到前场一打一时，尽量运用各种变速、变向、转身等运球技术，造成上篮的机会。(3) 即使在对方犯规的情况下，也要力争投中篮。

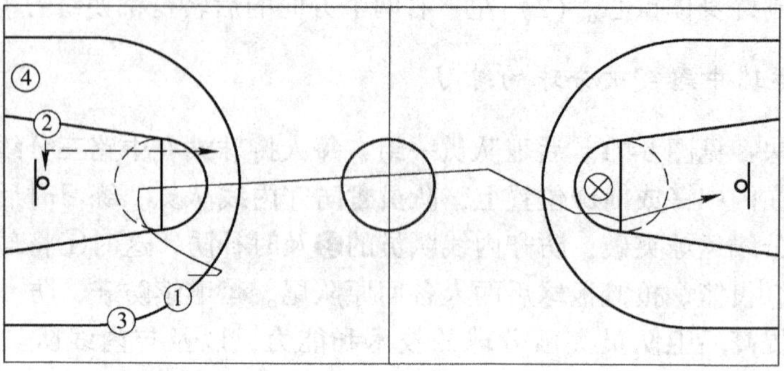


图 5-72

(八) 接一传后长传球的练习

练习方法：见图 5-73。后卫队员每人持一球，站在①位置上，一内线队员站在篮下，其他队员在中线站在②位置上。开始练习时，①把球递交给篮下内线队员②，②投篮并抢篮板球传给插中接应的①，①接应后直接长传给快下的②，②接球上篮。①传球后跟进抢篮板球，然后①②各回原队尾。为加大练习密度，全队分为两大组，按上述方法从两个篮同时练习，这时①跟进抢篮板球后可排在对面后卫的位置上，而②上篮后可排在对面中线位置上。

目的：掌握接一传后的长传球技术和传球的准确性。

要求：(1) 插中接应时在行进间完成接球和传球技术，不得运球。传球可用单手肩上也可用双手胸前，传球要及时到位。(2) ②在①接到球时才允许起动快下，不准偷跑。

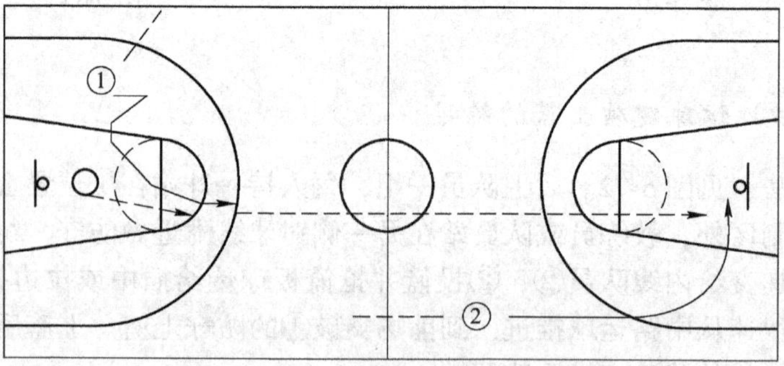


图 5-73

(九) 加防守的接一传后长传球的练习

练习方法：同上一练习，只是加上防守，接应队员和快下队员都加上防守。

之后①与❶攻守交换，②与❷攻守交换。

目的：在有防守的情况下，提高接应后长传球的准确性。

要求：（1）接应后，根据防守情况和快下队员摆脱的情况，可以运球，但要尽量少运球，而且必须在后场将球传出。（2）传球要及时到位。

### （十）运球推进到前场后传球的练习

练习方法：见图5-74。六人一组，三人进攻，三人防守。练习时，后卫队员①和❷落在后场端线内，其他队员落在前场。进攻后卫①摆脱❶的防守接⊗的端线界外球后，运球向前场推进，到前场后①设法将球传给②或③，❷和❸积极防守，②或③接球，一旦②或③接到球立即投篮或突破上篮，或通过简单的配合投篮，然后攻守交换。组织教学训练安排：一种是六人一组，全队分两组，轮换练习；另一种是八人一组，全队分若干组，进攻后变防守，防守后下去休息，新上来的一组进攻，顺序轮换。

目的：提高后卫队员运球推进的能力和到前场后在有防守的情况下及时准确地传球的能力。

要求：（1）在规定的时间内必须运球推进过中场，否则算违例。（2）在前场应及时、准确地将球传给同伴。

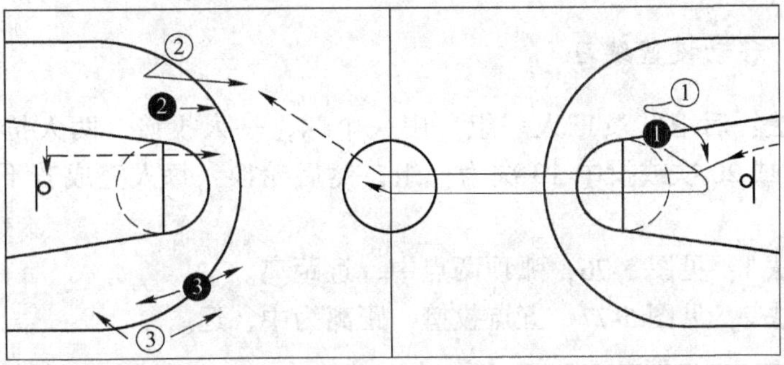


图5-74

### （十一）运球向前场推进的练习一

练习方法：见图5-75。后卫队员两人一组，一人进攻，一人防守，用一个球。❶和❷固定在后场防守，❷着重防左侧，❸着重防右侧。练习时，进攻后卫①摆脱❶的防守接教练员掷的端线界外球后，运球向前场推进，突破❷或❸与❶的夹防，通过中线。

目的：在有防守和夹防的情况下，提高后卫队员运球推进的能力。

要求：（1）在规定的时间内运球推进过中场得一分，要求完成若干分。（2）进攻队员接球后开始运球就可以夹防，但只能是两人夹防。

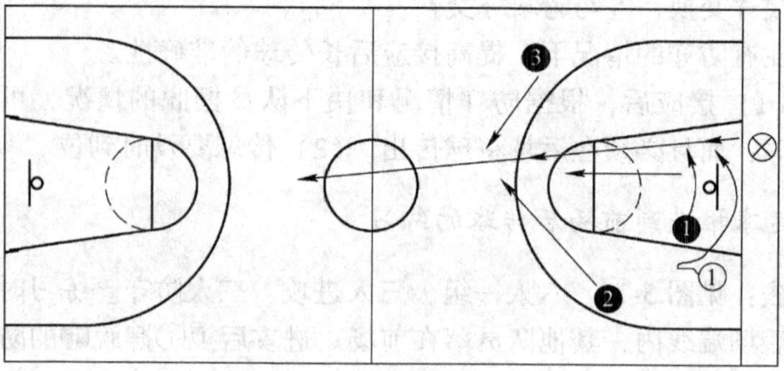

图 5-75

### （十二）运球向前场推进的练习二

练习方法：后卫队员三人一组，用一个球，一人进攻两人防守，从掷端线界外球开始，两个防守队员夹防进攻队员，进攻队员摆脱接球后，运球突破过中线。三人轮换做运球推进。

目的：提高后卫队员运球推进到前场的能力。

要求：（1）在规定时间内运球推进过中场，否则算违例。（2）防守队员犯规，练习重新开始。

### （十三）移动投篮练习

练习方法：后卫队员三人一组，用一个球，一人投篮，两人抢篮板球并传球。投 10 次或 20 次或投中 10 次为一组，然后轮换，每人完成若干组。一个篮安排一组。

移动方法 1：见图 5-76，弧顶两点中、远距离。

移动方法 2：见图 5-77。五点投篮，距离为中、远。

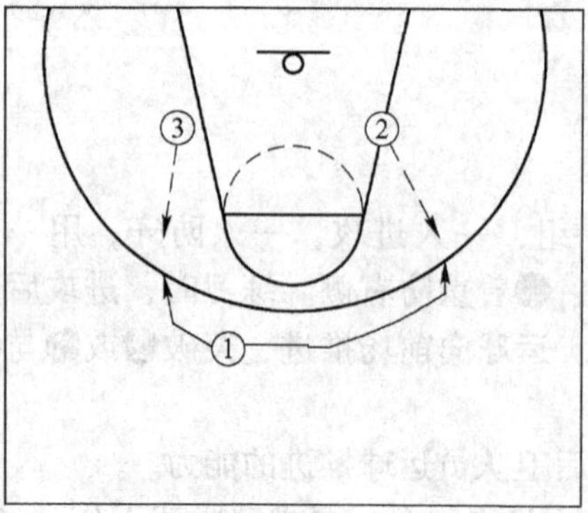

图 5-76

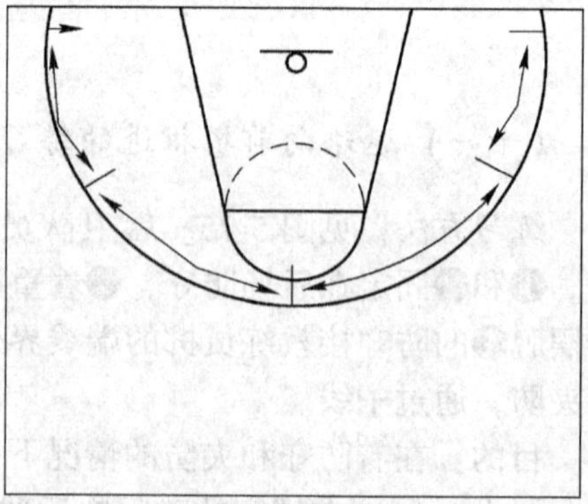

图 5-77

目的：提高后卫队员中、远距离移动投篮的命中率。

要求：抢篮板的队员要快，确保投篮在一定的强度下完成。投篮者在投篮后迅速移动到下一个投篮点。

### （十四）半场一对一攻守练习

练习方法：后卫队员两人一组，用一个球，一人进攻，一人防守。进攻队员根据防守队员的防守情况做投篮、突破或运球急停跳投，而防守队员根据进攻队员的进攻情况采取针对性防守。一个篮可同时安排两组练习。

攻守交换方法：甲，一次攻守后交换。乙，防守成功，攻守交换。丙，连续防守成功若干次，攻守交换。

目的：提高后卫队员半场一对一的攻守能力。

要求：(1) 尽一切努力进行攻防。(2) 注意利用假动作为自己创造攻防机会。(3) 根据攻防情况和队员特点，及时合理地使用技术。

# 第六章

# 篮球专项力量训练法

## 第一节　结合篮球技术动作力量训练的基本原则

现代篮球技、战术的快速发展，对时间和空间的竞争越来越激烈，比赛中进攻和防御的质量越来越高，身体接触越来越频繁，进攻和防守的转换速度是越来越快，这要求篮球运动员要具备更好的身体素质。因此，重视身体素质的培养对提高篮球运动员的技术水平具有重要意义。

而力量素质是一切运动的动力源泉，是决定运动成绩的重要因素。力量训练已经成为各国强队的重要训练内容，特别是在世界领先的欧美一流队伍中，他们对力量训练有着深刻的认识和良好的训练措施。原本比中国运动员强的欧洲和美国运动员，有着较强的跳远能力，始终保持着身体能力的领先地位，力量训练的重要性仍在不断显现。

篮球专项力量训练应遵循的一般原则如下。

### （一）大负荷原则

大负荷的原则是指最大肌肉力量发展时，肌肉克服的阻力应该足够大，阻力应该接近（至少 2/3 以上的肌肉的最大负载能力），甚至略高于肌肉能承受的最大负载。这一原则取决于的生理机制在于，因为每个肌肉内运动单元的兴奋性是不同的，当阻力负荷较小时，中枢只能调动兴奋性高的运动单位参加收缩，随着阻力的加大，参与收缩的运动单位逐渐增多。大到足以刺激中枢神经系统，运动中枢可以发出较强的信号，从而调动更多的运动单位参与同步收缩，肌肉表现出较大的肌肉张力。

### （二）渐增负荷原则

其原理是在力量训练中，随着训练水平的提高，肌肉所克服的阻力也应增加，以保证最大肌肉力量的不断增长。福克斯（Fox）提出合适的方法用于增加负载，以用 8R 量（R 量：表示能重复的最高次数）负荷进行训练为例，当随着功率的增加 8R 的负荷逐渐可以重复 8 次以上，直到它可以重复 12 次（12R 量）时，应该增加负荷，使增加负荷的重复次数又重新成为 8R 量。但是，对于训练水平较低或力量较弱，负荷可采用 10R 量，训练可为 15R 量的标准；若为发展绝对力量，负荷可为 1R 量，训练可为 5R 量；静力性练习可负荷为 5s，训练到 10s 等方法。

### （三）专门性原则

专门性原则是指运动员所需要的特殊肌力训练应与相应的特殊技术特征相一致，也就是说，比赛动作的肌肉和群体应承担一定的负荷和发展。行为的时空过程应与行为的整体结构和局部结构相一致。注意克服比赛动作的阻力，训练动作的力度和速度应符合竞赛动作的要求。训练所练习的神经肌肉工作方式应与比赛的动作相一致，包括克制和让步，以及静态工作。训练的重复次数应与比赛动作的频率相适应。训练的内部条件应与比赛的动作相一致。篮球更多的是关于在疲劳状态下坚持比赛的能力。还要考虑参赛人员的心理需求；等等。

### （四）负荷顺序原则

负荷顺序原则是指力量练习过程中应考虑前后练习动作的科学性和合理性。同时进行不同种类的力量训练时，首先安排爆发力的训练，然后是最大强度的训练，最后是力量和耐力的训练。当不同的肌肉群同时训练时，主要的肌肉群在前面，次要的肌肉群在后面；上肢和下肢同时训练时，下肢在前，上肢在后；在同一部位的训练中，整体练习在前，孤立练习在后；当专业肌肉训练和辅助肌肉训练同时进行时，专项肌群在前，辅助肌群在后；调整修补训练时，可安排薄弱肌群在前，强壮肌群在后。

### （五）有效运动负荷原则

肌肉力量稳定提升，需要以强大的运动强度作为支撑，确保运动量足够，才能够实现肌肉纤维结构的生理性变化。针对不同类型的力量训练，可以采取不同的符合程度，这样才能够有针对性地进行训练。

### （六）合理训练间隔原则

合理的控制训练频率，不能让运动员长时间保持训练状态，以免影响到运动员机体的正常恢复。这两次训练之间需要停留合适的时间，这样才能够确保下一次的力量训练效果，在过度恢复期，使训练效果得以积累。

（七）均衡发展和重点突出原则

促进运动员肌群的全面发展，包括上肢和下肢、前后肌群、左右侧、大肌和小肌、专门肌和辅助肌等。针对训练的不同阶段，选择合理的训练任务，这样能够确保肌肉的重点增长。

（八）系统不间断原则

结合相关研究可以看出，通过训练得到的力量会短时间内快速下降，两周，如果不训练会明显就像身体力量，同样一周刺激肌肉力量两到三次，能够有效地改善肌肉力量。从这理论来看，需要进行不间断的训练，才能够保持训练效果，也能够保持最佳的力量训练状况，这就对教练员来说，提出了更大的挑战，需要合理地进行力量训练的计划，不能够训练频率过高，不准运动员身体恢复的时间，也不能训练频率过低，影响到运动员身体力量的形成。最后，运动员的实际情况和球队的具体要求需要进行阶段性的力量训练计划，教练员明确确定不同。我们的训练计划，这样才能够保持在训练过程不间断地进行力量增长。

（九）区别对待原则

这对不同的运动员在不同的训练状态下，可以选择不同的训练任务，质量更加能符合运动员的实际状况，也能够让运动员在自身基础上有所提升。教练员可以根据这一实际情况来进行相应的安排，选择合理的训练内容，确定不同的训练负荷。在上面提到的三个变量中，篮球队比较难处理的一个变量是人的区别对待。CBA 球队数量众多，尤其是 CBA 俱乐部，由于受一些场地、设施等客观因素的影响，对每个球员的计划制定相对困难。在实践中，在检验和诊断的基础上，根据运动员力量素质的主要特点，可以将 2~4 名相互接近的运动员分为一组。在培训中按小组实施计划是比较理想和可行的。

（十）互换性原则

这一原则是指在力量训练过程中，提高力量训练质量，有针对性地进行训练方式和方法的改变，选择有效的训练手段，这样能够让训练过程更加具有趣味性，提高运动员的兴趣，也能够通过一些新颖的刺激，让运动员参与到训练中去。运动形式并非保持单一不变形式可以有效地变动，但是其本质内容不变即可。力量训练本身即为困难运动员会感觉到身体乏力，同时整个训练过程也极为枯燥，如果教练员没有进行有效的引导，那么会影响到运动员的训练积极性，而且一直采取同样的训练手段，对于运动员来说也会感觉到单调乏味。所以针对这一情况，不断地改变训练方式，这样能够有效地改善这一情况的出现，确保培训的质量。

（十一）重视核心肌群原则

核心肌群主要是指连接上肢、下肢中部和躯干的肌群，包括腹肌群、腰肌群、臀肌群。这些肌肉群是人体上肢和下肢的连接环。没有这些肌肉群的保护，无论上肢力量有多强或下肢力量有多强，最终都能表现出良好的整体协调能力。在实践中，教练经常发现，一些运动员有强壮的腿，但跳跃和灵活性差。一方面，有技术的合理性和神经类型的原因。另一方面，各肌群发育不平衡，核心肌群力量不足，不能有效地将下肢力量转移到重心，促进人体加速运动。

## 第二节　结合篮球技术动作力量训练方法

力量训练方法的构成主要包括手段、负荷、时间间隔、组织和调节等方面。有许多不同种类的训练方法，根据不同的篮球运动员力量训练的目标主要分为最大力量训练方法，快速力量训练方法，力量、耐力训练方法和综合力量训练方法，并在此基础上，根据实践中为了进一步分化成2级、3级、4级和5级的训练方法，见表6-1。

**表6-1　篮球运动员力量训练方法分级表**

| 1级 | 2级 | 3级 | 4级 | 5级 |
|---|---|---|---|---|
| 最大力量训练法 | 内协调训练法<br>结构训练法 | 重复训练法<br>循环训练法 | 动静组合法<br>动力训练法<br>静力训练法 | 动力性克制收缩法<br>动力性退让收缩法<br>动力性克制退让收缩法<br>动力性等动收缩法 |
| 快速力量训练法 | 起动力量训练法<br>爆发力训练法<br>反应力量训练法 | 重复训练法<br>循环训练法 | 动力训练法 | 动力性克制收缩法<br>动力性克制退让收缩法<br>动力性超等长收缩法 |
| 力量耐力训练法 | 最大力量耐力训练法<br>快速力量耐力训练法<br>小力量耐力训练法 | 持续训练法<br>间歇训练法<br>重复训练法<br>循环训练法 | 动静组合法<br>动力训练法<br>静力训练法 | 动力性克制收缩法<br>动力性克制退让收缩法<br>动力性等动收缩法<br>动力性超等长收缩法 |
| 综合力量训练法 | 金字塔式训练法<br>混合训练法 | 间歇训练法<br>重复训练法<br>循环训练法 | 动力训练法<br>静力训练法 | 动力性克制收缩法<br>动力性克制退让收缩法<br>动力性等动收缩法<br>动力性超等长收缩法 |

表 6-1 中所显示的五个级别的训练方法，起决定作用的是第 2、3 级的各种方法。它们涵盖了训练方法的所有基本结构和环节，特别是对训练的负荷强度、负荷测量、间隔等影响训练的主要因素都给出了较为明确的规定。例如，如果我们想要发展最大的力量，我们首先选择最大的力量训练方法，然后我们进入第 2 级或第 3 级，如选择重复训练方法。重复训练法非常具体地规定了运动负荷的测量、间隔时间。在此基础上进一步选择了动态或静态的混合方法。

### （一）最大力量训练方法

最大力量的提高主要取决于肌肉生理横截面的发育和提高，肌肉和肌内协调能力的提高。因此，采用的 2 级方法包括结构训练法和内部协调训练法（见表8-1）。我国职业篮球运动员体重不足的现状表明，在发挥最大力量的同时，可以采用增加肌肉体积的结构训练方法。当然，这也取决于不同训练阶段的任务和个人情况，肌内协调训练不可忽视。

### （二）快速力量训练方法

由于快速力量具有速度和力量的综合特征，一般用于提高肌肉力量的能力和肌肉收缩的速度，以提高运动员的快速力量。其中，运动员肌力能力的发展是快速力量发展的基础，而提高肌肉收缩速度是快速力量发展的决定“动力”。篮球中的大多数动作都是以快节奏或爆发力完成的。起跑速度、急停、起跳、投篮在各种情况下都需要肌肉用力能力和肌肉收缩速度，主要表现为起动力量、爆发力量、反应力等。

在最短时间内（通常不到 150 毫秒）最快地发挥下肢力量，称为起动力。运动实践证明：最大力量水平是起动力的基本因素。许多力量型运动员，如投掷、举重运动员，尽管其体重大大超过了 100 千克，也很少从事过专门的短跑训练，但他们的起动速度都非常出色。发展起动力的负荷特征是采用 30%～50%的负荷强度，进行 3～6 组，每组 5～10 次，每组间歇 1～3 分钟。

以最短的时间（150 毫秒内）和最大的加速度克服一定阻力的能力称为爆发力。在大多数快而有力的项目中，如跳远，它是一个决定性的因素。爆发力也取决于最大强度水平。所以任何发展最大力量的方法也适应于发展爆发力练习。但发展爆发力练习的负荷特征是：负荷强度一般采用 70%～85%，练习组数 3～6 组，每组做 5～6 次，每组间歇 3 分钟。传统观点认为，爆发力训练不宜采用大负荷训练，而应采用最大力量的 40%～50%的负荷训练，负荷过大会导致肌肉收缩速度降低，但训练强化的是力量而不是爆发力，如果负荷过小则会降低肌肉收缩力量，同样也影响爆发力。结果表明，大负荷的快速训练比中等负荷的训练更有利于提高爆发力。这是因为大负荷的快速训练，更有利于刺激大脑运动中枢，使运动单元发出的刺激频率和强度成倍增加，从而调动更多的快速肌纤维来工作，导致爆发力显著增长。小负荷训练既能完成快速收缩工作，又能发挥爆发力。然而，由于负荷小，中枢神经系统的刺激输入不足以诱导更高的脉冲释放频率，也不能激活大量的快速肌纤维。相反，慢速肌纤维主要被用来完成动作过程。因此，小负荷快速训练方法对提高爆发力的作用范围有限。从生理学上讲，爆发力与神经支配、肌肉负荷和肌肉收缩速度密切相关；从训练理论的角度看，爆发力与训练方式、训练负荷、训练速度和训练技巧（完成动作的合理性和协调性）密切相关。从动力学的角度看，爆发力是肌肉的瞬时爆发力，取决于肌肉力量、用力距离和用力时间。可见，爆发力的影响因素有神经系统的功能，肌肉负荷，运动速度和运动技术，为了达到最好的效果的爆发力训练，必须尽可能快速激活肌肉纤维，而肌纤维的激活和募集的顺序是固定的，即低强度练习首先激活慢肌纤维，在强度增加需要较大力量输出时，快肌纤维才被募集，所以大负荷的快速训练应该比中负荷的锻炼，更有利于提高爆发力。身体处于运动状态时，通过肌肉训练来控制运动的整体过程，也能够引起一系列的反应。说到本体感受器的刺激，然后反射修正之后实现分数线运动，这一运动过程能够让人体的反应速度更快，同时声称相应的运动能力。是练篮球运动员的爆发力需要以弹跳反应力为主。

### （三）力量耐力训练方法

力量耐力是既有力量又有耐力的综合性素质。它是在静力性或动力性工作中长时间保持肌肉紧张而又不降低工作效果的运动能力。运动员的力量耐力水平取决于多种因素，其中最主要的是保证工作肌耗氧和供氧的血液循环和呼吸系统的机能能力，无氧代谢的机能能力和工作肌有效地利用氧的能力，以及运动员克服自身疲劳的意志品质。根据肌肉工作的方式，力量耐力可分为动力性力量耐力和静力性力量耐力。动力性力量耐力又可细分为最大力量耐力（重复发挥最大力量的能力）和快速力量耐力（重复发挥快速力量的能力）和小力量耐力三种。发展各种力量耐力时目标不同所选择的负荷特征也不同。

### （四）综合力量训练法

力量训练在维持阶段或基本阶段，为了节省时间和维持以前的训练结果，往往选择一些综合训练方法来发展或维持不同类型力量的水平。如金字塔训练法，其负荷特性变化较大，所涉及的强度类型也不同。刚开始主要是中小强度耐力，然后主要是基础强度和快强度，在顶峰时主要是最大强度。每一种力量素质都是在训练过程中锻炼出来的。

## 第三节　篮球运动核心力量训练方法

### 一、核心力量的概念

目前国外对核心力量训练的研究较多，但对核心概念的界定仍存在争议。从解剖学的角度，人体的“核心”被定义为脊柱、髋关节和骨盆，它们位于上肢和下肢的交界处，起着举足轻重的作用。从这个意义上说，“核心稳定性”是指在运动过程中控制骨盆和躯干肌肉的稳定状态，从而优化动力的产生、传递和控制的能力。“核心力量”是指以稳定身体核心部位、控制重心运动、传递上下肢力量为主要目的的一种力量能力。“核心训练”主要是针对运动员的身体条件进行的稳定性训练，在动态训练基础上，若包括一些核心运动肌的训练，真能够改变如今训练手段的不足之处，和传统训练手段相比，优势更加明显。

### 二、核心力量的作用

在以往的篮球实践中，我国篮球教练员对体能知识和体能训练的概念重视不够。体能训练不符合具体的体能要求。健身训练缺乏系统性和计划性，方法和手段相对不足。篮球的基本技术，如投篮、传球、启动、制动、换向、过人等，都离不开核心力量。特别是急停跳投、空中变向、突破过人、身体对抗等这些篮球运动中的关键性技术动作，核心力量更是起到了举足轻重的作用。

#### （一）对正确完成技术动作具有关键性的稳定与支持作用

篮球运动在比赛过程中，你自身的技术水平为准，具有较高的技术水平，才能够在比赛过程中占据优势，同样战术也不可忽视，通过有效的战术配合，也能够取得比赛的胜利。运动员需要具有较长的身体素质，也能够充分发挥比赛过程中的身体价值，通过身体的协调配合以及核心力量作为保障。这篮球比赛的进行过程中，运动员会不断地消耗体力，在体力消耗达到一定水平时，会影响到运动员的注意力，导致其技术水平有所下降，攻防转换不平衡，导致运动效率明显下降，甚至运动损伤。

篮球运动员的很多动作都是在不平衡状态下完成，其技术的完成情况是人体平衡从改变到恢复正常的变化过程。通过核心力量训练，能够让运动员稳定自己的身体状态，在不平衡的条件下稳定身体姿势，上下肢协调配合，也能够调动身体的其他环节相互配合，在对抗或非对抗条件下，迅速转移重心并保持重心的平衡。核心力量保持稳定，能够更好地控制身体运动，也能够让运动员的精神保持高度集中，肌肉收缩稳定，也能够实现整体动作的灵活性。运动员的核心力量较好，也能够提高其身体素质，保持较强的平衡能力和灵活的运动效果。通过核心力量训练，能够更好地让运动员控制自己的身体姿态，也能够保持自己所做出的技术动作更加合理。

（二）对于篮球专项力量素质，核心力量训练有促进和补充的作用

在运动员训练过程中，专项力量训练不可忽视，人们在篮球运动员长时间的训练过程中也认识到了专项力量训练的重要性，专项力量的训练效果直接影响到了运动员的训练水平，也是运动员竞技能力的重要衡量，这是在运动员训练过程中，人们普遍认同的观点。任何竞技体育项目的技术和动作都不能单靠一个肌肉群完成，需要调动多个肌肉群进行协调。在这一过程中，需要动员许多肌肉群协调作用，核心肌群在稳定重心、传导力量等作用，对上、下肢的协同工作及整合用力起着承上启下的枢纽作用。在日常训练中，应充分发挥运动员自身的专项力量素质，以补充和促进篮球专项力量素质的提高。

（三）核心力量训练可以提高篮球运动员的机体工作效率

篮球比赛过程中很多技术性动作需要通过地面将力量传递给肢体，然后通过法律来完成，这就需要重视核心力量的训练，让运动员从腿部到身体躯干，所有力量相互融合，促进身体各个部位的协调配合，更好的全身协调，完成技术动作要求。稳定的核心力量训练极为重要，能够更为合理的控制技术动作。

篮球运动需要运动员全身肌肉参与进行比赛，尤其是在比赛过程中，需要运动员保持高度注意力集中，整体的身体动作协调，爆发力快，躯干力量强。它能把身体的各个部分有机地结合起来，更好地协调上下肢体。然而，受传统训练理念的影响，篮球运动在运动员的训练过程中，一直极为重视专项力量的训练，但是却忽视了运动员素质训练，素质训练几乎并不安排多少科目，相应的和谐力量训练科目也较少。篮球运动项目专项能力和技术训练固然重要，也是整个训练的主要部分，但是并非是全部内容，篮球运动本身属于技术和战术相融合的竞技类项目，如果忽视运动员的素质训练，尤其是核心力量训练，很有可能出现运动员本身的身体素质问题，导致运动员出现一些运动损伤影响到后续的训练：由于运动员身体力量较弱，缺乏躯干支撑力量，导致上肢和下肢不协调，动作缺乏爆发力，会影响到一些技术和战术的发挥。教练员在平时训练中注意对运动员核心力量的训练，然后以多元的身体能够更加协调，这样在之后的比赛过程中，也能够节约自身的身体力量，有效地改善机体效率，同时也能够保持在比赛过程中的技术水平，取得最好的成绩。

### （四）核心力量训练可以有效地预防篮球运动中的运动损伤

随着篮球运动的职业化发展，发掘运动员的运动潜能，预防运动损伤已成为教练员和运动员共同的训练和比赛主题之一。篮球运动的中锋队员常常出现体能薄弱、躯干支撑力量缺乏、腰肌劳损的现象，而腰肌劳损的部位正好在核心部位，对腰肌训练的目的尽管不是提高运动过程中身体的稳定性和控制能力，但可以间接地达到此目的。人体的躯干和髋关节为下肢发力与对抗阻力提供了稳固坚实的支撑。作用于膝关节的几块肌肉源于髋部，如果核心区的力量不足，髋部肌群运动模式改变，在下蹲和腾空落地后会形成膝关节外翻，使膝关节对抗外翻力量的机械结构功能性不足，从而容易导致膝关节前十字韧带损伤。目前大多数膝关节康复计划都强调躯干肌群力量和髋部肌群力量的训练。因此，核心力量在预防运动伤病和伤后恢复治疗方面具有重要意义，尤其是腰背部与膝、踝关节部位。

## 三、篮球运动核心力量训练方法

核心力量训练主要是对于身体核心区域的能力训练，包括稳定性和功能性训练两个方面。对于篮球运动员来说，核心力量训练重点是核心稳定性的训练，然后能够有效地完成比赛过程中的技术动作，要求一共能性训练图为目的来更好地完成技术动作，从稳定性训练入手选择符合篮球运动项目特点的训练活动。就和篮球运动员的根本需求来进行有效的练习训练，以便于能够将功能性训练和力量训练进行结合，充分发挥了就运动员神经肌肉系统的功能，也能够为促进技术动作的完成提供必要的力量支持。

# 第七章

# 篮球有氧和无氧训练法

## 第一节　篮球有氧无氧运动能力发展简介

### 一、人体运动能力的遗传学研究简述

不幸的是，与其他人类科学相比，人类运动能力遗传学的进展在广度和深度方面都不尽人意。一方面，运动人体的复杂性和实验难度众所周知，更重要的是，运动能力的表现型难以确定。例如，力量素质表现型是如何决定和代表哪些肌肉，然而，速度、敏捷性和灵活性较难掌握，相关研究报道较少。

### 二、人体有氧运动能力的人类学研究

通过查阅大量文献发现，与人类学中关于人体解剖和生理功能的报道相比，关于人体有氧耐力的研究较少，且报道结果不一致，很难得到较为清晰的认识。因为，我们从下面的研究中只能看到研究工作者运用的方法和研究方向。美国学者 S. Robinson 于 1941 年首次对美国白人和黑人的有氧能力进行了比较。他的研究小组发现：在极限强度运动中，白人在使用氧气方面表现出一定的形态优势，并表现出潜在的优势，但在测量最大有氧能力方面，白人和黑人之间没有统计学上的显著差异。人类划分为四大人种，有许多难以描述的民族、部落和土著群体，这些民族和民族生活在不同的自然和社会环境中，因此，对有氧运动能力的人类学研究是一项巨大而艰苦的工作，旨在梳理出在如此复杂的遗传和环境压力下的模式。所以很容易理解为什么在过去的 60 年里，人类对有氧耐力的研究很少。问题是，鉴于近二十年分子生物学的巨大发展，人类学研究作为研究手段，在有氧运动能力的遗传学研究中的作用及前景需要进行重新地审视。

# 第二节　篮球有氧无氧运动特征

## 一、无氧运动能力的基本特征

### （一）神经性无氧运动能力的基本特征与训练实践意义

由于神经源性无氧运动能力更能反映运动员的遗传素质，反映运动员先天的突出能力，因此对运动员的选择具有非常重要的现实意义。有些体育项目需要在很短的时间内完成比赛或技术动作，需要运动员具有先天的爆发力，即运动员具有较强的神经源性无氧运动能力。例如，举重最后用力，田径跳高、跳远的起跳动作，铅球标枪的最后出手动作，拳击的快速出拳动作，足球的最后全力射门动作，排球的起跳到最后大力扣球动作、短距离赛跑、短道速度滑冰的起跑动作等技术动作，从事这些体育运动员神经系统无氧运动能力往往是决定竞争的结果，技术措施有效性，成功与否的关键因素，因此在运动员的选材上就要鉴别其神经性无氧运动能力的水平。

### （二）保持性无氧运动能力的基本特征与训练实践意义

由于保持无氧运动的能力更多的是极限运动中保持速度和强度的能力的反映，它反映了个体在30~180秒内保持高强度、高速度和高阻力运动的能力。保持性无氧运动能力在运动机体遗传因素的基础上，主要依靠后天科学训练对该能力的开发和改善，因此，保持性无氧运动能力是后天科学训练主要能够提高的无氧运动能力之一，如何科学训练来提高运动机体的保持性无氧运动能力是无氧运动能力训练的主要解决问题之一。有些运动项目和技术动作过程主要依靠保持性无氧运动能力来决定竞赛的胜负和技术动作过程的效果。例如，200米跑、400米跑、800米跑，500米速度滑冰、1000米速度滑冰、50米游泳、100米游泳，篮球比赛中一次高强度的24秒防守等，此类运动项目或技术动作过程的特点是一般在30~180秒完成，30~180秒内决定比赛的胜负或某一技术动作环节的胜负，保持性无氧运动能力是运动个体完成此类项目比赛，决定比赛胜负和成绩好坏的关键因素之一，即保持性无氧运动能力是决定此类项目和技术动作过程的主要运动能力。随着运动训练的停止，其效果也会下降。因此，保持性无氧运动能力的改变和提高是运动机体对于运动训练的一种适应现象，科学有效的运动训练是提高运动机体保持性无氧运动能力的重要手段之一。

### （三）持续性无氧运动能力的基本特征与训练实践意义

持续性无氧运动能力反映的是指机体在较长时间内以较高速度、较高强度、较高负荷进行运动过程中的极限运动能力。反映运动机体在 ATP-CP 供能系统、无氧糖酵解供能系统下较长时间运动过程中持续供能的能力，反映运动个体在有氧代谢供能系统不断供能运动基础上，无氧供能系统快速供能的能力，反映运动个体在保持 5～15 分钟以内较高速度、较高强度、较高负荷的持续运动过程中极限速度、极限强度的运动能力。持续性无氧运动能力的主导性供能系统是 ATP-CP 供能系统和无氧糖酵解系统，但是与保持性无氧运动能力不同的是，保持性无氧运动能力反映的是运动机体绝对性 ATP-CP 供能系统和无氧糖酵解系统的供能能力，持续性无氧运动能力反映的是运动机体相对性 ATP-CP 供能系统和无氧糖酵解系统的供能能力。持续无氧运动能力主要反映了运动机体在较长时间的运动和有氧代谢过程中提供无氧能量的能力。在竞技比赛和运动实践过程中，有些运动项目需要运动机体持续运动 5～15 分钟，这些运动项目的特点是运动开始阶段不是极量运动，但整个运动过程要求运动员保持亚极量运动强度，运动过程中实现有氧代谢和无氧代谢的能量一起工作，但在运动的过程中由于战术的需要或结束时的运动过程阶段，需要运动员使用极量的运动方式，这时需要无氧供能系统提供主导性能量供应。无氧运动系统的供能成为整个运动过程的主导性因素，也可以说无氧运动能力是该项运动成绩的主导性因素。因此本章认为：持续性无氧运动能力的高低与运动机体的有氧供能系统能力密切相关，持续性无氧运动能力主要靠后天科学训练获得。

此类运动项目的特点是一般在 5～15 分钟，平均运动强度都比较大，要求运动机体能够在整个过程中保持较高速度、较高强度，运动过程中运动机体大量积累乳酸，但是同时要求运动机体在运动结束阶段具备高速度、高强度、高负荷的运动能力。因此，持续性无氧运动能力是决定此类运动项目竞赛胜负的关键因素之一。

此外，值得注意的是，不科学的、不适合个体运动的体育训练，不仅会提高机体的持续无氧运动能力，而且会破坏机体的无氧运动能力。持续性无氧运动与运动训练之间存在着非常明显的关系，且效果非常明显。它会随着科学的运动训练而改变或提高，随着运动训练的停止而下降。因此，持续无氧运动能力的变化和提高是个体对运动训练的适应现象。科学有效的运动训练是提高连续无氧运动能力的重要手段之一。

### （四）间断性无氧运动能力的基本特征与训练实践意义

此类运动项目或运动过程和赛事的特点是整个的竞赛或赛事的时间都比较

长，在运动过程中需要运动机体反复、间断性的多次进行高速度、高强度、高对抗的短时间快速运动，运动过程中运动个体乳酸持续性积累，需要运动个体具有较强的耐乳酸和代谢乳酸的能力，需要运动机体具有较强的无氧供能系统的恢复能力。因此，间断性无氧运动能力的高低与运动机体的无氧供能系统和有氧供能系统密切相关，而且更多体现的是运动机体无氧供能系统供能后的恢复能力，间断性无氧运动能力主要靠后天科学训练获得。

## 二、有氧运动能力的基本特征

### （一）吸氧量和氧亏

#### 1. 需氧量、吸氧量和氧亏

需氧量是指人体为了维持某种生理活动所需要的氧。需氧量通常以每分钟为单位计算。成年人安静时需氧量大约为每分钟 250 毫升。人体为了维持自己的生命活动必须消耗一定的能量，即使在安静状态下都需要摄取适宜的氧，以满足集体的能量代谢所需。随着运动的渐增，机体所需要的氧量也会增加。

在运动强度小的状态下，机体所需要的氧和所摄取的氧保持一致的状态，才能够使这种运动状体持续较长时间。

在肺换气过程中，有肺泡气扩散人肺毛细血管，并供给人体实际消耗或利用的氧量成为吸氧量。由于人体不能大量储存氧，在实验中所测得的量是机体实际消耗或利用的氧量。因此，吸氧量也称耗氧量或摄氧量。吸氧量以单位时间每分钟计算，故称为每分吸氧量安静状态下的人体的基础代谢低，能量消耗少，每分钟吸氧量与每分钟需氧量处于平衡状态（200~300 毫升）。

#### 2. 运动后过量氧耗及其影响因素

在运动后恢复期中，为了偿还运动中的氧亏，以及在运动后使处于高水平代谢的机体恢复到安静水平时消耗的氧量，称为运动后过量氧耗。在进行低强度的运动中，运动开始后由于吸氧量满足不了需氧量，此时由 ATPXP 分解供能，并由此而形成了一部分氧亏。继续运动时吸氧量逐渐满足于需氧量，虽形成稳定状态，但运动结束后，肌肉活动虽然停止，而机体的吸氧量并不能立即恢复到安静的水平。这是因为运动后恢复期的吸氧量与运动中的氧亏不相等，运动后恢复期的吸氧量并不是完全只用于偿还运动中所欠下的氧，而且还要用于偿还运动结束后．恢复到运动前安静水平所消耗的氧。此外，在运动后恢复期中，除了偿还在运动初期 ATP、CP 分解供能欠的一部分氧亏外，如果持续运动，吸氧量满足不了需氧量，机体处于假稳定状态时，还应偿还由乳酸供能所欠下的氧亏。由此而见，运动后过量氧耗不仅包括 ATP、CP 供能所欠下的氧亏，而且包括乳酸供能所欠下的氧亏。为了偿还运动中所欠下的氧亏，机体在恢复期并不能立即恢复到安静状态，而是逐渐恢复到安静时的水平，因而也包括运动后恢复期所消耗的氧量。

### （二）最大摄氧量及其影响因素

（1）最大摄氧量

人体在进行有大量肌肉参加的长时间激烈运动中，心肺功能和肌肉利用氧的能力达到本人极限水平时，单位时间内所能摄取的氧量称为最大摄氧量。人体进行有氧耐力运动时．最大摄氧量反映了机体呼吸和循环系统氧的运输工作能力。有氧工作能力是指反映本人的有氧供能的能力。这种能力包括最大摄氧量、次最大摄氧量的能力。

最大摄氧量的表示方法有两种，即绝对值和相对值。绝对值用 L/min 表示，即整个机体在单位时间内（每分钟）所能吸收的氧量。由于需氧量与体重成正比关系，而身高、体重存在个体差异。因此，用绝对值进行个体间的横向比较是不适宜的，常用人体的相对值表示最大摄氧量（mL/(kg·min)）。我国成人男子吸氧量绝对值为 3.0~3.5L/min，相对值为 50~55mL/(kg·min)，男子比女子高。运动员可达 5~7L/min。

周期性项目包括各种距离的跑、游泳、自行车、滑雪、划船等项目。随着距离的延长，速度耐力素质便成为主要素质。距离越长有氧耐力素质越重要。耐力素质是中长跑距离项目的基础，有氧耐力与中长跑距离项目密切相关。马拉松、滑雪等长时间的运动项目，体重比较轻有利于运动，因而相对值与运动成绩密切项目。中长游、速滑、自行车、划船等运动项目，运动时并不是直接负荷身体的重量，同时产生推动力的能源与肌肉量的多少有密切关系。因此，这些运动项目的最大摄氧量的绝对值与运动成绩密切相关。耐力竞技项目运动员最大摄氧量相对值最大，男子为 94mL/(kg·min)，女子为 85.1mL/(kg·min)。短跑运动员的最大摄氧量最小。我国中长跑运动员一般低于中非国家中长跑运动员，为 70~75mL/(kg·min)。

在球类运动项目中，不仅项目不同，最大摄氧量不同，而且在同一项目中，由于站位不同，最大摄氧量也不尽相同，如足球项目的后卫队员的绝对值大，而相对值与站位的差异就小。曲棍球前锋相对值最大，依次排列为中锋、后卫、守门员。可以认为最大摄氧量的大小不仅与运动项目有关，而且与耐力训练有关。

（2）影响最大摄氧量的因素

1）心脏的泵血供能和肌肉利用氧的能力

影响最大摄氧量的主要机制是心脏的泵血功能。此功能的大小取决于心脏容积和心肌收缩力。根据 Fink 原理，吸氧量=心率×每搏量×动静脉氧差。心脏的泵血供能称为最大摄氧量的中央机制。在最大心率、每搏量不变的条件下，动静脉氧差是影响最大摄氧量的一个重要因素。肌肉利用氧的能力称为最大摄氧量的外周机制。肌纤维类型影响肌肉的摄氧能力，慢肌纤维有丰富的毛细血管分布，线粒体数目多、体积大，其酶的活性高；慢肌纤维肌红蛋白含量比较高，有利于增加肌纤维的摄氧能力。

2）遗传因素

克索拉斯等研究了 25 对双生子（15 对单卵，10 对双卵），发现最大摄氧量的遗传度为 93.4%。研究表明，进行有计划的训练，受试者只能提高本人最大摄氧量的 5%~25%，主要在于提高有氧氧化酶的活性及毛细血管的发达程度，改善骨骼肌的代谢能力。

3）年龄、种族性别因素

最大摄氧量与年龄的增长有关，即使年龄相同，种族不同也有所差异。青春期男女最大摄氧量的差异很小，12~13 岁之后差异逐渐显著。成人男子（30~45mL/(kg · min)）要高于成年女子 15%~20%。15~17 岁为女子的峰值，18~20 岁为男子的峰值。此后，随年龄的增加，男子以每年 2%、女子以每年 2.5%的比例逐渐下降。老年后下降幅度为 0.8%~0.9%。60 岁时减少到最大值得 70%。

最大摄氧量性别差异的生理机制认为，女子每千克体重的血液和心容积、血红蛋白、心排血量都比男子低。此外，睾酮对最大摄氧量也有良好的影响，是男性比女性强的一个因素。最高心率虽没有性别的差异，可是男性每搏量大，导致最大摄氧量大于女性。由于女性的脂肪比男子多，身体组成的特定决定了最大摄氧量低于男子。

4）训练的影响

虽然耐力素质受遗传因素的影响，但在训练的影响下也可以增长。这是由于训练能促进身体素质潜在能力的发展。

训练可以提高最大摄氧量，这是因为训练可增大心容积和心肌收缩力量。研究表明：一般人心容积为 700~800 毫升，而耐力运动员可达 900~1000 毫升，同时每搏量可达 120 毫升。从 1955 年到现在，世界优秀运动员的最大摄氧量，男子从 80.3mL/(kg · min) 提高到 94mL/(kg · min)；女子从 68.4mL/(kg · min) 提高到 77mL/(kg · min)。由于遗传因素的制约，40 年来，人类最大摄氧量只提高了 8.6mL/(kg · min)。然而，有氧耐力各项运动成绩仍然在不断地提高。耐力训练可导致慢肌纤维线粒体增大、增多，使线粒体氧化酶的活性增加，提高对氧的摄取量。同时，耐力训练在一定范围内可以导致快肌纤维的生理、生化代谢特征向慢肌纤维方向变化，提高摄氧和利用氧的能力。

# 第三节　篮球有氧无氧训练强度分析

“快、高、全、准”反映了现代篮球的总体发展趋势。高速、高强度、高难度组合技术在比赛中的合理运用，对篮球训练提出了新的要求。特别是随着生理生化在训练中的应用，篮球能量代谢的研究得到了广泛的开展。

由于篮球运动员在比赛和训练过程中生理负荷和强度的不断变化，一些对强度问题的定量和定性分析带来了一定的困难。根据训练和比赛的特点，如何全面、正确地分析和衡量运动与能量连续体之间的关系？如何科学确定和实施有氧训练和无氧训练的强度？对于这样的问题，还没有统一的观点和论点。为了进一步引导研究，本文提出了几点观点。

## 一、结合比赛与训练实际，全面衡量运动中各供能系统在能量连续统一体中的地位与作用

在篮球运动中，激烈的对抗和快速的攻防转换使比赛的强度始终保持在较高的水平。从生理学和生物化学的角度来看，运动员在激烈的比赛和训练过程中会消耗一定的化学能。在大脑的调控下，一定量的化学能会有目的地转化为所需的机械能，即表现为一定的运动技术动作。因此，可以说人体运动是肌肉细胞吸收能量完成运动的过程。人体运动能力除受身体、心理、技术战术等因素的影响外，在很大程度上取决于人体所提供的能力。在篮球比赛中，肌肉长时间收缩舒张，内脏活动增强，神经能量消耗增加，当做运动时总能量消耗会比休息时增加几倍，直至数倍。此时的能量供应主要依赖于ATP-CP系统、乳酸能量系统和有氧氧化系统三个能量系统。在竞争中，不同系统不同持续时间，各系统供能的方式和所占的比例各不相同。

高水平的现代篮球比赛，从一开始即进入了高强度的抗争之中。此时能量的供给，主要是由肌肉的三磷酸腺苷和磷酸肌酸来提供的，也就是所称为的ATP-CP磷酸原系统，它是指能源物质在分解时，不需要氧又不生成乳酸而释放出来的能量。而ATP-CP在人体内储量较少，供能最长时间在10秒以内。随着运动强度的增加，体内所需的能量早已超出ATP-CP系统所提供的能量，此时运动中ATP再合成的能量主要靠糖原的无氧酵解来提供。这就是所谓的乳酸能供能系统，它是肌体在处于缺氧情况下主要的能量来源。为了适应大强度比赛的需要。促进短时期乳酸能系统中无氧能量的释放，必须在训练中使这种能量代谢达到超负荷。

不同的运动项目、不同的强度和持续时间对能量供应系统的主要作用是不同的，并且每一项都具有协同代谢的特点。近年来，从传统单纯的量化角度来看，

篮球似乎被设定为有氧代谢占15%，无氧代谢占85%的比赛项目。然而，从篮球运动的特点和战术运用上分析，篮球是一项混合多变的运动，它包含了多种不同强度的周期性运动和不可预测的非周期性运动。高速度、大强度的激烈竞争，往往导致无氧代谢供能比例高达95%左右。从理论上讲，这是一种无氧代谢运动。但这样的高强度往往只发生在某些比赛片段内或部分队员身上，加之整个比赛持续时间较长以及鸣哨后各种时间的间断，这则实质上又不同程度地降低了一定的强度，使运动强度带有一定的间歇性，从而也导致了无氧代谢比例的下降。

综上所述认为，篮球运动中不同强度运动的能量供应之间形成的是一个“能量连续统一体”。这项运动应该是一种以有氧代谢为基础，以厌氧代谢为主导的体育竞赛。

## 二、运用超负荷原则，正确理解和确定有氧和无氧训练的“强度阈”，是实施科学化训练的核心

训练中提高有氧代谢和无氧代谢的训练分别称为有氧训练和无氧训练。训练引起的生理变化取决于超负荷的强度。在训练过程中，没有一定的负荷或超载，就无法适应高强度比赛的需要，也不利于使身体出现过度恢复。因此，根据有氧代谢和无氧代谢在篮球比赛中的相互作用，科学地确定有氧训练和无氧训练的负荷临界点和强度阈，合理地安排超负荷训练，将是改革我国篮球传统训练模式和促进运动技术水平提高的最佳途径之一。那么，怎样理解和确定负荷临界点和强度阈呢？

### （一）有氧强度阈

人体运动中心脏活动加强，运动强度的改变，心率与身体负荷强度在一定范围内呈线性关系，也反映了机体在运动过程中的代谢需求。因此，可以将其作为比赛和训练的应激强度标准，根据最大心率的百分比来确定合理的训练强度阈。一般认为有氧强度阈是使运动时心率达到安静时心率与最高心率间约60%的距离处，分别相当于$HR_{max}$的60%和$VO_{2max}$的50%~55%左右。强度阈如低于该阈值，则对增进$VO_{2max}$无显著效果。而篮球比赛的大强度均高于该阈值，往往有时高达80%~90% $VO_{2max}$。因此，科学地选择好最佳阈值，抓好以增进有氧能力为基础的训练，是提高有氧训练质量的关键。总之，无论是短时间的周期性运动还是长时间的持续性运动，只要训练强度足以使有氧系统过载，就可以提高有氧能力。

### （二）无氧阈

将HL值4mmol/L设为“无氧阈值”。运动中，HL的浓度高于无氧阈值，说明机体以无氧代谢为主；低于无氧阈值，说明以有氧代谢为主。因此，根据HL

含量可评定篮球运动员的有氧和无氧代谢能力，并以此来合理安排训练强度。另外，在亚极量运动中，根据心率无氧阈法，也可间接估测和确定无氧阈值，但应考虑其他因素的影响。正常人的 HR 达 164～172 次/分时，才能达到无氧阈值，而运动员 HR 必须达 172～196 次/分以上时，才能达到无氧阈值。

## 三、根据现代篮球运动发展的规律和特点，选择和确定最佳阈值实施超负荷训练，是提高有氧训练和无氧训练效果的捷径

随着科学训练过程的不断深入，从分子水平研究运动训练影响下机体物质代谢的适应性变化规律是当前运动训练的突出特点之一，从而科学地选择最佳阈值，合理安排负荷，有效地发展运动员的运动能力，尽快提高运动成绩。

篮球比赛的特点决定了比赛的激烈程度。比赛与训练形式的变化，导致运动强度的差异存在。由于强烈的刺激竞争，运动员的神经系统处于高度兴奋状态，所以，心率很快从一开始就达到最高水平的比赛，与此同时，心率变化在一个小范围内，总能保持一个高水平的状态。然而，培训课程是完全不同的。由于影响运动员心理素质和缺乏科学的培训方法，运动员的心率训练课程中明显低于竞争心率，它需要很长时间到达最高心率、心率变异的范围也很大。我们不妨依据高鹗等同志对我国八支青年队比赛和训练时的心率测定结果来做一对比分析。虽然科学培训的口号已经喊了很多年了，但在培训的实际实施中似乎还存在一些差距。因此，更加迫切的是要密切关注青年后备队伍的科学训练。

贯彻科学训练的原则，应从我国青少年身体机能的发展出发，结合我国篮球发展的技术特点和现代篮球发展的总趋势，选择并确定最佳的培训实施计划。根据我国青少年基本身体素质的数据，青年运动员具有良好的机能素质和较大的可塑性。这无疑为科学培训的实施带来了广阔的前景。高强度有氧和无氧训练方法的实施，要求教练员首先解放思想，更新观念。对于传统的训练方法和方法，应吸取精华，发扬光大，但单纯盲目模仿，将直接影响科学训练质量的提高。在训练过程中，必须在一定的训练时间和数量的基础上，加强训练的强度和密度。最有效的方法，可以采用超负荷间歇训练法。在间歇训练中，根据“超量恢复”的原则，确定不同的运动强度、时间和休息间隔，既能提高无氧代谢能力，又能提高有氧代谢耐力。因此，根据比赛的特点、目标和不同阶段的具体训练任务，探索和寻找一个既能提高运动技术水平，又不至于造成损伤的超负荷强度训练的负荷临界点（有氧强度阈值和无氧阈值），是实现科学训练的重要手段之一，也是提高有氧和无氧训练质量的关键。

# 第八章

# 篮球教学与训练的评价方法

## 第一节　篮球教学与训练的评价原则

篮球教学过程中，评价不可或缺，结合教学目标的要求来对教师和学生进行系统的测试，这样能够更好地明确教学目标的要求，也能够展现评价的价值，准确的衡量师生的优势和不足之处，以提高教学质量的过程。它直接影响到篮球教学活动的方方面面。在教学和培训中应坚持以下原则。

### 一、方向性原则

在篮球训练过程中，需要极为重视教学评价，并且确定评价的方向，每一个评价指标和评价环节需要与教学目标相符合，这样才能够展现出课堂设计和教学效果，也能够培养学生的创新能力和综合实践能力。对于教学任务的整体状况进行评价，也能对学生参与课堂的积极性展开评价，而并非是单纯的评价某一个方面。折合篮球运动的特点和学生的实际身体素质情况，展现出学生本身存在的个体差异。然后在此基础上，严格按照课程标准和国家就曾要求，通过有效的评价来提高教师的综合素养，也能够提高学生的身体素质和心理素质。

### 二、科学性原则

在篮球教学评价过程中需要合理的收集评价信息，以便于能够了解到整个教学过程，更为科学合理的选择评价指标，展开有效的评价。教学评价过程需要借助现有的理论知识作为指导，尤其是从教育的角度出发，真实篮球运动的教学规律也能够从整体的教学过程入手，更为全面地进行教学效果评价。这评价过程中坚持科学性原则，充分发挥各个评价指标的价值，确保每一个指标能够展现出不同的教学目标。要求在教学评价过程中，调动师生的积极性，不断提高教学质量，也能够提高学生的学习效果。

## 三、客观性原则

在篮球教学评价过程中，需要确保整个教学评价过程的公平客观，需要从一个客观的角度来反映评价对象的真实状况。评价指标的选择需要准确反映篮球教学的具体要求，不能通过主观臆想来确定目标，而是客观地对待每一个学生，这样才能够更好地展开评价，也能够保持良好的师生关系。

## 四、整体性原则

在教学训练过程中，不仅仅学生的学习状态和教师的教学质量会影响到最终的教学目标，实际上周边的场地、器材、教材、课时等多方面因素，也会影响到教学目标实现，因此需要从整体出发，重视不同的因素在教学过程中的作用发挥，也展现其不同的功能。这教学评价中需要人为系统地分析不同因素之间的联系及相互作用，确定不同因素的影响状况，然后对这些因素进行整体优化。

## 五、整体性原则

在教学评价过程中需要确保目的明确，篮球教学评价本身就是对教学和训练的一种管理和规范性，过上每一次不同的评价，需要根据不同的评价标准来展开，不能够从主观出发，而是要认识到整体的评价效果。

## 六、可行性原则

结合教学实践的具体情况，来确定篮球教学内容和标准的评价，确保主要评价过程简单，容易操作，也能够充分发挥评价的价值。在评价完成之后，调动学生的学习积极性，也能够让教师更加容易接受这一评价过程，全面了解学生的学习状况，有针对性地进行教学过程的调整。

## 七、自评和他评相结合的原则

对于教学和训练过程的评价，其最终的目的还是要提高整体训练的质量。因此，教师和学生、教练员和团队成员应该被给予评价的标准、原则和方法，在教学过程中可以实现自我评价，这样能够有效提高教学质量，提高学生的学习效果。除了自我评价外，还应重视他评，对于特定的教学问题展开评价，这样也能够解决的实际教学过程中遇到的问题，更好地改善教学质量。

# 第二节　篮球教学与训练的评价内容

教学评价是教学管理的主要手段之一。它是根据一定的教学目标和标准，对学生的学习和教师的教学进行系统的调查，并对其价值进行评价。篮球教学评价是根据一定的标准对篮球教学中收集到的一系列信息进行判断的过程。

## 一、篮球教学评价内容

篮球教学评价内容，主要是根据教学大纲规定的评估范围和方式来完成教学任务，通常包括教学目标的评定、重点篮球技术与战术的掌握程度、篮球基本理论知识的掌握程度以及教学训练的基本技能等。

### （一）教学目标的评价

教学目标评价主要是对学生教学目标实现情况的评价。评价学生在教学过程中目标任务的完成情况。技战术熟练度评价是用一定的方法衡量学生技战术熟练程度，是学生学业评价的重要组成部分。

### （二）技术战术评价

通过对运动员技能、战术的评价，了解运动员的技能、战术的学习和掌握情况，以及对教学情况的评价。技术和战术评价可以通过技术标准和技术评价来完成。

### （三）整体教学质量的评价

在篮球教学过程中，对于教学质量的评价不可忽视，这是在教学过程中必不可少的一个环节，能够确定整体的教学目标，采取有效的评价手段，整体分析教学过程中的结果，也能够分析比较教学过程中的优势和不足之处。这样通过对于整体教学活动的判断，分析教学效果，这信息反馈的基础上，能够进一步调节之前的教学过程，也能确保篮球教学达到预期的目标，同时对于学生来说，也能够起到针对性的改善，让学生了解到自己在运动过程中的优势和不足之处，更好地进行调整。教学评价的主要目的是要提高教学质量，让学生能够明确自身的兴趣爱好，提高实践能力，能够培养学生的团结合作精神，促进学生的和谐发展，同时对教学过程进行整体的调控和管理，确保教学的顺利进行，达到最佳的就是质量。篮球教学评价需要根据具体的教学目标，采取一系列的评价手段，整体分析教学效果，也能够判断教学价值。

在篮球教学评价中，课堂教学质量评价是其中一种有效的形式，也是代表性的评价方向，能够在篮球学科知识的基础上，结合课程标准和教学要求，也能够结合学生的实际情况，按照教学规律和学生的心理状态，制定合理的评价标准，在相应评价标准的指导之下，明确教学目标，进一步调动学生学习的积极性，实现教学改革，也能够进一步优化教学过程，更好地实现教学目标。

篮球教学质量评价的主要内容和指标包括教学内容、方法、态度和效果（表8-1）。

**表 8-1　篮球课教学质量评价指标体系**

| 第一层次 | 第二层次 | 第三层次 |
|---|---|---|
| 教学质量 | 教学内容 | 完成教学大纲要求<br>处理教材深度的适合性<br>课程进度和学习负担的合理性<br>理论联系实际 |
| | 教学方法 | 思路清晰，概念准确，重点突出<br>注意启发，促进思维，培养能力<br>示范动作形象生动，语言精练<br>指导学习方法，注意改进教学 |
| | 教学态度 | 备课充分，讲解熟练<br>辅导耐心，批改作业认真严格要求，教书育人<br>用于创新，不断改进教学 |
| | 教学效果 | 考试成绩<br>课堂纪律<br>平时作业与测试<br>学生分析问题、解决问题的能力 |

## 二、教学评价的方法

因为体育训练是一个提高竞技能力，为取得优异成绩做准备的实践过程。因此，训练评价应从运动成绩、竞技能力、训练效应三个方面对训练质量进行评价和分析。

### （一）运动成绩

体育成绩是指运动员参加比赛所取得的成绩，是体育训练最重要的标志，也是体育训练得以继续的重要标志。它是建立在竞争能力表现的基础上的。体育成绩不仅包括运动员（队）在比赛中表现出来的竞技水平，而且还包括在比赛中输赢或名次的结果。虽然决定篮球比赛结果的因素不仅是团队的竞争能力和发挥水平，而且还包括竞争对手的实力和表现，教练的决定和现场指挥，评价行为的竞争（包括规则掌握尺度、场地环境条件、裁判水平）和其他因素。然而，运动员自身的竞技能力是创造运动成绩、赢得比赛的最根本和决定性因素。虽然我们不能简单地通过比赛的输赢来判断训练的质量，但是，从运动员（队）在比赛中的表现和发挥来分析他们在训练中的优劣和存在的问题，可以作为整体评价和分析的重要依据。篮球比赛的结果是由得分的多少决定的。围绕投篮得分有着多种多样的环节，从技术效果，战术方法的选择和应用，攻守次数及成功率等统计其竞技水平发挥的情况进行分析，进一步从整个比赛（整个赛期、赛段或场次）对全队或个人的技术、战术使用，体能、心理意志状况，不同对手在比赛中的发挥等进行对比研究，全面地对前一训练过程进行正确的分析与判断。

### （二）竞技能力

竞技能力是指通过训练提高运动员（队）的综合成绩。衡量竞技能力的因素很多，包括身体形态、身体机能、运动素质、比赛技术、战术运用、智力水平和心理意志等，这些因素决定了竞技能力的高低。不同群体竞争能力的决定因素也不同。例如，在篮球运动中起决定性作用的主要是运动的质量、技术和战术。因此，在训练质量评价中，应将起决定性作用的主要因素作为整体评价的主要依据。竞争力的评价主要应从以下两个方面进行：首先，首先是分析运动员竞技能力各因素的发展水平，通过一定的确定和检验，获得客观的数据进行综合评价；二是分析获取竞争能力的途径，通过对训练内容、方法、负荷等方面的检查，进一步提高运动员的竞争能力，为挖掘运动员的潜力做好准备。在评价中，需要考虑运动员先天竞争能力（如身高优势的遗传效应）与后天竞争能力的条件，在对原始测量结果进行评价时，应进行相关对比分析，得出正确的评价结论。

### （三）训练效应

训练效果是指运动员在一定的训练负荷下竞技能力的变化。这是直接衡量训练成绩、训练效果的指标。我们认为，所要评价的训练效应主要是对训练的组织工作和控制手段去分析训练效果的原因，为总体评价提供依据。主要从以下几方面去分析：一是体育训练工作的指导思想和这一决定的发展方向具有全局意义。正确的决策来自对篮球发展趋势的洞察，获取丰富的信息资源和科学的分析，明确的训练目标和良好的完成条件。二是分析培训过程的组织结构。如何在长期和短期、平时和季节安排训练，从而对具体实施中日程安排、手段、方法、负荷的选择与实施提供必要的前提。三是分析训练手段和方法。在做出判断和结论之前，要对训练方法和手段进行长期的评估，要有针对性和有效性两个观点。第四，分析了训练负荷和恢复的安排。收集一定的数据和资料，分析班级与班级之间负荷的形式、强度、数量和动态变化、恢复间隔、恢复方式和恢复程度。由于负荷是运动训练中最活跃、最基本的因素，从人的适应角度看，负荷—疲劳—恢复是一个适应和改善的过程，必须考虑两者之间的关系和影响。以上四个方面的训练评价，对不同的训练过程、阶段和时间要求应该有所不同，但必须有明确的评价目标、内容和方法，认真组织整个评价过程，力求客观、正确、科学的评价。

# 第三节　篮球教学与训练的评价方法

在篮球教学评价过程中，对技、战术的测量和理论知识测量方法有所不同。

## 一、技、战术评价

### （一）定性指标的测量

定性指标是指不能用特定的计量单位来计量，但必须计量的指标。定性评价指标广泛应用于篮球教学和训练实践中，各种篮球课程的考核和考试中采用的技术评价是一项定性指标。根据篮球技术教学的特点，定性指标是技术动作完成的标准程度指标，评分依据预先确定的技术规范进行。

### （二）定量指标的测量

定量指标是指那些可以用特定单位来度量的指标，比如命中次数、运行速度和跳跃高度。各种指标的选择取决于评价的目的，如技术熟练程度的测量可以使用速度指标；身高指标可以用来衡量弹跳能力。精度指标可以用来衡量投篮和传球。在采用定量指标进行教学和培训评价时，必须事先根据一定的样本制定测量方法和评价标准，使方法适合于学科的整体水平。采用统计学方法制定评分形式，使评分具有较好的分异程度，客观反映出被试的实际水平。

## 二、理论知识评价

常用的测量方法是书面和口头测试，也可以是书面项目作业的形式。

### （一）笔试

笔试分为闭卷和开卷两种。闭卷主要测试学生对篮球知识的掌握程度，开卷主要测试学生用知识分析和解决问题的能力。前者适用于初中生的理论考试，后者适用于高中生的理论考试。

### （二）口试

口语考试的方法适用于所有年级的学生。低年级可以是课堂提问的形式，低年级可以是专题答辩的形式。了解学生篮球理论知识的深度和广度，分析和解决问题的能力和语言技能。

（三）作业

作业是评价综合能力的一种方法。其特点是学习知识与篮球实践相结合，加上自己的见解。因此，主要是了解学生对理论知识理解的深度以及将理论知识应用于实践的能力。

在训练评价中，最常用的评价方法是综合评价法和分析评价法。这两种方法的结合可以从整体出发，对训练过程的各个方面逐一进行系统的分析，最终得到更全面、全面的评价。

在训练评价的实施过程中，经常采用现场观察和指标评价的方法。通过对所获得的资料和数据的观察和统计，综合分析和运用指标进行评价。例如，对于训练强度的测量，训练强度指数=强度训练时间÷总训练时间；对投篮命中率的测定，投篮命中率=命中次数÷投篮次数×100%。积累分数法可以用来评价运动员的技术水平，见表8-2。每一项的最高分进行累计和相加，得到总分，并按照排名顺序对运动员的技术水平进行评价。采用个体差异评价的方法对个体投篮命中率训练滞后的技术参数进行评价，并相互评价。

**表8-2 运动员技术水平统计分析表**

| 评分项目（各项满分为10分） | 李×× | 王×× | 张×× | 赵×× | 备注 |
|---|---|---|---|---|---|
| 技术全面性 | 8 | 9 | 5 | 5 | |
| 技术熟练性 | 8 | 9 | 6 | 4 | |
| 技术对抗性 | 8 | 8 | 4 | 3 | |
| 技术应变性 | 7 | 8 | 5 | 5 | |
| 总　计 | 31 | 34 | 20 | 17 | |

这些评价方法和其他方法的应用，是根据需要收集必要的评价信息，为综合评价提供量化数据和具体实例，从而对培训质量进行整体评价。训练评价中使用的心理、生理测试和测量方法，请参阅相关书籍。

# 第九章

# 篮球教学与训练实践

## 第一节　篮球运动员的选材与训练行法

### 一、青少年篮球运动员的选材方法

#### （一）选材的原则

1. 选育结合：选中有育、育中有选

其实任何体育项目都需要结合项目的技术特点来选材，根据项目的发展来制定选择标准。篮球运动员的选拔是一项严格细致的工作，具有很强的阶段性和连续性。选拔和培养适者生存的人才是一项系统工程。虽然儿童和青少年的选择是非常重要的，但这不能一蹴而就。接下来是教育人才和跟踪监控，直到他们进入更高的层次。这样，最终会培养出优秀的篮球运动员。也就是说，要把选材点和选材过程结合起来，才能准确把握选材对象的真实情况。只有当他在训练时，才能清楚地看到所选的孩子是否符合篮球运动的选拔标准和要求，是否有训练的未来。在训练过程中，幼儿的运动能力、各方面素质和内在潜能都能得到充分的发挥。在训练中进一步筛选是非常重要的。因为只有通过训练，我们才能了解和把握孩子各方面能力和条件的真实情况。在竞争条件下，儿童和青少年可以充分发挥他们的才能。通过训练和具体的比赛，才能够判断出运动员的类型，也能够在训练过程中，注意到影响运动员成绩的因素，确保运动员成绩稳定，相片显得持续提升。

2. 大小兼顾：大中有小、小中有大，指标全面

选材应注意“三要素”：先天因素、内在因素和潜在因素。这三个要素从不同的角度分析运动员未来的发展，在预测方面是不可或缺的。在运动员的选拔中，先天因素不可忽视，在其他条件相同的状况下，先天条件较好的运动员和其他成员相比更加优秀，因此先天因素对于篮球运动员会有着较大的影响，也在选

拔时起到了重要的意义，是极为主要的衡量指标。目前篮球运动员的选拔还处于观察运动员的外表或初步对形态、素质和身体情况的阶段。重视运动员的内在因素，能够更好地确定测试指标，也能够展现运动员的内在特点。该研究集中于遗传学、心理学、生理学和生物化学。潜在因素与先天因素和内在因素有关，但也有其自身的特点，是较具预测性的因素。一般来说，潜在的因素是由“小”看到“大”，而“未来”是由“那时”估计的。在青年人才的选拔中，更重要的是捕捉和发现运动员的发展潜力，而不是简单地以成绩为标准。因此，测试指标、测试方法要全面、多样。

（二）选材的步骤

1. 家系遗传学研究

科学选材的基础是人类运动能力的遗传。实践证明，在一些优秀运动员的后代中，50%以上的人会有出色的运动能力表现。因此，在选拔工作中，通过家庭调查来整体分析运动员的运动能力，以及在之后运动员的发展空间，从银川学的角度来确保预测的精准性，这也是在运动员选拔是不可忽略的重要内容。一般来说，对于家系遗传学研究主要包括以下内容：

调查家系上下几代主要成员的身高、臂长、体重、体型等形态特征。调查上述亲属的身体健康状况，特别有没有是遗传病史。调查亲属的运动能力和运动兴趣，尤其是一些运动员的后代。确定运动员在家庭情况中特别相像者的情况，也能够找到基因联系。调查对象的生育史，包括早产、难产、父母当时的社会背景，以及母亲怀孕期间是否健康等。

2. 运动员生长发育状况调查

做个身体检查。对人选运动员的肌肉系统、骨骼系统、心血管系统、呼吸系统、肝功能、血液常规和个人病史进行调查。

（1）肌肉系统：测量体重是否在正常范围内，检查肌肉系统的发达程度是否符合生长发育规律，注意两边肌肉群是否对称，测量握力、背力，与正常标准和评估进行比较，测量仰卧起坐，评估腰腹部肌肉群的发展水平。

（2）骨骼系统：评估骨骼发育，其身高是否达到项目需求的高度，在站立姿势下，观察是否肩膀，臀部和四肢的发展是对称的，观察胸廓是否正常，检查脊柱的生理弯曲线是否正常，有无前曲、后曲或左右侧弯，检查上肢外展内收，外旋内旋，腕关节活动功能是否正常，检查是否下肢是 X 形腿、O 形腿或对线不正，检查是否有扁平足等。

（3）心血管系统：可以借助听诊器和心电图检查心律是否正常，检查心脏的声音是否正常，有无收缩期或舒张期杂音，如果有，可以在超声心动图的帮助下区分其类型，检查是否在正常血压值范围内，收缩压一般不超过 140 毫米汞柱，舒张压不超过90毫米汞柱。

（4）呼吸系统：测量肺活量，肺通气量，做胸透排除胸部疾病。

（5）肝功能检查：排除肝脏疾病。

（6）进行血常规和尿常规检查：看其是否在正常范围内。

（7）发育程度的鉴别与分型：运动员的正常生理发育程度和类型可以通过骨龄鉴定和第二性征鉴定来确定。在选材中，只有区别了运动员发育程度的差别后，再根据发育程度进行分组，才能对运动员的形态、机能、素质运动成绩做出正确的评价，才能将那些生活年龄与发育程度相一致（或略偏小），而形态机能、素质、运动成绩又确是这一发育程度中的高档者，作为我们要选择、也应该选择的目标。

3. 篮球专项选材指标调查

篮球是一项群体性运动，具有激烈的近距离对抗、激烈的搏击和快速的攻守转换特征。它要求运动员具有持续快速的跑跳能力、激烈的冲撞能力、准确的投射能力和快速的动作适应能力。其生理特点是能耗大，运动强度大。因此，在选拔过程中，有必要运用一些符合篮球运动特点的生理生化指标来评价和选择运动员的体型、身体素质和身体机能。

身材大型化是现代篮球发展的一个重要特征，它有两层含义。二是身体壮大，即去脂体重大。虽然由于场地位置的不同对身高有不同的要求，但是在肌肉力量和运动能力基本相同的情况下，应该选择高个子运动员。此外，在体型方面，我们还应该考虑那些手臂长、手大、腿长、脚踝细、胸围大、足弓高、肢围小的运动员。

运动员除了要有较高的身材外，还要有良好的跳跃能力、握力和腰腹部肌肉力量。柔韧性也是篮球运动员身体素质的一个重要方面，为了在各种复杂多变的情况下准确、及时、巧妙、有效地完成各种动作。

（三）青少年主要选材指标的界定

1. 形态类指标

（1）身高：身高是人类生长发育的重要形态指标。目前，世界顶尖篮球队的男子平均身高在2.00米以上，大部分中锋身高在2.10米左右。女性平均身高1.88米以上，中锋身高2.00米以上。目前，中国男篮和女篮运动员的平均身高也分别达到了2.05米和1.85米左右。因此，选材时必须重视其实际高度和潜在开发能力。

（2）去脂体重：去脂体重又称瘦体重，它反映了儿童、青少年的生长发育状况，不仅能反映他们的营养状况。身体脂肪含量越高，肌肉含量越少，说明未来肌肉系统的潜在发展能力越低。如果身体脂肪的比例过低，说明营养不良，生长发育迟缓。因此，儿童、青少年在生长发育阶段，应该有一个合理的身体脂肪百分比范围，这样才有利于正常的生长发育。一般来说，8~12 岁的男性体内脂肪含量为 10%~20%，女性为 13%~15%。13~18 岁的男性和女性体内脂肪含量在 12%~15%和 13%~18%之间是正常的。儿童和青年运动员的体脂比例应控制在正常水平，这有利于他们的生长发育和训练。即使在优秀运动员中，脂肪的减少也与运动成绩呈正相关，因此应特别注意选择。

（3）指距：指距是篮球运动员身体素质的重要表现形式之一。指双臂完全水平伸展时，两指间的距离。值越高，手臂越长，用手控球和争球的篮球运动优势越大。

2. 机能类指标

（1）视野：视野是指两眼固定不动时余光所看到的范围。篮球运动员只有及时观察并准确判断场上的变化，才能做出对球队技术、战术动作的要求。视力差或不会利用视野会影响篮球运动员的水平提高。因此，篮球运动员选材时应注意视野和视力的检查。

（2）心功能指数：心功能指数是通过测量定量负荷后心律恢复到安静状态的简单方法来评价心功能。指数越小，恢复越快，心脏功能越好。心功能指数与耐力素质密切相关。心率是指每分钟的心跳次数。它不仅能反映心血管功能，又可反映该机能的节省程度和恢复情况。血液是维系生命和输送运动能量的航船。输送能力的大小影响着机体承担运动负荷的高低和多少。决定输送能力大小的是心排血量，心输出量又与心率及每搏输出量有关。一般来说，心率越快，心输出的血量越多。但到了超过 170~180 次/分时，由于心室充盈时间缩短，充盈量便减少，每搏输出量也减少，此时尽管心率很高，但心输出量却降低了。因此，心率的变化可以了解运动员的心血管功能，推断出运动员的整体身体能力水平。

（3）身体工作能力（PWC170）：身体工作能力是指人体在一定的负荷下能够长时间地工作，或者在一定的时间内能够接受多少负荷的能力。PWC170 是指在稳定负荷条件下，心率设为 170 次/分，单位时间所做的功。在运动员成绩评价中，是运动员机能评定中一种常用的次极限负荷测验方法。由于心率为每分钟 170 次或接近这个值时，肌肉的工作强度与身体的功能状态呈线性关系。在这种状态下，心脏体积越大，人体所能做的工作就越大。因此，PWC170 可以间接反映心脏容积和血液排出能力。PWC170 值越高，其物理工作性能越好。对于儿童和青少年篮球运动员，PWC170 可以用来确定心脏体积发育的程度。对于年轻的篮球运动员，主要是对血液射击能力的水平进行评估。

3. 心理类指标

（1）手动稳定性：手的灵活性和稳定性在比赛中至关重要，篮球运动员的手动稳就先直接影响到最终的比赛得分。在训练过程中，需要进一步重视运动员的心理素质培养，控制其心理负荷，这样也能够提高其心理耐力。

（2）综合反应：在运动员受到刺激之后做出的反应和判断，尤其是在比赛过程中，篮球对抗特点决定了技术动作和战术选择多种多样，这就需要篮球运动员仔细观察比赛的实际状况，在比赛过程中抓住时机进行技术，动作和战术的转变，和队友之间相互配合，这样能够更好地进行转换和交替。

4. 素质类指标

（1）速度素质：速度对篮球比赛很重要。好的速度素质，可以加快攻击和防御的速度和节奏，可获得在攻守时间上、位置上和人数上的优势，有助于提高攻击和防御的成功率，提高比赛和运动负荷的强度，从攻击和防御的数量和质量上超过对方，掌握比赛的主动权。30 米、60 米和 100 米运行试验方法简单，操作方便，成绩也便于横向比较和纵向跟踪，是理想的速度素质选材指标。

（2）耐力素质：耐力是身体长时间运动中抵抗疲劳的能力。耐力的好坏直接关系到循环系统、呼吸系统、肌肉系统和神经系统。因此，耐力素质的评价也是对其他相关素质的间接评价。随着训练总负荷的大小以及负荷后的恢复速度快慢，可以用 1500 米（800 米）限时跑作为测试篮球运动员耐力素质的选材指标。考虑到不同年龄段心血管系统发育水平的差异，800 米跑适合 12、13 岁年龄组。

（3）弹跳素质：篮球运动员的弹跳能力是影响空中力量竞争的重要因素。弹跳质量与爆发力、无氧代谢能力和身体协调性有关。篮球运动员在比赛中要完成大量的跳跃动作（篮板、盖帽、抢球、跳投、抢断、空中接力扣篮等），需要有较强的弹跳素质作为资本。因此，弹跳质量作为篮球运动员的选拔指标是非常重要的。根据篮球比赛中最受欢迎的单脚跳的特点，宜采用助跑单脚跳触高来反映运动员的跳高质量。

（4）力量素质：力量是所有竞技体育和篮球运动员的重要素质。篮球运动员不仅要有较强的下肢爆发力，还要有上肢快速爆发力和背部肌肉爆发力。要完成大量的跑、跳、投、抢、腾空动作，没有良好的腹肌力量是很难达到完美的程度的。收腹举腿能很好地反映出腹肌地向心收缩力量，也是便于掌握和操作的指标。腹部肌肉力量的下降和腰围的增加往往反映出训练要求的降低和目标的丧失。

（5）灵敏素质：篮球运动员在一些突发调增项或者是在复杂的比赛过程中，能够协调灵活的完成技术动作的能力，这是综合素质和具体的技术动作在比赛中的表现，属于综合性的素质。灵敏素质能够让篮球运动员掌握更为复杂的技术动作和战术要求，也能够提高篮球运动员在比赛过程中对于赛场的适应能力，更为灵活地控制身体，平衡，也符合篮球运动员的要求。

5. 技术类指标

(1) 两分钟投篮：篮球比赛是决定胜负的多少分，投篮是得分的唯一形式，篮球进攻技术是最重要的。两分钟投篮是计算球员在两分钟内投篮的次数。该方法具有生理压力和心理压力，是一种贴近比赛情境的实用评价指标。

(2) 综合运球：运球是球员在比赛中改变控球方式的一种方式。各种运球方法可以结合在一起，按照规定的路线和距离完成运球。这样，就可以测试球员的球感和运球技巧。

(3) 传球：传球是篮球比赛中进攻队员之间有目的地转移球，保持联系和组织进攻的纽带，是实现战术配合的具体手段，传球技术的好坏直接影响质量的战术和比赛的结果。单手、双手各种方式的限时定距对墙传球或行进间传球，可以检验球员的手感和传球技巧。

6. 教练员经验评定

教练员需要根据科学性的原则，来进行运动员的选择，运动员本身的能力和其潜力不能直接确定，但是在选择上需要有针对性的侧重，这就离不开教练员所积累的丰富经验。教练员通过长时间的训练和指导，能够了解篮球运动员的综合状态，也能够直接感受到篮球运动圆的相关潜能因素。结合自身的经验展开评定，那么对于篮球运动员的选择就会更加全面和实用。在经验评定中，主要包括运动员本身的协调性、对环境的适应性、新知识的接受能力、创造能力、形态发展潜力和身体状况、技术能力和意志素质的掌握和运用。

### (四) 青少年篮球运动员选材应注意的问题

1. 注意选择“遗传度大”“可塑性小”的指标

人体的外在表现是自身本身的遗传因素和环境因素共同作用的结果，在运动员的选择上，年龄越小越需要注重遗传因素。将诱导和促进训练环境，为改善其性能和预期的目标奠定基础，这也是选择的重要起点，尤其是随着运动员年龄的增加，可塑性因素也成为了重要的因素，直接关系到进行目标是否实现。因此，在青少年篮球运动员的选择上，要重视后天的影响，这些符合个体的发展规律，更加符合运动训练的要求。

2. 选拔指标应体现篮球运动的特点

结合篮球的发展趋势，世界范围内的优秀球队，篮球运动员的身高在不断增加，因此需要选择本身身高较高的运动员，如果自身的身体肌肉不发达，那么在后续的比赛对抗中很难占据优势地位，所以去脂体重也是不可忽视的指标，是要培养运动员的体型既高大又强壮，强大但不笨手笨脚。

3. 注意选材的阶段性和连续性

在运动员的早期选拔和培养中，应坚持综合训练和基本功并重的原则。要注意训练内容、手段和方法的多样性，特别要注意新旧运动员在选拔过程中的不同对待，培养运动员的训练兴趣，调动运动员的训练积极性。

4. 重视“选育”结合，全面培养

在早期选材过程中，不但要注意鉴别运动员的发育分型（发育类型和青春期高潮持续时间长短），还要仔细考察育才的科学性，即要结合教练员札记、教练员为运动员建立的技术档案、运动员日记等了解运动员的情况，如训练年限的长短、运动负荷的大小、素质和技术指标的起点水平和提高速度、比赛发挥情况、训练动机、意志品质等，从而尽早地鉴别出谁是“貌似的天才”，谁是真正的“大器晚成者”。

## 二、青少年篮球运动训练

### （一）训练目标

经过一定时间的系统训练，促进青少年的正常生长和发育，改善健康，身体素质逐渐增加，达到一定水平，逐渐掌握了基本的篮球技术和体育技能，打下扎实而全面的篮球基本功，培养良好的篮球意识，全面掌握各种战术的目的，原理和实际应用技能，而且在技术和战术运用上也表现出优秀的个人优势。

### （二）训练任务

（1）理论知识：介绍篮球的发展历史和世界篮球的发展趋势，了解篮球运动的意义和价值，培养对教师尊重，团结和遵守纪律的习惯；培养坚强的性格，学习和掌握一般身体训练和专项身体训练的方法，全面而有特点地讲解基本技术动作规范、要求及运用方法，讲解攻防基础配合及全队整体战术的运用方法和优、缺点；介绍篮球规则和裁判规则；讲解篮球训练中的健康知识、医疗监督和自我监督方法。

（2）身体训练：综合发展身体素质，加强专项体育训练，注重提高柔韧性、灵敏性、反应性、运动速度和跑步、跳跃的能力，逐步加强力量锻炼，提高身体各部位肌肉力量，采用合理的有氧、无氧训练负荷，提高有氧、无氧耐力水平。

（3）技术训练：学习和掌握各项基本篮球技术和基本攻防技术，提高动作水平。提高攻防单项和组合动作的质量，根据运动员的身体发育和技战术特点，发展相应的位置技能。提高观察、判断和运用假动作的能力。在全面熟练掌握基本动作的基础上，适当掌握一定难度的技术。加强对抗技术的训练，具备在一定强度、难度和身体接触下控制身体平衡的能力。

（4）战术训练：逐步掌握攻防基本配合的各种方法，提高基本配合的变化和运用能力。学习和掌握快攻、防快攻，攻、守半场人盯人，攻、守半场区域联防，攻、守全场人盯人紧逼，攻、守全场区域紧逼等全队战术方法。根据本队特点，比较熟练地掌握一两套全队攻、守战术，并能在实战中运用和完善战术。加强战术意识和心理素质的培养。

（三）训练内容

（1）理论知识：介绍篮球运动的发展历史和趋势，以及国内外职业篮球运动的现状。介绍国内外优秀篮球运动员的成长和发展规律；讲解基本技术动作和基本协调方法，说明体育锻炼的意义、方法和要求；讲解基本的技术动作方法，以及容易出错和纠正的地方；讲解攻防基本配合的变化和应用；讲解各种团队战术的概念、方法、优缺点；介绍完整的篮球规则；教授医学监护的理论知识和操作技能。

（2）体育锻炼：逐步加强专项体能训练，全面强化身体素质，重点加强反应、动作和移动速度的训练。进行全身力量训练，特别是快速力量和小肌肉群力量训练，随着年龄的增长逐渐加强绝对力量的训练。在有氧耐力训练的基础上，逐步增加无氧耐力训练。加强单、双足起跳摸高及各种不规则跳跃的训练，提高跳跃能力和协调平衡能力。注重综合体能训练，结合专项素质训练和专项技能、战术进行综合训练。

1）力量训练：力量训练是基础内容，也是篮球运动中不可或缺的身体素质。由于青少年本身的年纪过小，其身体发育并不成熟，很容易产生疲劳，因此不能够选择负重过大的训练方式，而是选择一些克服自身重力的训练。随着运动员年龄的增加，可以增加一些负重凉的水游柱，在训练过程中的时间间隔，注意劳逸结合，能够给肌肉充分的放松时间，以便于更好的发展肌肉力量。

2）速度训练：运动员的年龄越小，其发育速度越快，尤其是青少年本身，由于生理特点的影响，在这一阶段，那身体的发育速度极快，需要重视基础训练，在起跑速度和动作速度上做好短距离冲刺训练。

3）耐力训练：篮球运动员在比赛过程中需要持续奔跑，因此除了身体素质专业需要进行耐力训练，能够在比赛过程中抗疲劳，有足够的精力去完成整个比赛。青少年本身的心肺功能发育并不完整，嗯，进行耐力训练难度就高，也对于运动员来说是一个挑战，为了避免过度疲劳，影响到训练的效果，甚至是造成身体损伤，需要在运动过程中，注重心理素质的培养，让运动员能够面对困难不退缩，坚持训练。

4）弹跳力训练：篮球比赛中有很多的弹跳性动作，相应的需要进行弹跳性训练，尤其是要注重腿部力量训练，同时也要和腰部力量相结合，这也是弹跳力训练的重要基础。其次，要发展跳远速度和提高跳远协调能力，注重和篮球运动中的技术动作相融合，并且结合具体的战术要求市县全身的协调，更好地把握弹跳时机。

5）灵敏素质训练：灵敏素质能够让篮球运动员掌握更为复杂的技术动作和战术要求，也能够提高篮球运动员在比赛过程中对于赛场的适应能力，更为灵活地控制身体，平衡，也符合篮球运动员的要求。灵敏素质训练需要的其他数字的基础上有所发展，更为明确的确定比赛要求，提高运动员的积极性，在特定的要求之下能够迅速响应。

（3）技术训练：注重各种技术动作和基本技能训练，如攻击和防御技术，提高步法的标准化，运球，突破，传球、接球、投篮，抢篮板等技术动作的规范性和组合技术衔接性训练；学习个人摆脱和各种空切技术，逐步增加位置技术和难度技术训练；进行各种假动作及变换训练；增加个人防守训练；在技术培训中注重技术应用意识的培养。

篮球运动是一个团队性运动，而篮球技术是组成篮球运动的基础保障，同时，篮球技术也是最终篮球战术运用的基础。而青少年时期也是篮球技术训练的黄金时期。一般情况下，篮球技术分为两个方面，进攻方面和防守方面，同时在比赛中进攻方和防守方主要依靠的就是进攻技术和防守技术。而进攻技术和防守技术应该从青少年黄金时期的训练做起，在掌握篮球技术的基础之后，才能更好地将篮球进行运球和传球，从而进一步的提升篮球技术在实战过程中的运用，再有了更好的进攻方面的基础之外，还需要加强自身稳固的防守技术，在这方面是必不可少的。

（4）战术训练：将战术意识培养渗透到各类战术训练之中，抓好攻、守个人战术行动和基础配合训练；学习各种情况下快攻战术的传球、跑位的配合方法和防快攻的退守落位；进行基础配合战术训练及其变换训练；攻防半场、全场人盯人训练，攻防区域联防训练，攻防半场、全场区域紧逼训练，混合防守战术训练；加强适合本队特点的一两套攻、守战术训练。

十几岁的青少年处于身体成长发育的阶段，经过神经系统发育，最早也相对成熟，但是往往会过于兴奋，很难进行医治，导致了情绪并不稳定，对于一些事实的分析能力较弱，因此在这过程中只能进行一些简单的战术训练，避免过于困难，导致其无法接受，或者是感觉到难度过高，影响到学习的兴趣。在这一阶段，只教一些简单的配合，能够让青少年树立正确的合作意识，实现相互配合。

（5）心理素质的训练：篮球训练中不可忽视心理素质的训练，这是让运动员能够稳定发挥其水平的重要因素。尤其是在两个队伍综合能力相差不大的前提下，心理素质就成为决胜的重要因素。对于青少年来说，本身处于生理状态并不稳定的时期，因此需要极为重视心理训练。心理训练包括意志训练和篮球专项心理训练两个相对独立又相互关联的方面。意志训练包括对青少年意志力量、意志决心、意志韧性和意志定力的培养。篮球意识在比赛过程中，起到了极为重要的作用，能够稳定发挥出运动员的自身水平，也能够发挥出整个球队的水平。对于青少年篮球运动员进行专项心理训练，主要是在未来的比赛过程中能够适应比赛分为，尤其是面对激烈的竞争，能够稳定自己的心态，更好地控制自己的技术动作，在比赛时稳定发挥。对于青少年篮球运动员来说，整个训练过程，无论是哪种心理训练，都需要教练员通过理论讲解和实践训练，这样将理论与实践相融合，才能够确保运动员具备良好的心理素质。

（6）篮球意识的培养：篮球意识主要是运动员能够根据实际情况进行观察判断，更为合理的选择技术应用的能力。因为在篮球运动中，进攻和防守变化很快，因此，对球员提出了高要求，在篮球比赛中，需要观察比赛实际情况，选择合适的行动，进行应变处理，还应具有突破、抢篮板、快攻、防守等能力。

遵循人类生长发育规律，科学安排运动量和强度。教学和训练方法灵活多变，能提高学生的兴趣和注意力。但必须严格要求，彻底锤炼，扎实规范，注重效果。在教学和训练过程中，注重重点。在技术教学中多做示范，提高学生的观察力和注意力。随着年龄的增长，这种讲解也越来越多。语言逐步取代示范，对于16~17岁的学生，应激发团队成员的思维能力，使学生深刻理解和掌握技术动作和战术方法的本质，提高学生运用技能和战术的能力。大部分课程以综合练习的形式进行，主要以比赛和游戏的形式进行，包括体能、技术和战术内容，这不仅可以使运动员得到全面协调的发展，又不会让课堂太无聊，影响运动员的热情。重视应用与对抗，把实践与实战结合起来。

青少年的训练对篮球运动水平的发展有着重要的影响。在青少年篮球训练中，重点是青少年篮球意识的培养，主要从他们的观察能力、反应能力、投篮意识、场上位置感等方面。在身体和心理素质方面，篮球等体育运动都要科学合理的训练，以适应青少年的成长和发展。体能是一切运动的基础，在训练中要注意把握；速度与力的结合不仅在于位移速度，主要表现在弹跳能力方面，还表现在训练反应速度与动作的速度上。弹跳力的发展不能只是简单地增加下肢的力量，但也需要协调整个身体力量；心理素质不容忽视；篮球方面的技能和策略，我们应该学会关注加强篮球技术练习，技术培训应尽可能接近真实的比赛，和青少年不应过于强调战术要求，但也不应忽视战术意识的培养。

## 第二节　篮球运动员智能与心理训练

### 一、篮球运动员智能训练方法

#### （一）篮球智能训练的内涵

智能主要是指“智力”和“能力”，将二者有效的结合在一起，能让人更为清晰准确的去理解客观事物，也能够将这一思想稳定转化成为实际行为。智力是基本的心理特点，能确保心理稳定。能力是保证人们顺利开展实践活动的稳定心理特征。对于篮球运动员来说，智力主要是学习体育理论的相关理论知识，同时也能够具有参与到训练和比赛中的能力。篮球智能训练是如今篮球训练中的重要组成部分，有针对性的展开智能训练，这样将智力和能力的训练相融合，进一步提高运动员的智能水平。在如今篮球智能训练中，需要结合如今篮球运动的实际情况，有计划的展开训练，尤其是让运动员更好地去分析比赛赛场情况，也能够学习理论知识，提高其文化水平，更加能够形成良好的思维能力。

根据东北大学社会和体育教育中心进行的一项调查，75%的美国奥运选手受过高等教育，而美国人口中这一比例仅为23%。甚至42%的受访者读过研究生。从调查中可以看出，在篮球比赛过程中，极为注重对于智力因素的控制，篮球运动员的文化水平较高，能够深入的理解篮球规则，也能够更为透彻地了解到技术和战术要求，更能够准确地理解教练员的意图，在比赛中更好地发挥自身以及球队的整体水平。

（二）篮球智能训练的意义

科学技术的飞速发展，导致了各种学科知识不断融合，同时在体育训练领域，多学科知识与技术的融合，也让体育训练更加科学合理。同时运动员的综合素质明显提升，以便于能够适应如今的技术发展要求。从某种意义上说，竞技体育是一种以体力作为主要指标的竞赛过程，但是也离不开以智力作为灵魂。重视运动员的智能训练，不断更新其知识结构，我们才能勇敢前行。“明天的首都是智慧，”国际未来学研究所的佛内尔博士说。21世纪是信息和情报革命的时代。新的时代背景下信息呈爆炸式增长，人们在信息获取使人更加多样化，竞技体育代表了国家的综合实力“窗口”，也面临着发展和提高的机遇。信息科学、人类生命科学、材料科学、人文科学等科学技术的飞速发展，为智力训练提供了肥沃的土壤，有力地支持和指导了竞技体育的更快发展。

1. 智能培训的合理性

如果忽视了运动员的智力训练，过分强调其技能水平，很容易导致运动员的文化素质较低，会阻碍体育技术的进步和发展。运动员不可能一生都从事运动，很多运动员在年龄和身体健康因素退役之后，他们必须走出家门，进入社会工作。他们在今后对于工作的胜任力，离不开智力因素。

2. 智能训练的时代性

在如今的现实时代背景下体育训练也需要与信息化手段相融合，充分利用信息规律，在训练中合理的控制信息，尤其是选择合理的信息渠道。对运动员展开信息化培训，需要不断完善外部的培训系统，进一步提高运动员和教练员的信息获取能力，这也是智力水平的基本体现。提高运动人的知识水平，做好智力训练，符合如今的时代特点。

3. 智能训练的超越性

体育训练不能是让运动员按照特定的指令进行动作，这样并非是培养智能的运动员，是培养了一个“比赛机器”，因此体育智能化训练需要确保运动员的主观能动性没有损失。重视对于运动员智力的研究和开发，这样才能在现有基础上有所突破，也能够避免在训练过程中不会出现失误和不足之处。

### （三）篮球智能训练的目的任务

篮球智能训练主要的目的就是能够提高运动员的智力水平，让运动员在训练实践中更好的发挥智力优势。想要更好地实现这一要求，需要从以下方面入手：

1. 培养运动员独立训练和参加比赛的能力

运动员在训练和比赛中明确自身的目的，尤其是通过合理的训练方法，能够更为熟悉整个比赛的规则和裁判方法，也能够在比赛中不断积累经验，以便于在训练中加以应用，提高自身的综合能力。运动员需要在训练和比赛过程中更好地分析实际情况，也能够适应复杂的环境，在教练员的指导下完成训练和比赛。

2. 培养运动员参与制定、修改和改进训练计划的能力

运动员了解篮球运动的基本理论知识，如运动训练、运动生理学、运动心理学等，学会评估培训效果，与教练共同检查需要改进的培训计划，或者需要什么新的训练方法。

3. 培养运动员的自我监督能力

运动员除了掌握篮球运动的基本知识之外，也需要掌握一些相关知识，包括医学，心理学等知识，这样才能够在日常的训练过程中，有针对性地检查自己的生理状态和心理状态，也能够配合教练员安排一系列的运动服和计划和心理恢复活动，更为科学合理地来进行整体训练。

### （四）篮球智能训练实施的途径

1. 知识积累的辐射

在训练的过程中，智力的发展离不开对于基本知识的掌握，这也是提高知识必不可少的条件，如果缺乏必要的知识，很难提高智力，因此二者本身就是相辅相成的关系。对于运动员来说，做掌握知识的过程中，能够不断地获取学习方法，也能够有针对性地去创造知识，在训练中加以应用，形成创新能力，不断发展智力。

2. 经验凝聚的升华

教练员（主体）作为智能训练的实施者，在一定的环境条件下进行智能训练，并将其积累的丰富的实践经验传授给智能训练的对象运动员。运动员（对象）在训练过程中将训练效率反馈给教练员，团队成员、团队医生、管理者和科研人员的效果和环境反馈形成闭环智能培训信息结构。运动员接受这一信息，在训练和比赛中，智力得到发展，能力得到提高，训练效率得到提高，形成良好的结构模型，构成智能训练的良性循环，逐步实现高水平“智能”运动员的训练目标。

3. 局部控制的把握

运动智能系统的结构由输入系统、处理系统、存储系统、控制系统、动力系统和输出系统六部分组成。输入系统由感觉和知觉两个子系统组成，是运动智能的门户。人类认识从个体到整体、从感性到理性的转变，是由量变到质变的飞跃。这一飞跃主要通过智能处理系统来实现，智能处理系统是运动智能的核心。智能系统不仅具有获取周围世界信息的能力，还具有存储和积累这些信息的功能，称为存储系统（体育智能仓库）。体育训练竞赛的创造是由智能系统中的动力系统完成的，可以说是体育智能的源泉。控制系统是运动智能的支柱，输出系统是运动智能的归宿。六个组成部分的有机结合构成了一个完整的体育智力，只有很好地把握好这六个组成部分才能提高体育智力水平。

4. 测定评价的介入

智能训练是一组学科相结合的训练，教练员和科研人员应建立科学合理的体育智力测评体系，定期对运动员的智力水平进行测评，使运动员的智力得到全面发展。智能训练效果的测量评价应列入多年、全年、阶段、周和课的训练计划之中，使运动员的智能培训计划具有目的性和计划性，使体育智力训练为体育训练服务，在更大程度上提高运动员的竞技能力。

（五）篮球智能训练的内容与方法

1. 发展智力

了解篮球运动的发展过程，也要找我来球运动本身的规律，注重理论知识与实践训练，笑容和理论知识不可或缺。通过观看一些视频和理论知识的学习，掌握基本的理论内容和一些比赛规则和裁判芳芳这样能够从理论上培养运动员的观察能力和判断能力，也能够更好地适应赛场的要求。

2. 在篮球训练中发展智能

训练运动员将所学的运动素质、技战术知识和技能运用到实际操作中，针对比赛过程中瞬息万变的情况，更好地适应这一比赛状况，同时也能够不断提升观察力和思维能力。在训练过程中，结合篮球训练的规则，进行合理的培训，这样能让运动员在此基础上进行对比分析，找到张训练计划应用在具体实践中的方法，能让运动员更为积极地参与到训练中来，提升运动员的思维能力。

3. 几种常用训练方法

（1）有关准备活动的训练：在训练课的准备活动中，教练可以让队员想办法开展体育活动，活动方式不限（在条件范围内），时间为20分钟。玩家可以根据自己的想象进行游戏。有的球员单独行动，有的两三个人在一起，有的持球，有的不持球，这不仅增加了训练的趣味性，也发挥了每个球员的想象力和记忆力。当达到规定时间后，教练会通过运动员的生理反应来评估活动效果，测量10秒的脉搏率，一般需要达到25~30次。通过这种方式，团队成员可以了解他们活动效果如何，如果不理想，怎样改进。

（2）进行特殊规则的比赛：在分组比赛时，规定双方各有一名队员每投中一次得5分（罚球除外），双方互不清楚是哪一名，比赛两节，时间各为5分钟，两节之间休息2分钟，由教练员记分。在进行完第一节比赛后，公布比分。在休息期间内，双方队员根据比分来回忆第一节比赛情况，通过观察加以分析，确认投中一次得5分的队员，从而在第二节的比赛中抑制其作用。通过这种训练方法，团队成员可以培养记忆、观察和分析问题、判断问题的能力。

（3）在训练比赛中，多设置比赛“残局”：例如，离比赛结束还有3分钟，两组的比分非常接近。我方领先怎样打？对方领先怎样打？让球员发展自己的进攻和防守策略。教练还可以规定一方必须采取两种防守形式，如半场盯人和全场紧逼，可以交替使用。因为他们属于同一个团队，所以他们的进攻路线是非常熟悉的，这就要求对方学习进攻策略，对对方提出更高的要求。通过这种训练，队员们可以发展自己的创新能力，学会用自己的大脑打篮球，提高自己的适应能力，提高对待比赛残局的适应能力和解决问题的能力。同时，教练也可以找到一些好的攻防方法，丰富和发展攻防战术，充分发挥集体作战能力。

（4）重视运动员理论知识和文化知识的学习：如写训练日记、训练总结、比赛分析报告、比赛总结等，都有助于提高运动员的智力水平。

## 二、篮球运动员心理训练方法

### （一）篮球运动员心理训练的内涵

心理训练主要是在篮球训练过程中，有针对性地去影响运动员的心理过程，这是篮球训练的重要组成内容，包括一直素质和专项心理素质两方面的训练。在篮球运动中，意志的品格表现在运动员本身的创造性上，说到篮球运动本身特点的影响，需要提高运动员的意志素质，进而能克服困难，也能够在比赛中更加稳定情绪，尤其是面对一些复杂的比赛因素，能够保持最佳的心理状态，不会受到外界因素的干扰。

任何竞技体育都与竞争密不可分。现代篮球比赛最大的特点是对抗性越来越强。篮球比赛的双方在综合能力相差不大时，心理素质则成为决胜的重要因素。在比赛过程中，很多因素都能影响到运动员的心理状态，比如比赛的本质，对手，场地设备，观众，时间，分数，教练的态度，球员之间的情感和社会因素，等等，这主要体现为紧张、懈怠、骄傲和缺乏自信。心理训练能够有效提高运动员的心理素质，在比赛过程中根据比赛节奏来调节自己的心理状态，尤其是在一些复杂状况下，保持心理状态的稳定，也能够稳定发挥自身的技术水平，确保在比赛中运动员的正常秩序，或者战术水平的发挥。一般心理训练与竞技心理训练的关系是相互依存、相互制约的。运动员良好的心理素质和人格特征是长期训练的结果。如果一般的心理训练是基础，那么专项的心理训练就是应用。

心理训练对于运动员来说极为重要，具体来说主要包括以下内容：

篮球运动员需要结合篮球运动的要求，不断提高自身的心理素质，能够面对比赛过程中的各种因素，保持平稳的心理状况，同时做好技能信任，不断提高自身的技能水平，也能够在比赛中根据不同的比赛状况，选择相应的战术，交流着有效的相结合，发挥出自身正常的篮球水平。在篮球训练过程中，保持政策的态度仍造良好的心理状态，尤其是克服一些心理障碍，避免压力过大或者是面对比赛过于紧张，影响到自己的正常发挥，能够确保比赛顺利进行。这比赛完成之后，需要尽快进行疲劳恢复，不仅仅是身体素质的恢复，有需要进行心理状态的恢复，避免过度兴奋，应减少兴奋，但不损害其兴奋程度，以保证训练和比赛期间的情绪稳定。

### （二）篮球心理训练的内容与方法

心理训练需要结合运动员的实际情况，尤其是要结合运动员的个性化要求，认识到运动员本身之间是存在着差异的，并且长时间坚持下去，结合不同运动员的要求，有针对性的展开训练，然后将整体的训练和针对性训练相结合，重视心理训练的基础上，也要重视技术和战术的训练。

运动员的心理训练方法有很多，包括模拟训练、集中训练、意志训练、自信训练、自我谈话和放松训练。

一般来说，心理训练可以从以下角度来进行：

放松训练——透过一些自我暗示，确保运动员的情绪稳定，进行心理放松，避免运动员压力过大或者是过于紧张。

模拟训练——重点是适应性训练，人为的设置一些具体的模拟环境和模拟对手等，以及在比赛场上可能出现的突发状况。通过这一模拟训练，让运动员能够应对多种比赛情况，更好地适应比赛要求，也能够在具体的比赛中抵抗外部因素的干扰，维持心理状态的稳定。

生物反馈训练——是利用现代电子设备对运动员的内脏活动进行反射性控制的一种训练方法，它可以显示运动员的内脏活动信息，使之与主观感受相联系，从而降低紧张的强度。生物反馈训练是运动员的特点可以逐步体验某些心理状态之间的关系，姿势、方法和生理变化，从而促进内脏活动的控制，使所需的生理变化发展的方向篮球的特点。

催眠——通过一些语言和动作，是能够让运动员的感官产生变化，呈现出一种特殊的心理状态，进一步激发运动员的精神力量，让运动员在比赛中更加具有信心，同时能克服比赛压力，避免在比赛中过于紧张，在运动过程中能发挥出自身的实际水平，也能够和他人保持良好的关系，更好地和队友之间相互配合。

系统训练——帮助运动员在比赛之前进行心理调节，避免运动员在比赛之前过于紧张或者是恐惧比赛。

### （三）篮球运动员比赛时的心理训练

#### 1. 篮球运动员比赛时的心理特征

在比赛过程中，篮球运动员表现出来的心理特征主要是指运动员在巨大的心理压力下，由于比赛而导致的情绪不稳定，出现了心理应激状态。当初比赛的形势瞬息万变，生日的运动员的心理状态也会有所改变。一般来说，运动员的训练水平是比赛中占据优势的重要基础。如果缺乏良好的对比赛压力的控制情绪，现场技术水平将无法正常发挥。在现实中，一支强队输给一支弱队是很常见的。这往往是由于心理准备不足。比赛情况和预期具有较大的差距，使尤其是比分和对手相差过大，经常会出现心理状态过于急躁劲儿，技术动作更加不到位，最终失去了反败为胜的机会。作为运动员在比赛中经常产生想把球打好但又好怕失败的心理，导致动员在比赛过程中过于紧张，压力过大，对于整体比赛形式的判断失误，而且由于肌肉紧张，无法达到技术动作的要求。有一些运动员由于缺乏比赛经验，在比赛场上会产生心理上的变化，频频的出现投篮失误的情况，这也是由于情绪变化，就导致技术层面的异常。

科学研究表明，运动员在比赛前和比赛中能够取得优异成绩的心理状态是：放松注意力；专注于眼前的任务；完全控制，感觉放松，不怕失败；而失败运动员的心理状态是：唤醒过高或过低；注意力不集中；无关和消极想法；害怕失败；不坚持正常的准备程序；消极的身体感受（疲劳，热身不充分）。

#### 2. 篮球运动员的赛前心理调整训练

球员在比赛前要进行一定的心理辅导和心理调整的训练，篮球运动员不仅仅是针对技术性，同时还要对其心理性的训练。因此，在比赛前对运动员内心的训练和状态的调整是最终比赛胜利的重要条件之一，同时在最佳心态和最佳心理状况下，运动员的身体各方面的配合和调整，能做到最大化的发展。由于比赛过程中，不确定，客观因素较多，尤其是在环境氛围、场地氛围、观众氛围等，篮球运动员的内心有一定的紧张和身体不协调，是可以允许的同时也是被人能够谅解的。但是长期的高压比赛所带来的心理压力和长时间的训练，以及内心得不到的发泄，日积月累的在运动员那现在来一定的心理不适性。所以运动员要将自己的技术和身体情况展现给更多的观众，为球员和球队带来更多的胜利，就必要提升自己的心理素质和赛前心理辅导能力。

（1）做好信息收集工作。古语讲“知彼知己，百战不殆。”在第一时间内掌握对手的第一信息，能够为球员的心理素质带来良好的提升和一定的信任感。而在赛前的心理辅导工作是从一个客观的角度对球员的内心进行双方综合方面的分析对比赛的走向和局势做出一定的铺垫，同时能够减少赛前紧张感让运动员内心获得更多的安全感

（2）认知指导。一定的目标分配能够让整体团队获得更多的胜利。在篮球运动比赛中科学的、合理的、综合的进行分析和制定每个人的目标，在实际比赛过程中，通过运动员对自身目标的追赶和完成能够在最大限度帮助球员减少比赛时的内心压力。正确的引导队员，能够在面对实力相当队伍得到更好的发展，教练要针对每一个球员你的特殊性做出相对应的调整，摆正自身位置，正确的、客观地去认真对待每一场比赛，运用日常训练的战术和打法，做出多方面的考虑，将自身的优势所展现，将自身的短处所遮挡。

（3）技术心理定向培训。在篮球运动比赛之前所做的心理培训和心理引导绝大多数的是定向心理培训，简单来讲，心理定向培训所强调的是注重过程而不是注重比赛结果，而这也是原则和底线，而在实际运用中在运动员身上所做出的反应是不同的，对运动员的心理和篮球技术做到最大化的舒展。如若将最终结果的目标在赛前影响运动员，而在比赛过程中运动员所考虑的不再是运动本身而是如何拿第一，反而会对篮球员内心造成影响。

（4）精神释放诱导。运动员在比赛之前，存在了心理伤害，影响因素较为多样化，主观因素和客观因素都会造成心理伤害，因此如果不能满足预定的目标，会产生一些悲观的心理反应。具体来说，可以从以下方面入手：第一，队员们在训练中付出了很多汗水和艰辛，他们本身的综合水平已经达到了主力队员的要求，但是却没有得到教练员的认，可不能够满足自身心理价值上的公平性，因此会感受到挫折，就有想到自己的信心。第二，由于在实际比赛中，比赛状态不理想，或者是受到一些战术安排的需要，主力位置有可能会被其他的队员代替，已经得到满足的需求突然被打断，造成了挫败感。其实从主观角度上来看，运动员本身的综合条件十分由于，但是队友并不配合，导致了很难上场和他人进行共

同比赛。有的运动员对于参与比赛的需求过于强烈导致了没有准确衡量自身的实际水平，对于自己的水平过于自信，但是在比赛过程中却发现自身的实际水平和理想状态还有较大的差距，因此会感受到挫折，竟然出现消极的心理反应。这一心理反应是竞争心态并不稳定而导致的，运动员一旦处于这一情况，就会出现情绪和行为上的失控。在这种情况下，教练员需要首先确保运动员保持冷静，不能算运动员情绪不稳定的情况下进行批评和管理，而是要在去冷静之后，才能够通过一些谈话方式营造良好的气氛，能让运动员将自己心中的负面情绪得以宣泄出来，能让运动员主动地去谈论自己心中的不满，让其在表达他们的观点和意见中平衡复杂的思想，让运动员能够感受教练员的尊重，人能够保持其自尊心不受损伤，进而心理和情绪保持稳定状态。

(5) 模拟训练。模拟对手：主要模拟对手技术和战术特点，例如，通过观看对手比赛的视频，或者教练掌握对手的信息和智力分析，并选择具有类似特征的球员与我对即将参加比赛的球员进行比赛练习。在对抗过程中随时向球员提问，前锋要回答对手擅长的战术打法；中锋要回答对手的进攻和防守特点；后卫要回答进攻和防守战术的变化。通过模仿、了解和适应你的对手，你可以很好地了解你自己和你的对手，做好充分的准备和心理稳定，增强战胜对手的信心。

化失败为胜利的模拟：当运动员落后时，模拟可以增强运动员化失败为胜利的信心。例如，比赛开始训练时，将比分设置为45：60，要求得分较低的队员将失败转化为胜利，从而培养队员在比赛落后的情况下，冷静地战斗，争取胜利的心理能力。

观众影响与不公平裁判模拟：在正常训练中，制造球员在观众偏袒的噪音中比赛。当比分接近时，裁判做出错误的判断和漏球判断，锻炼了运动员的心理耐力和适应能力，使运动员清醒、冷静、专注、不生气、不抱怨，以适应比赛气氛的先期情况。此外，还有气氛、时差、设备、竞争强度、地理环境的适应性模拟。

在篮球比赛过程中，需要有效地调节运动员的心理状态，能够在比赛中充分发挥自身的技术水平，也能够按照战术要求进行相应的配合，正常发挥自己的水平。篮球运动在比赛过程中除了是身体素质和技术水平的比拼之外，也是一场心理素质的比拼。在比赛之前进行充分的训练，才能够让运动员在比赛过程中面对复杂的情况，不会分心，而是集中的注意力，控制好自己的情绪，始终保持平和的状态，能够更为稳定的发挥自己的实际水平。

3. 篮球运动员赛中心理训练

篮球比赛不仅关乎智力、战略、体能、技术和战术，还关乎心理。比赛不同于训练，除了要承受更强的体能负荷，还要承受更强的心理负荷。在竞争中有三种心理状态：理想、不良和恐惧。

在篮球比赛过程中进行心理训练，能够让赛前保持的最佳心理状态，在比赛中将以延续，结合比赛的实际情况来采取一系列的调整手段。有很多心理调整的过程中竞争，比如对方的心理战术的变化，经常引起运动员的心理失调；另一个例子是在比赛中，如果双方比分追的很紧，整体比赛形势瞬息万变，对于运动员来说会造成极为严重的心理压力，这就需要教练员认识到这一情况，及时了解运动员的心理变化，采取一些心理调节手段。运动员本身的心理调节能力较强，教练员进行外部的暗示就可以避免运动员心理状况过于极端。通过长期的心理训练，才能够让教练员和运动员之间形成稳定的关系，能够在比赛过程中，更好地进行调节。

比赛是对运动员体力和脑力的一种考验，运动员体力消耗较大，同时也有较大程度的精神消耗，尤其是和对手之间本身的实力相差无几，这时身心消耗更大，因此在比赛过程中需要注重利用间歇时间进行体力恢复和精神力的恢复。教练人要针对运动员的实际情况，采取系列的手段来转移运动员的注意力，让运动员能够放松心理，避免受到比赛压力过大的影响，也能够更好地进行心理恢复训练，同时在最终比赛中取得胜利。

4. 篮球运动员赛后心理调节

运动员在比赛之后，身体疲劳和心理疲劳同时存在，因此需要注重篮球运动员在比赛之后的心理调节。在比赛之后，心理调节的效果会影响到现场比赛的结果，也会影响到运动员的心理状态发展，更加会影响到运动员的人格发展。就这也需要明确，即使比赛结束，但是运动员的心理活动仍然没有结束，只是隐藏了内心的直观变化，改变了其表现方式，没有发展到特定的程度，无法真正的表现出来。一场比赛的结束，也是为下一场比赛的开始做好充分的准备，因此教练员需要仔细观察运动员在比赛之后的心理状态，及时的发现运动员的心理素质起伏情况，并且采取有效的手段进行调整。即使发现在比赛中可能存在的心理隐患，并且采取一定的手段进行消除，这样才能够通过有效的心理调节活动，确保下一场比赛运动员的身心健康。

赛后心理调节的方法有：

（1）全面的身体、技术和心理康复

在一场篮球比赛结束之后，无论是精神和体力都有着较大的消耗，身体缺乏必要的能量供应，相应的技术动作完成水平也会受到影响，对于战术的履行情况也会有所降低，因此在比赛之后需要进行全方面的恢复手段，不仅仅要做到身体素质的康复，需要进行一些心理康复训练。结合心理训练的基本方法，以及运动员的实际情况，选择针对性的心理康复手段，更好地保证运动员的心理健康。

（2）比赛后释放紧张情绪

伴随比赛而来的体育紧张并没有随着比赛的结束而消失。这种紧张的负面影响是显而易见的，因为它在很长一段时间内不能恢复正常（或仍处于自我陶醉状态），从而继续消耗运动员的体力和脑力。为了解决比赛后的紧张，你可以放松，转移注意力，改变认识等等。总之，我们应该采取有意识的心理训练措施和方法，而不是放任自流。

(3) 游戏后自我形象提升

在篮球比赛的进行过程中，运动员会根据比赛实际状况的不同而有所变化。在取得比赛的胜利时，运动员经常会认为自己的综合实力过高，对于自己有着比实际水平更高的认知，而且也很容易用理想中的自己来代替实际水平。这比赛失利的时候，由于失败的打击会影响自己的形象认知，很难对自己的水平进行客观的评价，经常会过于贬低自己。在比赛之后需要进行自我形象的修复，尤其是要保持心理的客观状态，保持心理素质的平和，这样才能够更好地进行自我认知，来消除由于失败或者是成功带来的影响。这次我形象的认知上需要认识到自己的优势和缺点，能够不断地发挥优势，也能够在训练和比赛过程中有意识的来改正自己的缺点，同时在实际比赛中也可以树立自身的形象发展目标，这样能够确保运动员的心理状态处于积极乐观状态。教练员可以引领运动员借助想象训练法来进行自我形象的塑造，注重自我形象的内在表现，也需要注重运动员自我形象的修复。

### （四）篮球运动员赛前和赛时的心理控制策略

心理控制是决定运动员赛前和赛时运动表现的关键因素之一。

1. 赛前和赛时运动员积极的心理控制策略

(1) 集中思考将要采取的策略；(2) 集中想某一项技能或者组合技能的技巧；(3) 表象完美的技能表现；(4) 在心里用自己和自己队伍的强项与对手的弱点做对比；(5) 当使用自我交流和其他心理技巧时，将肌肉放松；(6) 回忆过去成功的经历；(7) 在心理准备每个比赛的细节；(8) 想象自己是所有运动员中最好的一个；(9) 想着教练员曾经给予的积极评价。

2. 赛前和赛时运动员消极心理的控制策略

(1) 不要去想过去犯错误的经历；(2) 不用过高估计这场比赛的重要性；(3) 不要太在意比赛结果；(4) 不要想如果输掉比赛会怎么样；(5) 不要老想着自己的弱点；(6) 当在比赛中领先或不分胜负时，尽情享受你表现的时刻；(7) 集中注意比赛的过程、策略和技巧。

### （五）赛前和赛时教练心理调整技巧

教练员在比赛之前需要制定完整的训练计划，同时明确在比赛之前的训练任务，也能结合运动员的实际情况和可能出现的比赛结果，有针对性地进行训练，并预测可能出现的担忧。试着帮助运动员改变自身的想法，避免想法过于消极，而是用乐观的态度来面对比赛，同时在训练过程中要练习比赛时能用到的基础型动作，也能让运动员以平常心来面对比赛，不再将成绩看在主要位置，而是能专注于过程。教练应该给予积极的反馈和强调运动员的力量，强调运动员应该做什么，不是他们不应该做什么，强调如何比赛，而不是比赛的重要性，在比赛中注重过程、策略和技巧；强调对手的弱点；比赛前和比赛中不要对球员大喊大叫。

相反，教练不应该在比赛前和比赛中过分强调比赛的重要性。不要给某个运动员太大的压力，与其提醒他们过去所犯过的错误，不如告诉他们以后该怎么做。比赛之前避免批评球员，不要强调运动员必须完成什么；不强调失败或错误的后果，教练不应该表现紧张；如果运动员本身对于比赛成绩有较高的要求，那么教练也需要针对性的进行调整，不能够采取一些强硬的手段，而且也不加深这一动机，避免运动员变得自负，同时也要保护运动员的自尊心，避免在申请运动员面前去对某个特定运动员进行批评。

## 第三节　优秀篮球教练员素质培养与竞赛指挥

### 一、优秀篮球教练员的基本素质及培养

篮球教练是体育运动的组织者和管理者。篮球教练员需要针对比赛要求和运动员的发展要求来有效地进行训练，促进运动员的全面发展，提高运动员的技术水平，也能够更好地实现比赛目标。个人的综合素质直接影响到训练水平，也会影响到运动员在比赛中的成绩，因此需要有效提供教练员的素质，这样才能够更为科学地进行训练，也能够提高竞技体育的综合水平，促进竞技体育的发展。

人们对于“素质”这一次有多方面的理解，包括本质素养和结构几个方面，针对篮球教练员的实际情况可以将其分为身体素质、心理素质和文化素质几个方面。这种素质相互影响，共同促进了篮球教练员的综合水平提升，同时也能够相互作用。篮球教练员的素质不仅是指教练员与生俱来的一些生理和心理特征，而且是指通过后天培养而形成的品德、知识、才能、情感、风度、勇气、作风等。与其他类型的人才相比，篮球教练员不仅需要普通人才的基本素质，更需要篮球所需要的特殊素质。

#### （一）优秀篮球教练员具备的基本素质

1. 身体素质

身体素质是人们生活活动和工作能力的物质基础，身体素质的发展对于篮球运动员来说，有着极为重要的影响，能够提高生活水平，也能够在工作中加以应

用，提高工作质量。教练员的工作并不单纯的是脑力劳动，也需要进行体能的参与，同样是一种体力劳动，除了为运动员制定训练计划，出谋划策之外，也需要真正地参与其中。教练员工作较为特殊，除了要求有正常的专业知识水平之外，也需要具备高超的身体素质，这样也是篮球教练员的基本要求，就是篮球教练员在训练过程中的综合表现，教练员具有刘浩的身体素质能够在运动中充分发挥自身的优势，也能够适应多种运动要求，这样才能够更好地展开训练。

2. 心理素质

同样对于教练员来说，心理素质也是不可或缺的重要素质，更是教练员需要具备的基本素质。心理素质直接影响到了教练员对于整个训练过程和比赛的心理状态，只有教练员具有较高的心理素质，才能够让运动员在比赛中保持稳定的情绪，也能够让运动员在训练过程中更加积极努力。教练人的心理素质会直接影响到运动员的训练状况，也会影响到运动员在比赛中的表现。这令人具有良好的心理素质，才能够提高运动员队伍的凝聚力，也能够在比赛中获得更好的成绩。这猎人是有助于自身队伍有强烈的信息，尤其是关注每一位运动员，了解运动员的优势和不足之处，有针对性的进行调整，为每一个运动员量身制作相应的训练计划，这样能让运动员在自身现有水平基础上有所提升，同时运动员和教练员在心理上保持良好的融合效果，同时也能够提高自身的奋斗精神。教练员能够了解运动员的心理变化，通过自己的激励手段来充分调动运动员训练的积极性，也能够控制运动员的情绪，避免情绪过于暴躁和起伏，引导运动员在不同的比赛条件下，控制自身的情绪，在遇见问题时，首先需要冷静下来，这样才能够找出解决的办法。在训练过程中，教练员需要耐心的进行技术和战术的讲解，也需要进行一些演示，不能够由于运动员无法理解，就对运动员进行辱骂或者是体罚，教练员用心对待运动员，才能够赢得运动员的尊重，也能够形成良好的关系状态，这样在比赛中更加有力。因此，教练员应始终保持积极乐观的情绪，避免消极悲观的情绪，尤其要提高自我控制能力，保持情绪稳定，善于调节情绪。当运动队出现失败、主力队员受伤等干扰正常训练工作的困难时，教练可以通过听音乐、阅读文学、做休闲运动来转移注意力，从而摆脱不健康的情绪。

3. 社会文化素质

(1) 文化素质

教练员所需要的文化素质可以分为三个方面：

掌握哲学、社会学、体育史、思维科学、行为学、“三理论”（控制论、系统论、信息论）的基本知识。知识是人类认识和改造世界的经验总结，是对事物的系统认识，是对某一学科的知识结构，即对基本概念和基本原理的掌握。现代社会已经进入了一个以知识为基础，信息化，数字化的高科技时代，由于很多教练员的知识结构单一、浅薄、不具体，即对资料的占有、信息的收集和处理都是片面的，工作缺乏组织性、概括性、抽象性和规律性，如果你不改变这种情况，很难跟上发展的步伐的篮球。现代篮球对抗与战场作战相似，篮球教练员尤其要掌握一定的哲学原理和方法论，以及政治经济学、社会学和军事科学的基本理论。另外，要掌握和运用思维科学和行为科学的知识，形成多元的知识结构，这对于胜任高水平的培训尤为重要。

应了解运动生物力学、运动管理学、运动社会学、运动生物力学、运动医学、运动生理学、竞赛等相关运动知识。教练正在与运动员打交道。体育社会学科知识，如体育教育学、体育管理学、体育心理学、体育社会学等，是教练员知识结构的重要组成部分。由于篮球是一项综合性的人类运动，篮球教练员的主要任务是体育训练，因此教练员必须熟练掌握体育生物学科，如运动解剖学、运动生理学、运动生物化学、运动生物力学、运动营养学、运动保健、运动医学等。除了掌握以上相关学科的基本知识，教练也应该密切关注这些学科的最新进展和发展趋势，及时更新自己的知识结构，充实他们的知识系统，以满足需求的快速发展竞技体育教练。

必须掌握扎实的专业训练理论、专业技战术理论、体育训练科学、竞技体育管理、篮球比赛规则、裁判法等知识。篮球专项训练知识是篮球教练员素质的内容，是其综合素质的前提。理解一般训练理论和方法的基础上，特别训练篮球教练需要掌握的理论知识，如篮球运动员选材的知识，根据不同的训练时期，使运动训练方法的计划，组织和控制训练过程的方法，收集、处理和使用篮球信息的方法，特殊教育训练方法，篮球，等等。因为篮球是对抗性的技能项目，其特点是高速度、高强度、高地位和高技能和强烈的对抗，篮球运动训练有其自身的规律，不同于速度、耐力和技术表现的运动，因此，必须了解篮球的特点，篮球教练和篮球规则的训练方法和技能，并能熟练使用培训。

(2) 思想道德素质

对于个体来说，思想道德素质是重要之处，同样对于篮球教练来说，也是其他素质的核心所在，直接影响也决定了其他素质的发展程度，同样也是提高多种素质的重要动力。教练员的思想道德素质会直接影响到运动员的发展，思想道德素质主要包括政治思想和职业道德两方面，政治思想主要是树立正确的三观，一个优秀的教练必须有祖国的崇高理想的思维，看世界篮球领域，敢于超越主观，不断攀登世界高峰的篮球，努力学习和艰苦的斗争，以贡献一切高级优秀运动员的培养，争取优秀的竞争结果。后者体现在四个方面：

把对运动的忠诚放在首位。为国家争光是教练员职业道德的核心内容。作为一名合格的教练员，要有强烈的事业心、高度的责任感和献身体育的精神。

以人为本，关心运动员的成长。教练员影响队员，不仅靠言教，更要依靠身教，以有崇高的理想，信仰，生活的灵感来启发运动员，用善良的心灵陶冶运动员，用严格的训练塑造运动员，教练不仅要对提高运动员的技术和战术能力倾注所有的热情和关心，也要对运动员文化学习，个人生活给予积极关注，运动员在面对困难和挫折时，更要鼓励和鞭策运动员。

热爱集体，团结协作，公平竞争。教练员必须处理好个人与群体的关系，特别是与其他教练员的竞争关系，才能实现公平竞争、共同进步、共同提高。处理好球员之间的关系，特别是明星球员和替补球员之间的关系，我们必须平等对待所有人，有明确的奖惩。在市场经济条件下，教练员应杜绝腐败，避免舞弊，不打贸易球和人情球，实现公平竞争。

学习上勤奋上进，不厌烦，对自己严格要求，治学严谨。篮球教练员应积极进取，改革创新，不断总结经验，不断学习新知识，探索更加科学合理的训练方法和手段，以形成自己球队的技术特点和战术风格，不断提高竞技水平。

(3) 审美素质

竞技体育已经成为体育教育过程中的重要组成部分，相应的体育教育也得到了大面积的普及，对于教练员的审美素质有了更高的要求。尤其是在运动员的训练过程中，这种审美主要体现在以下几个方面：提高篮球教学的兴趣，如教学比赛，趣味性训练手段，从审美的角度来训练运动员，让运动员具有良好的心理素质，也能够在篮球训练过程中提高审美能力，尤其是营造一个良好的训练审美环境，确保整个训练环境的干净整洁，衣服颜色鲜艳，严格按照美学原则和动态来展开训练，这样能够让运动员在训练。过程中更有兴趣，也能提高训练的审美效果，自然提高整体的训练质量。

(4) 能力素质

训练能教练员确定整体的训练计划，这一训练计划的制定并非是千篇一律的设计和运动员的实际情况，有针对性地制定训练计划。在训练过程中，要有效地控制运动员的情绪，尤其用一些艺术性的语言来和运动员进行沟通交流，激励运动员训练和完成训练计划，是目前这也确保运动员进行科学合理训练的重要基础，能够有效地调整运动员的训练计划，最后，运动员的实际情况，更好地控制整个训练过程，也能够实现教练员的自我调节，及时的发现在训练过程中存在的问题，也能够有效地解决这一问题，更好地进行全方面的训练。

选拔能力：科学选拔是培养高水平运动员的基础。通过选拔，可以发现和选拔出有前途的篮球运动员，并使他们尽快融入运动队。根据篮球运动项目发展的需要，科学的选拔程序和方法，优秀的教练员必须掌握选拔条件优越的运动员的基本能力。

现场指挥能力：篮球比赛过程中，不仅仅是运动员的技术水平比拼，以及一些战术规划，更重要的还是心理素质上的比拼。在比赛过程中会出现很多突发情况，尽管在比赛之前做出了一系列的预定，但是比赛过程中还是可能会出现多种变化，这也会影响到运动员的心理状态。这人在比赛指挥过程中能够体现出其指挥能力，在智慧中，尤其是要根据现场比赛情况的变化来进行决策的改变，这样就能够更为灵活地进行现场指挥。

创新能力：技术水平在发展的同时，为篮球运动注入了更多的活力，篮球运动有了明显的发展，个国家的体育水平并没有太大的差距，想要培养高质量的运动员，需要教练员做好整体的培训工作，尤其是要提高中了教练员的创新能力，这样才能，都在创新意识的指导下，不断地选择全新的技术手段和训练方法，这样也能够培养高质量的创新型人才。

管理能力：篮球队的管理要素包括计划、组织、指挥、协调和控制。教练应该认识到哪些因素是普遍的，哪些在他们的工作中是特殊的。哪些因素是有益的，哪些因素是有害的；哪些因素是实用的，哪些因素暂时不起作用，而起着储存的作用。优秀团队 3 分训练，7 分管理，教练承担组织者和管理者的责任。从这一角度上来看，教练员的管理能力极为重要，这是保证各种训练活动有效开展的重要基础，也能够更好地约束运动员参与到训练中去。明确运动员本身的生活制度，确定具体的管理办法，这样也能够让教练员进行有效的外部监督，做好整个球队的组织管理，促进球队的发展。

教练员的能力素质需要上述几种能力相互配合，并非是单一的能力发展，而是几种能力互相影响，任何一方面的能力不足都会影响到其他能力的提升，因此需要将几种能力协调发展，这样才能够更好地提高教练员的综合能力素质。

### （二）我国优秀篮球教练的培养

#### 1. 中国篮球教练员人才培养理念

竞技体育想要得到有效的发展，提高教练员的综合水平不可忽视。尤其是在竞技体育的竞争过程中，不仅仅是运动员的竞争，更重要的是教练员之间综合水平的竞争，教练员的素质也会直接影响到球队的整体质量，进而影响到竞技体育的发展。教练员培训一直是各国竞技体育发展中所关注的问题。我国从 1987 年开始实行教练员在职培训，至今已有 30 多年的历史。虽然教练员的执教能力有了很大的提高，但目前篮球教练的综合素质较低的情况并没有得到有效的改善，主要原因还是目前教练员并没有掌握正确的训练理念，也很难培养符合要求的高素质人才。

目前，普遍认为篮球教练员综合素质低下是制约其提高的瓶颈问题。篮球教练员的综合素质本身蕴含了极为复杂的内容，会受到多种因素的影响，而专业知识是基础素质，将专业知识在具体的实践中加以应用，这则是能力的表现。当前教练员在职培训强调“职业培训”和“技能培训”。在职培训的内容基本上是篮球的基础理论知识，很少有具体的实践培训，这样也会影响到教练员综合素质的提升。

篮球教练员的培养应以“人为本”，提高教练员的整体素质。教练员的整体素质明显提升，尤其是重视对教练员指挥能力的训练，相应的也提高了教练员的综合素质。但是想要从整体上根本提高教练员的水平，必须转变教练员教育思想。中国篮球教练员的教育比较复杂。由于受培训制度等因素的影响，教练员很少接受系统的文化教育，更多的是接受“专业教育”，如职业培训、专项学习等。“专业教育”需要将学习的内容在实践中加以应用，在教练员的培训中更加常见，但是不足之处主要是对于理论知识的掌握并不知道是真的，有本事的文化水平也不高，很难将学习到的知识进行创新是拥有，尤其是在如今重视教练员指导能力，而并非是专业知识思想的影响之下，中国篮球管理提出教练员的培养应以“能力本位”为核心。显然，“通才教育”的特点是培养个人能力在各方面通过“百科全书式”教育，但是知识的总量的增加和教练有更少的时间来研究形成一个尖锐的冲突，显然，“通才教育”是一个好方法，但不是一个好的选择。这就是为什么提出“素质教育”的概念。在素质教育思想指导下，体育与教育相结合，篮球教练员的培养坚持素质、知识、能力并重的价值取向。加强人文、自然、社会科学知识建设，全面推进“体育与体育结合”。综合技能与专业技能相结合，可以扬长避短，突出能力，从根本上改变我国篮球教练员“素质”低下的现状。

2. 中国篮球教练员人才培养体系

中国教练员是一个特殊的群体，大多数运动员退休后担任教练一职。在教练员作为运动员期间往往是集中在一些技术的训练上，或者是参加比赛，很少有时间去进行文化课的学习，而在退役之后担任教练，也由于不用继续训练，同时将更多的时间放在了训练运动员身上，并没有时间去学习文化课知识。欧美发达国家篮球教练员的录取标准是“学历+岗位培训证书”，一般教练员的学历和我国同等学力相比，是必须要在大学学历之上，但是从我国教练员的实际情况来看，很少会有达标的，这也影响到整个教练员行业的发展。这个多年的改善，我国目前的篮球教练员重视学历，基础教育也重视职业培训，吓着了多种方式的人才培养手段，建立了多元化的培养体系，这一训练体系基本上较为完善，能够实现篮球教练员的继续教育，也能够提升教练员的综合素质，为教练员文化课水平的提升奠定了坚实的基础。不过受到篮球训练体制的影响，我国目前篮球教练员的学历教育还有待进一步的完善。

3. 发展国外体育教练员岗位培训

美国教练员培训主要由项目协会及相关组织承担，经费由项目协会自行提供。但是在美国奥林匹克委员会重视奥运会教练的培训工作，美国奥委会主要开展以下工作，包括教练的认可，建立教练协会和出版《奥林匹克教练员》、培训评估、举行研讨会，发展教练行为系统，建立标准的教练，证书和课程教学大纲。美国教练员职业培训课程丰富实用，教学方法灵活多样。教练员的等级评定没有统一的规则。有的项目协会有一个等级，有的有五个等级，不同项目协会教练员培训水平参差不齐。

德国教练员岗位培训主要由体育协会和教练员协会进行。德国的教练员水平主要分为A级教练员、B级教练员、C级教练员和硕士教练教练员。硕士教练员是最高层次。体育协会负责A级、B级、C级教练员的培训，教练员学院主要负责硕士教练员的培训。德国教练学院与个别协会、国家体育联合会和奥林匹克委员会有着密切的联系。根据德国体育联合会的章程，C级教练的在职培训必须包括120课时。B级教练员在职培训时间缩短为60小时，A级教练员在职培训时间为90课时，每课时45分钟。德国教练员的训练时间形成了“两头大，中间小”的结构。培训时间可以是晚上、周末、白天或工作日。为了达到课时的目的，不同的课程也可以相互结合。德国教练员职业培训课程针对性强，注重解决问题。德国教练必须通过考试取得一级证书，经过B级和A级的培训后，必须通过口语或书面考试证明自己的教学能力。教练的年龄也有明确的限制。C级教练必须年满18岁，B级教练必须年满20岁，A级教练必须年满22岁。

## 二、篮球竞赛的指挥工作

### （一）教练员临场指挥的作用与意义

现代篮球比赛的本质是综合实力水平较量，它不仅是与教练员的训练质量和指挥管理能力的较量，而且是与运动员的意识、风格、身体素质、技术、战术和心理因素的实际水平和运用能力的较量。然而，就比赛而言，教练员在组织比赛指挥工作中的能力、水平和作用是关键，是衡量和显示队伍实力对比的重要内容。现代篮球队的权力和力量，不仅是运动员在思想意识的对比，战斗风格、技术、战术、身体状况、身体素质和心理素质的竞争能力，而且对比教练的智慧，人格魅力，材料，日常管理，培训水平，以及组织竞争，利用团队的力量，合理分配和投标策略和应变能力。从这个意义上说，篮球比赛的指导工作是以比赛双方教练在训练过程中运用各自的智慧、策略和才能形成的团队力量为基础的，在比赛中，组织和部署队员，运用应急战略和战术，始终保持主动，以抢占游戏的智力优势，掌握竞争技巧，掌握艺术过程。

1. 审时度势，以弱克强

篮球比赛是一场智慧和勇气的比赛。对于双方教练来说，这是一场智慧的较量。相对较弱的队伍不可能战胜相对较强的队伍。强者和弱者不是绝对的，而是相对的。强者并不都是强者，弱者也不都是弱者。在一定条件下，强者和弱者可以互相转化。教练临场指挥的过程中，如果可以利用自己的经验，发现对手的弱点，调整作战计划的情况，有针对性的调整，有针对性地调整整场比赛的运动员，充分发挥自身队伍的优势，也能够让对手的就是无法发挥出来，这样才能够一次生的优势去面对对方的劣势，实现最终的胜利。

2. 果敢决断，扭转战局

在篮球比赛中，运动员的技术、战术表现出不稳定性，再加上一些其他因素的影响，让比赛形式很难在掌控之中，经常会出现变化。球队在比赛过程中会处于有利地位，也可能会处于不利地位，问题在于如何控制“高潮”和“低潮”现象。当对手处于巅峰，而在比赛中如果球队处于不利地位，那么需要教练员进行相应的智慧，通过有效的策略来扭转这一局面，尤其是在关键的时机，选择一套有效的策略，能够更好地整比赛状态，也能够实现反败为胜。

3. 因势利导，巩固战果

篮球运动是一个制约与反制约的过程。我们不仅要尽可能地限制对手，还要防止对手反制。因此，当球队领先时，也需要教练考虑到危险，充分利用情况。教练会首先进行预测判断，考虑到在比赛中可能出现的情况，然后，和运动员进行沟通，让运动员不断调整自身的心理状态，也能针对不同的比赛状况来选择相应的战术，这样能够更好地应对比赛。同时，如果对手由于自身处于劣势，而采取一些暂停战术，也能够积极地进行，想要始终占据主动地位，达到最终的获胜目标。

4. 稳定军心，赛出风格

在篮球比赛中，所考察的不仅仅是运动员本身的技术水平，更重要的是战术技巧和综合体能的对抗，但在此之上也离不开心理素质的比赛。在比赛过程中会出现很多突发情况，尽管在比赛之前做出了一系列的预定，但是比赛过程中还是可能会出现多种变化，这也会影响到运动员的心理状态。球队分数领先时，就是人会让运动员继续稳扎稳打，避免过于放松，而让对手反超。在运动员得分是靠运气，而并非是靠实力时，可以及时进行一些战术的调整，避免运动员产生盲目的自信心，防止他开始独自比赛、随意投篮等情况。教练可以用换人的方法让不稳定、急躁或易怒的球员暂时休息，以平复情绪，等待再次战斗的机会。当然，当团队在巨额赤字的情况，教练使用暂停或半场休息时刺激运动员的情绪，统一团队的思想，鼓励团队的动力，稳定团队的士气，同时使团队在接下来的比赛中发挥原来的水平和自己的风格。

### (二) 教练员临场指挥的基本内容

1. 赛前的准备工作

(1) 组织思想准备

在组织工作方面，应在比赛前尽早确定各类主要人员，完成报名。主要参与人员为领队、教练员、运动员及相关人员。为比赛做好准备，确保训练安排和整体运行。

在思想工作方面，在日常思想教育和管理的基础上，根据队伍的组建、培养目标和计划、主力阵容的分配、竞赛任务和相互实力的比较，以及在团队中产生的各种心理状态，等等，开展有针对性的思想工作，取得全体参训人员的共识，形成任务明确、安全到位、思想团结、团结进步、积极争创一流、斗志昂扬、精神饱满的队伍，迎接形势的变化。

(2) 信息搜集，制订备战方案

第一，调查了解本队及对方的情况。

· 充分了解本队的赛前状况，特别是队员的思想和心理状态。

· 摸清对方的情况。基本包括：对方的身体条件、体能状况、心理素质状况、战略战术状况、技术特长及弱点、后备力量的情况等。在宏观上要了解对方打法上的特点。

· 调查方法：1）一般来说，经验丰富的球队很少会在比赛之前就暴露出自身的全部能力，不会显露出自身球队的优势和劣势，也很难展现出自己所选择的战略，这样才能够在比赛中起到出其不意的效果，避免被对手参透，有所针对。但是在比赛过程中，由于比分的限制，所有人都想取得成绩晋级，因此很难会掩饰自身的优势，也会暴露出球队的不足之处。观看对手的比赛，能够从多方面去了解对手，也能够制定一些有效的策略，以便于增强自身获胜的信心。对于 NBA 教练来说，最常见、最方便的方式就是观看对手的比赛视频，甚至是将对手最近的比赛都看很多遍，以便更深入地了解他们。2）技术和战术统计方法的运用。篮球常规技战术统计方法不仅可以用于科研、教学和训练检查，而且可以用于赛前准备中对方的侦察。技术统计能够客观地反映对手的技术和战术，为教练员制定战术计划提供参考。在没有条件看对手比赛的情况下，也可以用其他方法收集对手的信息。例如，中国很多教练都非常重视从报纸和相关信息以及一些新闻报道中去了解对手的情况，这样并非是红双方去直接了解，是从第三方能够更为客观地进行对手总体情况的分析。

第二，制订比赛计划。

教练需要充分了解自身队伍的优势和不足之处，也能够了解对手的实力，这样才能从整体上来进行综合分析，更为合理的确定比赛中运动员的战术选择。首先，从实践的角度来确定各游戏的策略指导思想。要注重发挥战斗作风优势，争取主动。其次，制定游戏计划。坚持的原则，发挥优势，避免劣势，整个团队和每个球员的战术行动不能偏离这一原则，所以在训练和实战攻击猛烈攻击对方的弱点，主动引导对方暴露弱点和攻击，或故意放弃防御的对手的缺点，帮助合作伙伴提高干扰和推断出球。此外，准备各种应急阵容，并处理比赛中的困难。技巧和战术在比赛中的运用主要体现在制约和反制约上，关键在于教练能否评估形势，分配阵容组织，采用应变策略，从而达到出其不意的制胜效果。在比赛前做好准备应对各种困难，在球队打法受到限制时，要立即运用暂停、换人、场外指导等手段，稳定球员情绪，改变战术，控制进攻和防守速度，扭转场上的颓势。

(3) 组织模拟训练

在实战比赛中，我们可能会遇到我强彼弱、我弱彼强、势均力敌或遭遇战等情况。在赛前训练和比赛中，我们需要针对不同的对手进行模拟对抗训练。

我强彼弱时，永远不要盲目地骄傲或轻视敌人。模拟训练要细致、认真。在熟悉对手战术和阵容的基础上，预见对手进攻和防守的常规变化，有针对性地进行演练。不允许忽略更改中每个协调的关键细节。

我弱彼强时，不要气馁，需要勇敢地面对强者，在战略上鄙视对方，在战术上重视对方，有信心去战斗，去胜利。在模拟训练中，要针对对手的强项进行有目的的对抗训练，寻找战胜方法。

势均力敌时，教练员要坚定决战胜利的信心，尤其是强调形势的科学分析彼此的互相掍作为一个整体和个体的特殊优势，和最准确的采取相应的控制措施，要准备各种各样战略应对最困难的战斗。在模拟训练中，要坚持自己的特长，灵活改变常规战术，争取抢在敌人前面，抢占先机，及时部署，打乱敌人的战术部署。

遭遇战时，应确定以我为基础的决策原则，努力做好开端。因此，比赛训练前应设计多套比赛方法进行模拟实战训练。具体的战略部署，首先要对主力阵容进行适当的调整（也可以对主力阵容进行装配测试）。战术安排可以选择一些最放心的阵型，以便在比赛开始时能在最短的时间内拥有攻守的优势，并在掌握对方基本的打法后适应形势。

(4) 开好准备会

开好准备会的目的是统一思想，实施比赛计划，让每个队员都知道整个战略、战术和任务。准备工作将用来调整球员的心理达到最佳状态。因此，准备会必须充分发扬民主，听取团队意见，才能做出正确的决策。准备会可以采取多种方式进行，至于采取哪种方式，应从实际出发，各种准备会形式都有一定的优缺点，教练员应根据人、时间和事项采取适当的方式。总的来说，会议时间不宜过长，教练员要简明扼要，决策态度要坚定自信，重点安排要突出，形式和内容要有利于调动积极性。一定要避免准备会议氛围的紧张，使队员背上种种包袱上场打比赛。

2. 临场比赛的指挥工作

教练员在场上发挥的作用不仅仅是通过暂停比赛和换人来体现。而最重要的是对赛场的掌控和局势的把握，同时对不同时期的阵容做出有效的调整。从而更加针对对方所使用的战术和阵容进行有力的突破和应对。而通过现场的暂停和换人是教练对比赛最好的掌控和把握工作手段之一，在整场比赛中，教练对规则和对方阵容以及场地的熟悉和适应，能够在全队的比赛过程中做出有效的指导，同时作为球队的大脑，能够将整场比赛指挥贯穿于全场，同时将球员之间的矛盾做出客观的调整和有效的针对，从而将整场比赛团队的凝聚力展现出最好的一面。在指挥的过程中，要不仅仅观察球场上的瞬息万变的状况，同时还要考虑到现阶段的篮球比赛规则和规律，通常情况下，篮球比赛一般分为 12 分钟一节，一共四节。因此，教练就要必须了解到每个阶段的规律和可发展性，运用不同的暂停和换人战术，以及排兵布阵，从而结合现场实际情况，在不断变化过程中保持不变，来确保最终的主动权掌握在自身手里，同时又能保证最终的比赛获取胜利是教练员在场上最为直接的表现。

（1）暂停

暂停也需要技巧。其表现在利用比赛的条件和规矩来创造更多的休息时间以及阵容调整时间，同时教练要观察队员在上场和下场之前所受到暂停所带来的实际情况，并且教练要实时观察对方教练是否要主动叫暂停，如若对方主动暂停，我方应正常的受到暂停来进行有利的调整和休息，同时对对手所做的表现，做出一定的预判和调整，要注意自己的态度，特别是当队员不耐烦时，要及时给予鼓励。

暂停时机：1）场上士气低落、队员缺乏信心时。2）技术上连续失误、战术配合失调时。3）对方士气高涨连续得分时。4）比分落后时。5）发现对方薄弱环节，要改变战术打法，提出新任务时。6）双方相持不下，或在关键时刻。7）场上队员体力透支不能换人时。8）在特殊情况下需要暂停时。

注意时机：暂停是运动员和教练在比赛中唯一把握机会和对场上运动员做出分析的交流机会，同时也是实际现场所指挥的和落实的重要手段之一，因此要注意以下三点：第一，掌握全局，不仅仅是针对已经发生过的问题进行处理，同时还要做出未发生事情的预判和掌握，要告诫自己的团队避免；第二，暂停时间有时间限制，因此要集中精神言简意赅分布，任务和实施情况；第三，时机正确。在正确的时间做出正确的暂停，能够有效地做出场上劣势的针对，从而扭转局面，要特别注意在己方队员手感火热或者进入状态时，切记不可叫暂停。

（2）换人

换人技巧：合理地运用队员和资源来获取比赛中的胜利，也是一种胜利的手段和战术。因此，教练结合实际比赛过程中发生的真实，要做出良好的判断，是否换取不一样的运动员利用优势来弥补短处。

1）首先要了解队员的实际情况和队员的优势以及劣势，因此可做到对不同人运用不同人去防守或者进攻；2）换人时应考虑现阶段球场上所运用的战法和打法，并且告诫将要换上场的运动员，做好思想准备和身体准备；3）要保持原则性，偶尔的失误不代表整场比赛的失误，但不允许大量的失误，造成无可挽回的局面。

换人时机：1）队员疲劳或者需要休息时，通过休息来对实力的有效保存，在最后决战时，再将首发队员换上场；2）队员犯规较多并且要根据对方的主力球员实际情况进行有效的人员更换；3）为保留暂停而进行换人，同时要观察队员的心理表现和情绪，避免造成运动员内心的伤害和歧视；4）在主力球员或者首发球员得到一定的优势时，换取新队员上场得到一定的锻炼或者替代受伤球员继续为球队带来胜利。

换人方法：

1）根据对手实际情况来采取不同的换人方式。对方球队要是比自己的综合实力弱，教练可采取相应的政策安排新入队的球员和替补人员，以便训练新队员，排练替补队员，为将来可能发生的变化做好准备。当对手比自己的球队更强时，教练应适当更换一些年轻球员或具有替补动力的球员，利用新入队的球员的新鲜血液和对胜利的渴望来为球队创造更多的动力。在双方球队的综合实力旗鼓相当时，在防守方和进攻方并没有良好的打开时利用新秀球员集中性的开火或者进攻，打开球队进攻的欲望和得分点。同时能够为对方球员心理造成一定的压力，并且为己方球员的核心位置保持一定的实力。

2）根据临场的比赛局面不同所采用的换人方法。在比赛中得分差距较大时，应继续坚持之前所运用的战术和打法来换取更多的优势和胜利希望。但是在分数落后较大的时教练员应针对落后分数实际情况从而做出有效的调整，降落后的分数追回甚至反超，切不能抱着“死马当作活马医”的态度进行换人。当双方的比分不分上下时，应将球队当家球员或者明星球员更换，为球队带来更好的得分效果，在比赛最后一节关键时刻，可将主力球员全部换上为自己球队的胜利带来更多的希望。

3）根据一场比赛结果对其队的影响所采用的换人方法。当运动员被要求赢得比赛时，他们往往有两种心理：一种是战斗到底，另一种是由于心理压力过大而产生的“怕输”心理。在这方面，教练应该在比赛开始前了解情况，及时采取换人。从而将机会分给更多的心理素质良好的优秀球员，认真地对待每一场比赛，及时在总比分能够晋级的机会下，反而是更好的机会，让新秀球员获得更多的实战训练。

注意事项：

在将球员换人时，应告知所要上场的球员，多进行的战略政策以及防守要领和得分机会，最为重要的时要给予更多的信任注入即将上场的球员，在换人后要观察上场球员的实战情况，切不能在不适应的情况下将其换下，反而更多的是要鼓励球员，恢复球员的信心和热情，在找回感觉和状态时，教练要注意观察球员的情况，从而在比赛结束后，帮助球员的不足之处做出指正，从而更好地帮助球员提高比赛能力，而在球场比赛中，教练也应该冷静，准确预测，及时决策，即兴创作，注意技巧，以激励整个团队精神，捕捉战机，争取比赛的主动权，为赢得比赛打下基础。

（3）场外提示

当我们观看国内、国外或国际比赛的转播时，我们会发现在场边的教练经常给场上的球员发出信号或声音提示，甚至大喊大跳。根据规定，在比赛中，球队的教练可以站着制造噪声，但不能离开板凳或进入赛场，也不能侮辱球员、裁判或观众。在规则允许的情况下，教练员应采用多种方法指导运动员在场上活动，用手势安排或改变战术，用语言调动运动员的积极性，激发运动员的能量，提高运动员的注意力等。

3. 赛后总结

比赛结束后，无论输赢，教练都必须做一个总结。一方面，总结的目的是检查任务的完成情况。二是总结经验教训，指导今后的比赛和训练。对团队要胜不骄，败不馁，避免胜利和骄傲，或失败和气馁的作用。

一般情况下，赛后总结应在充分准备的情况下进行，在条件允许的情况下，可以结合比赛视频对技术统计进行检查，让运动员复习旧的，学习新的。赛后总结是在教练的带领下进行的，不仅要分析，还要提问，但不能责怪或责怪裁判。教练员应注重研究技术、战术训练、队伍配置和应变能力的运用。教练员还应表现出高姿态、高格调，总结经验教训。教练员的总结要有详细的技术资料，高度总结运动员的分析和建议，向运动员提出提高训练质量的几点建议，并撰写书面材料。

为了加强队伍建设，应重视训练档案的管理，规范训练和比赛总结档案。应将摘要文件汇集成册，以便妥善保存和使用。

## 第四节　篮球竞赛组织与管理方法

### 一、篮球竞赛概论

#### （一）篮球竞赛的概念

篮球比赛是以篮球为主要内容的竞赛活动。不同球队的运动员通过遵守一定的比赛规则和裁判的判罚，充分发挥自己的竞争能力和团队合作能力，努力打败对手，争取更好的运动成绩和比赛名次。体育成绩由竞技水平和比赛名次构成，两者的影响因素包括三个部分。第一，是对手在竞争中的表现，包括对手的先天和后天的竞争能力以及在竞争中的表现程度。前者包括形式、技巧、素质、协调、技术、战术、心理、智力等。后者包括比赛地位和比赛条件，还包括训练安排、生物节律、气候、地理环境、场地设备和观众。第二，运动员在比赛中的表现，具体因素与前一点相同。第三，比赛结果的评价行为，包括比赛规则和组织、评价手段、职业道德和裁判员的职业水平。从其概念内涵可以看出：篮球比赛是一项竞技比赛；篮球比赛必须有几个参赛者；篮球比赛必须遵循事先规定的统一规则；篮球比赛是一种特殊的社会现象，它不仅是对篮球运动员成绩的评价，而且在整个社会的精神文明建设中发挥着重要的作用。篮球比赛是篮球的基本形式之一，也是篮球内容体系的重要组成部分，是最受欢迎的体育活动之一。篮球比赛能使篮球的价值得到深刻的体现。例如，竞争、合作和努力工作的精神可以体现在篮球比赛中。

1. 篮球竞赛的参与者

篮球比赛的参赛者包括运动员、教练员、裁判员、组织领导者、服务管理者和观众。其中，运动员是篮球比赛的核心部分。篮球比赛能否吸引更多的人，对社会产生更大的影响，取决于运动员的成绩好坏。

2. 篮球比赛的物质条件

篮球比赛的物质条件包括基本场地、器材、器材、食品、住房、交通等。篮球比赛的物质条件对运动员的表现也起着非常重要的作用。例如，如果一个团队想去另一个国家打一场篮球比赛，如果团队有优越的物质条件，专业厨师为他们准备他们的最喜欢的食物，路上豪华专机为他们减少疲劳，会使团队的运动员有更多的精力进行下面的比赛。

3. 篮球比赛组织

篮球比赛组织委员会是篮球比赛管理的核心，它管理着比赛的规章制度、组织安排、组织运作等方面。同时负责参赛人员的资格认定、成绩争议、新闻发布等工作。

4. 篮球比赛的保障

篮球比赛的保障主要包括资金支持、安全保障和违禁药品检测。比赛安全是篮球比赛的关键因素之一。随着我国社会主义市场经济的深入和社会条件的改善，有必要投入大量资金举办一场大型篮球比赛。因此，相关篮球比赛组织部门必须走市场化、社会化的道路。

5. 篮球比赛的媒体宣传

随着当今世界科技的进步，篮球比赛的媒体宣传变得越来越重要。各种宣传手段和设备的升级，为篮球比赛的媒体宣传提供了可能。通过媒体宣传，世界各地的篮球爱好者可以随时随地了解不同地区的篮球赛事。例如，NBA（美国职业篮球联赛）在世界各地如此受欢迎的原因是各国媒体宣传它的一个重要方面。

（二）篮球竞赛的特征

1. 参赛目标的竞争性

竞争性是篮球比赛的一个突出特点。两队之间只有一个队赢得这场比赛。比赛成绩使人们意识到危机意识，这将进一步推动篮球运动员通过各种手段和方法追求更全面的篮球比赛技术。

2. 参赛目的的综合性

目标是驱使人们做任何事情的一个重要动机。运动员在篮球比赛中的目的不是单一的，而是综合性的。一些运动员在比赛中为了锻炼他的意志，提高篮球技能，有些运动员为了追求利润丰厚的奖金和个人荣耀，在一些国家之间的篮球比赛中，许多运动员参加比赛不仅是为了个人的物质和精神上的收获，而且是为了给国家增添光彩。

3. 竞赛过程的激烈性与随机性

篮球比赛是同一领域的对抗性运动。在比赛过程中，身体之间总是有接触和碰撞，比赛造成的身体伤害是常见的。因此，要想在如此激烈的竞争中取得优势和胜利，就必须加强身体素质、技能、战术、心理、智力等方面的水平。此外，在竞争的过程中，有很大的随机性，例如，在比赛过程中，战术的使用、比赛方法等方面都是不确定的，双方会根据场上的不同情况随时做出适当的调整，以打败对手。

4. 竞赛条件的制约性

“无规矩不成方圆”，篮球也是如此。建立竞争结构体系和运行机制，可以使竞争正常运行，提高竞争的观赏性和竞争力。如果不限制竞争条件，就会出现各种各样的问题，如受伤概率增加，资格不公平，非法药物的出现等。

5. 比赛结果的不确定性

虽然比赛的结果很大程度上与运动员平时的竞技能力有关，但竞技能力仍然不能完全决定比赛的结果。例如，在一场篮球比赛中，如果一个强队的主力队员当时情绪控制不好，并且出现严重的犯规行为，就会被罚下场，这样的结果会导致球队的整体竞争力大大下降。另一个例子是一支实力较弱的球队在过去一直很差，而一场比赛突然有一名球员手感火热，怎么投怎么中，也一定会打败实力较强的球队。我们经常可以在 CBA、NBA 和其他比赛中看到这种情况。

## （三）篮球竞赛的功能和价值

1. 保持健康

这是篮球比赛最基本的功能和价值。通过比赛可以使运动员承受更多的负荷，从而对运动员的身体进行不断的刺激，使身体更加强壮和健美。

2. 促进篮球运动的发展

比赛不仅能吸引更多的人参加，提高篮球竞技能力，而且能培养参与者的团队精神，激发进步的欲望。

3. 丰富文化生活

篮球比赛本身就是一种文化现象，它可以进一步扩大和丰富人们的业余时间和生活空间。它的公平和正义将使人们更有信心拥有一个真正的和谐社会。

4. 适应社会政治的需要

篮球比赛可以提高民族声望，激发民族精神，创造稳定的社会环境。例如，在冷战期间，奥运会的金牌和银牌被视为判断社会制度优越性的重要标准。

5. 促进社会经济的快速发展

（1）促进篮球产业化。今天的 NBA 就是最好的例子。组织可以通过门票收入、转播权、广告费等方式实现竞争的巨大经济效益。（2）带动其他社会产业的发展。例如，奥运会的主办城市将建设更好的体育场和更多的道路，因为篮球比赛。同时，当人们去看奥运会的时候，它将带动酒店业、餐饮业、旅游业等的发展。

6. 带动科学技术的发展

有需求就会有发展。当今的篮球比赛越来越依赖科技，如各种篮球鞋、电脑应用、比赛计时器、LED 大屏幕等。随着人们对篮球运动的不断要求，罚球的准确性和公正性，以及比赛的观赏性，都促使新的科技产品将不断涌现。

## （四）篮球竞赛的基本原则

1. 健康性原则

篮球比赛必须符合这项运动的目的：提高我们的身心健康。在比赛过程中，任何不利于运动员和观众身心健康的行为都应予以制止。例如，服用兴奋剂以增强体力，避免对对方球员做出侮辱性的手势和言语。

2. 恢复性原则

篮球比赛是一个非常激烈的体育锻炼，所以在比赛前，运动员必须训练与休息将结合，一定强度的篮球训练后进行放松，这样可以有效恢复功能，为了以下的篮球比赛更全面的准备。

3. 创新性原则

我们在生活中经常说“创新是一个民族取之不尽的动力”，篮球比赛也是如此。篮球比赛是一个非常复杂的项目，我们应该善于将各种技术动作和战术的合理组合和转化，从而在场上对对手产生强烈的冲击。如果技术、战术总是一样的，就很容易被对手识破，被对手攻其不备，攻其软肋。

4. 协作性原则

篮球比赛是一项集体活动，你不是一个人在战斗，在比赛中队员之间要学会合作，把比赛中的五个人变成一个整体，这样比赛就会打得更流畅，更有活力。

5. 育人性原则

在比赛中，运动员和裁判员都应具备基本的体育精神。裁判在决策过程中应该公平公正，运动员在比赛中应该尊重对手，而不是为了取胜而不择手段。

6. 公平性原则

公平是指按照一定的社会标准和适当的秩序合理地对待人和做事，是制度、系统和大型活动的重要道德品质。在篮球比赛中，它包括资格的公平、成绩的评定和规则的制定。

### （五）篮球竞赛的种类

根据比赛的性质和目的，一般可分为非专业比赛和专业比赛两大类。

1. 非职业性比赛

（1）综合性运动会中的篮球比赛：如奥林匹克运动会中的篮球比赛。（2）单一篮球项目的比赛：如世界篮球锦标赛。（3）交际性的比赛：主要是为了加强交流，增进友谊，发展关系，如：国与国之间的友谊赛、省与省之间的友谊赛等。

2. 职业性比赛

（1）国外专业比赛：以商业化为主，目的是为了提高团队收入。（2）国内专业比赛：主要是为了提高竞争力，从而为国家的国际比赛做准备。当然，近年来国内职业联赛也逐渐关注球队的商业价值，如 CBA、超级篮球等职业联赛。

## 二、篮球竞赛方法

竞争最基本、最直接的目的是公平、公开、公正地取得胜利。为了使参赛队伍在公平合理的条件下进行竞争，采用合适的竞争方法是创造这样一个良好条件的前提，也是客观反映参赛队伍竞争水平的重要保证，也有利于组织和管理。篮球比赛中常用的方法有两种：淘汰法和循环法。

### （一）淘汰法

淘汰法是球队在比赛中输球一两次后，即失去继续参加比赛的权利，获胜的球队继续参加比赛，直到最后确定获胜的球队为止。失败一次即失去比赛资格的方法为单淘汰，失败两次即失去比赛资格的方法为双淘汰，和同一对手以三战两胜、五战三胜或七战四胜的形式进行淘汰的为多次淘汰。

淘汰制的编制方法：首先根据报名参赛的队数确定比赛轮次表，由各队进行抽签，确定在比赛表中的位置，然后把队名填入比赛轮次表中，如果表中的队数恰好是 2 的乘方数（4、8、16、32、64 等），那么在第一轮中所有的队都要参加比赛。假如 12 个队参加比赛，经过第一轮比赛，要剩下 8 个队参加第二轮比赛。在第一轮中淘汰 4 个队（12-8=4），就有 8 个队参加第一轮比赛，有 4 个队轮空。编排时要把轮空队分别排到上、下两半区，两半区参加的队数也要尽量相等或接近相等。如果轮空队为奇数，可使下半区的轮空队为偶数，上半区的轮空队为奇数。

计算第一轮比赛的轮空队数，可以用队数的 2 的乘方数减去参加比赛队数的办法。例如，13 个队参加比赛，第一轮轮空队数为 16-13=3，第一轮比赛中有 3 个队轮空，10 个队参加比赛。

为避免强队在首轮比赛中相遇，经常采用“种子队”安排。种子队的设定应是有根据的，为各队所公认的。一般按照比赛成绩来确定。若无成绩，可用抽签方式来确定。种子队的排列，一种是按种子队的原来名次依次排定在种子位置号码上（种子位置号码是有规律地分布在比赛秩序表中各个不同“区”的顶部和底部）；另一种是让种子队抽签，确定在哪个种子位置号码上，在种子队排好后，再让其他非种子队抽签。

单淘汰只能合理地确定第一名，在必须确定其余各队名次时，应当进行补赛（附加赛）。补赛的办法应在竞赛规程中明文规定。常采用的补赛办法是：决赛中失败的队为第二名，复赛中失败的两个队补赛一次，胜者为第三名，败者为第四名，复赛前败的四个队进行补赛，争夺第五至第八名。

双淘汰制就是在比赛中失败两次才被淘汰。双淘汰制的编排方法基本上和单淘汰制相同，只是进入第二轮后，要把失败的队编排起来再进行比赛，再失败的则被淘汰，胜队继续与上一轮失败者进行比赛，最后一次失败的队还能参加决赛，并有可能夺取冠军。

多次淘汰的编排同单淘汰相同，所区别的是多次淘汰克服了单淘汰中两队之间交锋一场论胜负的偶然性缺陷，它采用两队之间三战两胜、五战三胜甚至七战四胜的结果来论胜负，更加客观地反映参赛队的实际水平。多次淘汰通常是在比赛水平比较高、双方实力相当，或者在一次篮球竞赛最后阶段的比赛中采用的方法。

### （二）循环法

循环方式包括单循环、双循环和群循环。

单循环：指所有队伍在整个比赛中可以相遇一次。最后，根据整个比赛的输赢情况对各队进行排名。一般来说，参赛队伍数量不多，比赛时间较长。

双循环：所有队伍可以在比赛中相遇两次。最后，根据在整个比赛中获胜和失败的次数对队伍进行排名。当参赛队伍数量较少，比赛时间较长时，一般采用这种方法。

分组循环：参赛队伍分为若干组，进行单次团体赛。各参赛队的名次确定后，将举行第二阶段比赛。一般在参赛队伍多、比赛时间有限的情况下采用。

1. 循环法的编排

（1）单循环比赛场数和比赛轮次的计算

比赛场数计算的公式为：

$$A(N-1)/2=X$$

即：队数（队数－1）/2＝比赛总场数。例如：10个队参加比赛，比赛总场数是10（10－1）/2＝45（场）。

如果参加的队数是偶数，则比赛轮数为队数－1。例如：10个队参加比赛，比赛轮数是10－1＝9轮。如果参加比赛的队数是奇数，则比赛轮数等于队数。例如：5个队参加比赛，比赛就要进行5轮。计算轮数和场数可以做到心中有数，便于更好地安排比赛工作。

（2）比赛轮次表的编排

把参加比赛的队平均分为两半，前一半号数由1号起自上而下地写在左边，后一半号数自下而上地写在右边，然后用横线把相对号数连接起来，就是第一轮的比赛队。如果是奇数，可以加一个“0”号使之成为偶数，碰到0的队轮空一次。

第二至第五轮的排法：把1号的位置固定不变，其余的号码按逆时针方向移动一个位置，再用横线连起来，这就是第二轮的比赛队。依此类推，排出第三、四、五轮的比赛。

轮次表排完后，各队进行抽签，并把各队队名按抽到的号码填到轮次表里。

（3）双循环比赛轮次表的编排

双循环比赛轮次表的排法与上述循环的编排相同，只是要排出第一循环和第二循环轮次。

（4）分组循环的编排

分组循环就是把参加的队分成若干小组，各小组先进行单循环比赛。如十六个队参加比赛，分成四个小组，每个小组进行六场比赛，四个小组共进行二十四场比赛，所需要的轮数4－1＝3轮。

经过小组循环比赛，排出各小组的名次后，再进行第二阶段的比赛。第二阶段的比赛可采用下列方法：

仍用单循环比赛方法，各小组第一名编在一组再进行比赛，决出第一至第四名；各小组第二名编在一组再进行比赛，决出第五至第八名；各小组的第三名编在一组再进行比赛，决出第九至第十二名；各小组的第四名再编在一组进行比赛，决出第十三至第十六名。

可将第一阶段比赛中各组的前两名编在一组再进行比赛，决出第一至第八名。将各小组的第三、第四名编在一组再进行比赛，决出第九至第十六名。

如果时间短，可只将第一阶段各小组的第一、第二名编在一组进行比赛，决出前八名的名次，其他队不再参加第二阶段的比赛。

2. 循环法的抽签排列办法

在比赛前几天，由主办单位召集各领队公开抽签，排好比赛轮次表。使各队明确比赛的次序、日期、时间和地点，以便做好工作。

（1）单循环比赛的抽签

按参加比赛的队数排好比赛轮次表，备好签号进行抽签。然后将队名填入比赛轮次表中。

（2）分组循环比赛的抽签

首先在领队会上协商确定种子队。种子队的队数一般等于分组的组数。如果分四个组进行比赛，应有四个种子队。为了做到更合理，也可以多选出几个种子队，但必须是组数的倍数。如分四个组进行比赛，可确定八个种子队，第一号种子队与第八号种子队编为一组，第二号种子队与第七号种子队编为一组，依次类推。

抽签方法。种子队先抽签，确定各种子队的组别，然后其他各队再抽签确定组别。例如：二十个队分为四个小组，除八个种子队外，其他十二个队再抽签。签号为四组，每组有相同的三个签，由十二个队抽签确定组别，然后再把各队按组别填入各组的比赛轮次表中。还有一种方法是按上一届进行蛇行排列分组。例如：有十六个队分成四个组时，其排法见表 9-1。

**表 9-1　十六队蛇形排列分组**

| 第一组 | 第二组 | 第三组 | 第四组 |
|---|---|---|---|
| 1 | 2 | 3 | 4 |
| 8 | 7 | 6 | 5 |
| 9 | 10 | 11 | 12 |
| 16 | 15 | 14 | 13 |

（3）循环制的计分方法和名次排列

在确定比赛名次时，将计算总分，即赢 2 分，输 1 分，弃权 0 分。在列之前指出更多的位置。

如两队的积分相等，则仅以两个有关队之间比赛的胜负排列名次，胜队名次列前。如三队或三队以上的队积分相等，则以这几个积分相等队之间的比赛胜负场次排列名次；如还相等，则按他们之间比赛的得失分率（得分之和或失分之和）排列名次；如仍相等，则按他们的全组内所有比赛的得失分率排列名次。

（三）混合法

在比赛中同时采用淘汰法和循环法成为混合法。比赛分为两个阶段，第一阶段采用小组淘汰制，第二阶段采用循环制。或者反过来说，第一阶段采用循环制，第二阶段采用小组淘汰制。即第一阶段采用分组循环制，第二阶段的比赛按两组相应的名次（即两小-第一名和第二名）首先交叉进行比赛，两个胜队再进行比赛决定第一名和第二名，两个上轮中失败的队再比赛决定第三和第四，原分组循环产生的第三名和第四名，也用同样的方法决定第五名至第八名。还有一种混合制是把两次分组循环赛后的各队，按成绩排出复赛的全部名次，然后，从前面按顺序，把临近的两个队编组进行决赛，取出受奖名次。如十二个队，先把十二个队分成 A、B、C 三组，分组循环后，把预赛各组的前两名编为一组，采用循环制，进行复赛，按成绩排出 1~6 名；各组的后两名编为一组，进行比赛，排出 7~12 名。最后，第一名和第二名再进行比赛，决出冠亚军；第三名和第四名进行比赛，决出第三名和第四名，其他队不再进行比赛。

## 三、篮球竞赛组织与管理

篮球比赛组织是一项复杂而细致的工作，是整个比赛成败的关键。一般竞赛组织工作可分为赛前、赛中、赛后三个部分。

（一）赛前准备工作

为篮球比赛做准备是很重要的。赛前应根据篮球比赛的规模和特点设立相应的办公室，明确各人员的分工和职责。

1. 成立筹备委员会

筹备委员会负责比赛的筹备工作。根据篮球比赛任务和计划，讨论确定组织方案。组织计划一般包括以下内容：

拟订竞赛的目的、任务、名称、主办单位及承办单位（及协办单位）。编制费用预算。应根据财政资源和实际工作需要编制预算。一般经费预算应包括场地设备费、交通费、食宿费、裁判员工资、工作人员津贴、运动员奖金、招待费、广告制作费和文字印刷费、通讯费等。制定工作流程。为每个任务指定实现的步骤和截止日期，确定竞赛的组织机构。根据工作需要确定组织机构，包括组织形式、人员安排、职能部门负责人名单等。

2. 制定竞赛规程

竞赛规程是竞赛活动得以顺利进行的法规性文件，是竞赛过程中一切活动的依据。竞赛规程应提前下发有关单位，以便各参赛单位做好赛前准备工作。一份完整的竞赛规程应包括下列内容：

（1）篮球竞赛的全称。（2）竞赛的目的与任务。（3）主办单位和承办单位。（4）竞赛日期和地点。（5）参加竞赛的单位。（6）各参赛队参加人数。（7）参赛运动员的资格。（8）明确报名及报到日期。（9）采用何种竞赛办法和竞赛规则。（10）录取名次和奖励办法。（11）抽签日期和地点。（12）交通、住宿和经费开支等有关规定。

3. 成立组织机构

建立组织机构，制定工作计划，明确任务和分工。竞赛组织的一般形式是组委会领导下各职能部门的具体责任制。

组委会由主办和承办单位的领导或代表、各职能部门的负责人、各代表队的领队组成，组委会一般下设以下职能部门并分工。

（1）竞赛组

接收各队报名单。比赛规则、组委会名单、工作人员名单、裁判员名单、参赛代表名单、赛程安排、成绩记录等基本内容应列入《比赛规则》，审查运动员资格。检查现场、设备和器材的准备情况。制定会议日程，包括比赛、休息、会议、参观、学习、娱乐活动、报到离场日期、作息时间等。制定比赛前及休息日的成绩表、评委安排、训练场地安排等形式。确定参加技术统计工作的人员并组织研究，准备各种设备。举办领队、教练员联席会议，讨论、研究、安排与比赛有关的事宜。

（2）裁判组

组织裁判员学习竞赛规则的有关规定。公平、准确、无私、无畏的职业道德教育。监督裁判员进行体育锻炼和必要的测试。

（3）场地组

根据比赛要求安排场地。如记录台和参赛队座位、换人席的设置。落实有关设备，如计时钟和备用钟、计分器和记分牌、30 秒或 24 秒计时器、犯规牌、全队犯规装置、锣或蜂鸣装置等。准备好比赛用球、拖把、干毛巾等与比赛有关的物品。

（4）会务组

确保交通、住宿、票务，及时制作奖杯、奖牌、横幅、奖品。安排医务人员和物资，制定安全工作计划，落实值班人员。

（5）仲裁委员会

仲裁委员会委员一般应由篮球方面的专家和权威人士担任，人数为 3~5 人。

仲裁委员会：妥善处理法庭上的各类纠纷和申诉，并将仲裁结果报告有关部门和参赛队伍。

竞赛组：与团队保持联系，定期召开团队负责人或其他会议，处理和解决相关问题；因特殊情况需要变更场地、日期、时间的，应及时通知团队。及时登记并公布结果。当有淘汰赛和交叉赛时，应及时发送比赛进度表。

场地组：对现场、设备、设备进行日常检查，并及时进行必要的维护保养。

裁判组：每天组织裁判员做好准备会议和总结会议，及时总结，努力提高工作水平；安排好第二天的工作。

会务组：听取团队对生活、交通等方面的意见，及时改进；加强医疗监督，及时处理受伤事故。

（二）赛后结束工作

（1）组织召开闭幕式，宣布比赛成绩并颁奖。（2）办理各队离会的经费结算及交通安排等事宜。（3）印发成绩册。

## 参考文献

[1] 秦国辉. 新时期中美篮球教学训练理论对比与反思 [J]. 文体用品与科技, 2015, (16): 105, 196.

[2] 李童. 分析篮球教学的常见训练方式和改进策略 [J]. 当代体育科技, 2017, 7 (13): 42-43.

[3] 汪普健. 表象训练法应用到高校篮球投篮教学中的作用① [J]. 当代体育科技, 2015 (17): 42-43.

[4] 张成. 现代篮球教学应体能与应对性科学训练结合 [J]. 文体用品与科技, 2016, (10): 183-184.

[5] 徐涛, 唐旭. 新时期高校篮球教学方法理论与实践综合探究 [J]. 当代体育科技, 2017, 7 (9): 125-126.

[6] 聂上淇. 谈篮球教学与训练中篮球意识培养的方法 [J]. 现代职业教育, 2017, (36): 197.

[7] 郭振, 卞歌. FLASH 动画应用于篮球战术教学的可行性研究 [J]. 当代教育实践与教学研究 (电子刊), 2018 (4): 938.

[8] 聂上淇. 谈篮球教学与训练中篮球意识培养的方法 [J]. 现代职业教育 (职业培训), 2017 (12).

[9] 胡冰, 翟鑫. 篮球教学训练中战术意识培养探讨 [J]. 新教育时代电子杂志 (教师版), 2016 (13).

[10] 王文楷. 谈谈篮球的快攻战术以及训练与教学建议 [J]. 赤子 (下旬), 2016, (8): 194.

[11] 赵睿璐. 高校篮球专项教学中身体素质训练调查研究 [J]. 体育时空, 2016 (9).

[12] 吴挺. 初中篮球体能训练的探索 [J]. 金田, 2013 (7).

[13] 盛永利. 初中篮球体能训练的探索 [J]. 中国科教创新导刊, 2013 (21): 220.

[14] 张鹍鹏. 谈高中体育教学中篮球运动训练的几点想法 [J]. 教育现代化 (电子版), 2017 (5): 15-18.

[15] 邓波. 探讨高校篮球教学训练中学生战术意识的培养 [J]. 当代教育实践与教学研究 (电子刊), 2017 (3).

[16] 艾买提江·赛买提. 刍议新疆高校篮球基本战术的教学 [J]. 体育时空, 2014 (16).

[17] 王刚. 浅析篮球防掩护的“大延误” [J]. 西部论丛, 2017 (7).

[18] 胡冰, 翟鑫. 篮球教学训练中战术意识培养探讨 [J]. 新教育时代 (教师版), 2016 (25).

[19] 孙宏亮. 用“爱”去放飞篮球的梦——少儿篮球训练之我见 [J]. 教育现代化 (电子版), 2016 (14): 226-227.

[20] 杨炜. 游戏在初中篮球教学中的应用 [J]. 教育现代化 (电子版), 2017 (20): 263-264.

[21] 黄欣. 浅谈小学篮球个人防守技术的训练方法① [J]. 当代体育科技, 2017, 7 (11):

39-40.

[22] 刘长睿，易黎. 试论现代篮球运动防守的技、战术特点与应用 [J]. 内江科技，2018，39 (4)：51，55.

[23] 彭湘. 高职学生篮球教学体能提升策略 [J]. 神州，2017 (27)：99.

[24] 叶风瑾. 高校篮球教学训练中的篮球意识培养 [J]. 武魂，2013 (9)：170-171.

[25] 陈锐. 现代小学篮球运动科学化训练方法探析 [J]. 时代教育，2017 (18)：146.

[26] 王兆利. 拓展训练在篮球基础技术教学中的应用研究 [J]. 运动，2015 (16)：121-122.

[27] 朱念念. 如何对篮球运动员进行专项力量素质训练 [J]. 金田，2014 (12)：422.

[28] 曹垚. 篮球快攻战术的教学与训练方法研究 [J]. 西昌学院学报 (自然科学版)，2015 (2)：115-120.

[29] 刘强. 论“篮板球”在现代篮球竞赛中取胜的积极作用 [J]. 教育教学论坛，2019 (1)：210-211.

[30] 由世梁. 对体育院校篮球专修裁判教学改革的研究 [J]. 当代体育科技，2014，4 (29)：35-38.

[31] 冷晓春. 现代篮球理论教学与训练 [M]. 石家庄：河北科学技术出版社，2014.

[32] 李承维. 篮球运动教学与训练 [M]. 武汉：华中科技大学出版社，2012.

[33] 张海利，张海军. 现代高校篮球教学理论与方法研究 [M]. 北京：新华出版社，2015.

[34] 徐伟宏. 篮球队伍管理与心理训练 [M]. 北京：知识产权出版社，2013.

[35] 杨桦. 现代篮球战术 [M]. 北京：北京体育大学出版社，2012.

[36] 佟卫南，李德升. 篮球 [M]. 昆明：云南大学出版社，2007.

[37] 张培峰. 现代篮球运动 [M]. 北京：人民体育出版社，2012.